ELSINOR
VERLAG

Hinter Friedhofsmauern

Trauer und Gedenken im Wandel

Gudrun Schmidt-Esters
Thomas Pago

Elsinor

Bibliografische Information der Deutschen Nationalbibliothek
Die Deutsche Nationalbibliothek verzeichnet diese Publikation in der Deutschen Nationalbibliografie; detaillierte bibliografische Daten sind im Internet über www.dnb.de abrufbar.

Text- und Bildnachweise unter «Dank und Nachweis», Seite 269.

1. Auflage 2025

Satz: Elsinor Verlag, Coesfeld
Covergestaltung und Layout: Medienteam Dr. Hugo Unsamt
Abbildungen auf dem Umschlag:
Vorn: Trauernde auf dem Grab Olbertz/Zipfel, um 1942, Marmor, Bildhauer: Ludwig Lindelauf (1879–1959), Nordfriedhof, Köln
Hinten: Moderne Grabsteingestaltung, Friedhof Melaten, Köln
Innenseite vorn: Historische Engelfigur mit Blumengirlande, Friedhof Melaten, Köln

Printed in Germany
ISBN 978-3-939483-79-3

Inhalt

Über dieses Buch

Vor nicht allzu langer Zeit rückten Friedhöfe alljährlich nur im Gedenkmonat November in den Blick der Öffentlichkeit. Inzwischen locken «Tage des Friedhofs» Besucherinnen und Besucher zu allen Jahreszeiten ebenso an wie regelmäßige Führungen über Anlagen mit historisch mehr oder weniger bedeutenden Grabdenkmälern. Auf der einen Seite feiert man die «deutsche Friedhofskultur» als Immaterielles Erbe im Sinne der UNESCO, doch auf der anderen Seite vollzieht sich gerade vor aller Augen ein rasanter Wandel dieser so gepriesenen Tradition; wer regelmäßig Friedhöfe besucht, beobachtet diese Entwicklung schon seit einer ganzen Weile. Aber was geschieht da eigentlich, warum ist das so – und welche Entwicklungen darf man erwarten? Genau darum geht es in diesem Buch.

Spätestens seit Philippe Ariès und seiner «Geschichte des Todes» (1980) sind Sterben, Tod und Trauerkultur Gegenstand umfassender historischer Forschung; in Deutschland hat sich insbesondere im Umfeld der Fächer Sozial- und Wirtschaftsgeschichte, Kunstgeschichte, in den allgemeinen Kulturwissenschaften, in der Kirchengeschichte und Christlichen Archäologie eine intensive Fachdiskussion entwickelt, bei der das Museum für Sepulkralkultur in Kassel und der Förderkreis Ohlsdorfer Friedhof mit ihren Schriftenreihen eine wichtige Rolle spielen. In der ersten Dekade des neuen Jahrtausends kam es zu einer Reihe von Publikationen, die sich an eine größere Öffentlichkeit wandten; seither hat sich der Fokus populärer Bücher eher auf Bildbände und Porträts herausragender Friedhöfe verlagert.

Dieses Buch schlägt einen mittleren Weg ein: Es orientiert sich an den Fachdiskussionen, erhebt aber nicht den Anspruch, einen eigenen wissenschaftlichen Beitrag zu akademischen Debatten zu liefern. Es beschränkt sich allerdings auch nicht auf Porträts bedeutender Friedhöfe im Sinne von Bildbänden oder Reise- und Kulturführern: Vielmehr sollen zentrale Fragen im Zusammenhang mit Tod und Friedhof auf allgemein verständliche Weise präsentiert werden – mit Blick auf geschichtliche Entwicklungen und denkbare Zukunftstrends. Dabei geht es um sehr praktische Rechtsfragen, aber auch um Überlegungen zum Trauern und Gedenken, um Abwägungen zwischen Sarg- und Urnenbestattung, Friedhofskultur vor dem Hintergrund religiöser Überzeugungen oder zeitgemäße Gestaltungen von Grabfeldern. Dass es dabei gelegentlich zu kleinen inhaltlichen Überschneidungen kommt, weil einige Aspekte aus verschiedenen Richtungen beleuchtet werden, liegt in der Natur der Sache. Interviews mit Vertretern «friedhofsnaher» Berufe bringen weitere Perspektiven hinein; die Abbildungen illustrieren und kommentieren den Text, so wie die ergänzenden Gedichte – gelegentlich auch augenzwinkernd.

Dass dieses Buch nicht alle Aspekte des weitläufigen Themas «Friedhof» abdecken und sämtliche Fragen beantworten kann, versteht sich von selbst. Wenn aber Leserinnen und Leser darin auf Entdeckungsreise gehen, womöglich Neues erfahren und Antworten auf die ein oder andere Frage erhalten – und wenn vielleicht sogar Fachleute aus der Praxis darin Details entdecken, die ihnen bislang unbekannt waren: Dann haben wir unser Ziel erreicht.

Gudrun Schmidt-Esters
Thomas Pago

Denkmal anlässlich des 200-jährigen Bestehens im Jahr 2010 vom Friedhof Melaten, Köln
Bildhauer: Henrike und Hilarius Schwarz, Köln-Worringen

Ein Grab ist doch immer die beste Befestigung
wider die Stürme des Schicksals.

Georg Christoph Lichtenberg (1742–1799)
Physiker und Aphoristiker

Recht und Ordnung auf dem Friedhof

Zahlen, andere Fakten und ein wenig Geschichte

Friedhöfe bleiben im Alltag weitgehend unbeachtet, liegen sie doch meistens weder an zentraler urbaner Stelle noch stehen sie im medialen Mittelpunkt oder gehören bis auf wenige Ausnahmen zu den allgemeinen Highlights eines Ortes.[1] Aber immerhin existieren davon aktuell in Deutschland mehr als 32 000 mit etwa 32 Mio. Gräbern – die große Anzahl überrascht und unterstreicht zumindest die quantitative Bedeutung dieser Einrichtungen. Die Summe aller Friedhofsareale bedeckte zum 31.12.2022 mit einer Größe von 387 km^2 circa 0,1 % der Gesamtfläche Deutschlands. Allein die über 200 Friedhöfe Berlins, immerhin die friedhofsreichste Stadt Europas, umfassen mehr als 10 km^2.

Der größte Bestattungsort Deutschlands befindet sich in Hamburg. Der Ohlsdorfer Friedhof ist mit seinen 3,89 km^2 und 202 000 Grabstätten zugleich der größte Parkfriedhof der Welt. Als zweitgrößter Friedhof bildet der Südwestkirchhof Stansdorf bei Potsdam mit 2,06 km^2 den ausgedehntesten Waldfriedhof. Mit 1,12 km^2 folgt der Dortmunder Hauptfriedhof an dritter Stelle. Einer der kleinsten Friedhöfe liegt mit 15 Gräbern auf 260 m^2 in der Dübener Heide – der Waldfriedhof Winkelmühle, der zur Kommune Doberschütz gehört. Um den Titel des kleinsten Friedhofs Deutschlands konkurriert in der Elbmarsch der im Jahr 1872 gegründete Friedhof Spiekerhörn der Gemeinde Raa-Besenbek, Kreis Pinneberg.

Wie sieht es mit den Sterbezahlen aus? Ebenfalls zum Stichtag 31.12.2022 lebten in 10 786 deutschen Gemeinden etwa 84,4 Mio. Menschen; davon starben 1 027 916 Personen im Jahr 2023 – eine Steigerung der Sterberate gegenüber der

Zeitspanne von 1992 bis 2014, als sie im Bereich von unter 900 000 Verstorbenen jährlich stagnierte.[2]

Diese Todesfälle sind die Geschäftsgrundlage etlicher Wirtschaftszweige, darunter Lebensversicherungen und natürlich die gesamte Bestattungsbranche. Allein diese erwirtschaftet mit knapp 30 000 Beschäftigten einen jährlichen Umsatz, dessen geschätzter Wert 2022 bei mindestens 2,7 Mrd. Euro lag.[3] Auch für die Friedhofsträger bilden die Grab- und Bestattungsgebühren die wichtigste Einnahmequelle, so dass «der Tod» einen nicht unerheblichen Wirtschaftsfaktor darstellt.

Ganz zu schweigen von der rechtlichen Seite: Von der Wiege bis zur Bahre – Formulare, Formulare! Und selbstverständlich Vorschriften. Und Verordnungen. Mit einem Augenzwinkern beklagt die bekannte Redewendung, angelehnt an ein Hesse-Gedicht, die deutsche lebensbegleitende Bürokratie. Wie könnte diese vor so einer existenziellen Angelegenheit wie dem Tod haltmachen? Das Gegenteil ist der Fall: Das deutsche Bestattungs- und Friedhofsrecht ist geradezu ein Paradebeispiel für gesetzliche Auflagen und Beschränkungen – gilt es doch in seiner Komplexität als eines der am meisten reglementierenden in Europa. Allerdings regelt in Deutschland kein einheitliches Gesetz die «letzten Dinge». Vielmehr ist es hoheitsrechtliche Pflichtaufgabe der einzelnen Bundesländer, die Grundlagen für das «Leichen-, Bestattungs- und Friedhofswesen» in sogenannten Bestattungsgesetzen zu schaffen.

> *Hätte die Natur so viele Gesetze, als der Staat, Gott selbst könnte sie nicht regieren.*
>
> **Carl Ludwig Börne**
> (1786–1837)
> Journalist, Theater- und Literaturkritiker

Diese, zu unterschiedlichen Zeiten verabschiedet oder novelliert, nebst zusätzlichen Bestattungsverordnungen behandeln die juristischen Vorgaben rund um den Tod. Inhaltlich ähneln sich alle Gesetze, indem sie sich auf die notwendigen Unterlagen und Fristen, auf Ruhezeiten und Leichenschau bzw. -beförderung, Konservierung etc. beziehen.

Außerdem legen sie die möglichen Beisetzungsarten und deren Durchführung ebenso fest wie die Einrichtung und Betriebsführung von Friedhöfen und Krematorien.

Trotz aller Unterschiede der föderalen Gesetzgebung[4] herrscht in allen Bundesländern zurzeit noch uneingeschränkte juristische Einigkeit über einige Pflichten, auch Zwänge genannt: so über die Bestattungspflicht, grundsätzlich über die Friedhofspflicht und drittens mit wenigen Ausnahmen über die Sargpflicht. In aktuellen Diskussionen fordert man allerdings inzwischen deutliche Veränderungen.

Positiv ausgedrückt ist die Bestattungspflicht das Recht auf eine würdevolle Beerdigung jedes Verstorbenen, Tot- und Fehlgeburten[5] eingeschlossen. Sie trägt dafür Sorge, dass jeder menschliche Leichnam – selbstverständlich gibt es dafür eine klare Definition[6] – in der Tradition der Totenfürsorge von seinen engsten Angehörigen bestattet wird. Für die Ausübung dieser Pflicht ist eine genaue familiäre Rangfolge festgelegt. Nur im Ausnahmefall hat der Staat diese Aufgabe zu übernehmen. Dem Willen des Verstorbenen über Art und Ort der Beisetzung soll dabei entsprechend der gesetzlich festgeschriebenen Bestattungsentscheidung möglichst nachgekommen werden.

Dass es sich bei diesem Ort um einen Friedhof, also eine für ein Begräbnis explizit ausgewiesene Fläche handeln muss, gibt der in Deutschland herrschende Friedhofszwang vor. Allerdings ist die freie Wahl eines Friedhofs gesetzlich nicht vorgesehen. Ein solcher Anspruch auf Beisetzung gilt nur für Friedhöfe der Heimatgemeinde, in der der Verstorbene zuletzt gemeldet war. In der Praxis erhöhen sich zurzeit die Chancen auf eine räumliche Umorientierung: Wegen der seit einigen Jahren rasch zunehmenden Überhangflächen auf zahlreichen Friedhöfen ist heute eine Genehmigung zum Begräbnis «in fremder Erde» in der Regel leichter zu erhalten als in der Vergangenheit. Dennoch bestehen viele Friedhofsverwaltungen weiterhin auf dieser Beschränkung und genehmigen höchstens die Beisetzung von ortsfremden Verwandten in bereits bestehenden Familiengräbern.

Die Pflicht zur Bestattung auf einem Friedhof ist nicht neu. Bereits seit 1794 wurde mit dem Preußischen Allgemeinen Landrecht auf rechtsrheinischer Seite und mit dem Napoleonischen Besatzungsrecht von 1804 auf linksrheinischer der Zwang zur Beerdigung der Toten außerhalb bebauter Städte eingeführt. Die Hauptgründe für diese Vorgabe waren Überbelegungen der innerörtlichen Kirchhöfe und hygienische Missstände. Besonders der starke Verwesungsgeruch aus den in Kirchen befindlichen Gräbern oder aus den daneben gelegenen Kirchhöfen hatte zum Teil bereits ab dem frühen 16. Jahrhundert alternative Lösungen erforderlich gemacht. Die Verlegung der Friedhöfe vor die Stadtgrenzen auf eigens dafür bestimmte Areale erfolgte anfangs scheinbar planlos, brachte aber zunehmend eine geordnete, chronologisch gegliederte Anlage der Gräber mit sich, die sogenannten Reihengräber für Einzelbestattungen – später ergänzt um privilegierte Wahlgräber. Im Gegenzug wurden Beerdigungen in den bis dahin durchaus noch üblichen Massengräbern ohne Grabkennzeichnung verboten. Mit der Einführung spezieller Standorte unabhängig von Kirchen- oder Reliquienbezug, stattdessen mit einer immer stärkeren Reglementierung durch eine neue weltliche Bürokratie war die Idee des modernen Friedhofswesens geboren.[7]

Bis heute ist die grundsätzliche Friedhofspflicht bei Erd- und den seit 1934 prinzipiell gleichgestellten Aschebestattungen trotz einiger Ausnahmen in einzelnen Bundesländern gültig. Auch wenn in Nordrhein-Westfalen[8], im Saarland und in Baden-Württemberg bereits flexiblere Bestattungsgesetze eingeführt wurden, erlaubt lediglich das Bundesland Bremen seit 2015 mit bestimmten Auflagen, die Totenasche außer auf festgelegten öffentlichen Flächen ebenfalls auf privaten Grundstücken zu verstreuen. Gerade diese Reglementierung erhitzt viele Gemüter und löst Diskussionen um die Sinnhaftigkeit der Beschränkung aus.[9] Zwischenzeitlich haben findige Bestattungsanbieter mithilfe von Auslandskremierungen verschiedene Lösungen zur Umgehung der Friedhofspflicht entwickelt.[10] In solchen Fällen erfolgt die

Einäscherung in Nachbarländern, von wo die Angehörigen die Urnen selbst abholen oder sich diese postalisch zustellen lassen können. Ob die Urne anschließend im Wohnbereich aufgestellt oder die Asche im Garten verstreut wird, ist dann illegale Privatsache.

Da seit einigen Jahren immer mehr Menschen Alternativbestattungen einem Erdbegräbnis auf einem traditionellen Friedhof vorziehen, deuten sich weitere Liberalisierungen an. Besonders groß ist die Nachfrage nach Baumbeisetzungen, weniger nach Seebestattungen. Um diesem Wunsch nachzukommen, richten verschiedene Anbieter verstärkt sogenannte Bestattungswälder ein, wie etwa den FriedWald Reinhardswald bei Kassel von 2001 als den ersten seiner Art in Deutschland. Trotz eines veränderten Anspruchs und eines anderen Erscheinungsbildes gilt auch für diese der offizielle Status eines Friedhofes.

Keine Regel ohne Ausnahme: Eine Befreiung von der Friedhofspflicht ermöglicht in einigen Bundesländern einer geringen Anzahl von kirchlichen und weltlichen Würdenträgern eine Beisetzung auf privaten Begräbnisplätzen. Ähnliches gilt für Angehörige alter Adelsgeschlechter – selbstverständlich nur mit entsprechender Genehmigung.

Der alte Friedhof

Er ist so tief hineingeschmiegt
In's Dämmerlicht der Linden,
Das alte Pförtchen so versteckt –
Wer mag den Zugang finden?

Von droben schaut des Kirchleins Thurm,
Ein ernster Weiser, nieder,
Und um die Hügel blüht ein Kranz
Von Immergrün und Flieder.

Vergess'ne Gräber! Hier und dort
In den verfärbten Gittern
Ein umgesunken Kreuzlein noch,
Um das die Gräser zittern.

Ein Name noch, ein liebes Wort
Von künft'gem Trost und Segen,
Den grauen Steinen eingeprägt,
Verwischt von Zeit und Regen.

Weit drüben hastet auf dem Weg
Der Menschen Müh'n und Sorgen –
Hier steht die Zeit so ernsthaft still,
Denkt Keiner an das «morgen».

Weint Keiner, wie es gestern war,
Und wie es künftig werde,
Ruh'n Noth und Hoffnung müde aus
Im Arm der Mutter Erde.

Anna Ritter (1865–1921)
Schriftstellerin und Dichterin

Eine weitere in fast allen Bestattungsgesetzen vorgegebene Pflicht ist der Sargzwang. Er ordnet sowohl die Beerdigung als auch die Einäscherung von Verstorbenen in einem für den jeweiligen Zweck geeigneten Sarg an. Lediglich Nordrhein-Westfalen verzichtet seit seiner Gesetzesnovellierung von 2003 uneingeschränkt darauf. Allerdings ist in allen anderen Bundesländern aus religiösen oder weltanschaulichen Gründen eine Befreiung vom Sargzwang möglich – zurzeit noch mit Ausnahme von Sachsen und Sachsen-Anhalt.[11] Ebenfalls hier bereiten die Landesregierungen Reformen der Bestattungsgesetze mit einem Verzicht auf die Sargpflicht vor, die 2024 verabschiedet werden sollen. Damit erhalten beispielsweise Muslime endlich in ganz Deutschland die Möglichkeit zu einer glaubenskonformen Beerdigung, weil ihre Erdbeisetzungen ausschließlich in einem Leichentuch vorgenommen werden dürfen.

Auch beim Thema Trägerschaft von Friedhöfen sind sich fast alle Bundesländer einig und autorisieren ausschließlich Kommunen bzw. juristische Personen des öffentlichen Rechts und Religions- bzw. Weltanschauungsgemeinschaften als Körperschaften desselben zur Unterhaltung eines Friedhofs. Zusätzlich kann die Einrichtung von Friedhöfen durch das rechtliche Verfahren der Beleihung sowohl in Nordrhein-Westfalen wie in Berlin auf juristische oder natürliche Personen des Privatrechts übertragen werden. So entstand 2006 mit den «Gärten der Bestattung» von Fritz Roth in Bergisch Gladbach bei Köln auf 30 000 m^2 der erste Privatfriedhof. In anderen Bundesländern hat insofern eine Liberalisierung stattgefunden, als die Betriebsführung eines Friedhofs unter strengen Auflagen zwar auf Privatpersonen übertragen werden kann, aber die Trägerschaft bei den verantwortlichen Gemeinden oder Religionsgemeinschaften verbleibt.

Neben den kommunalen Einrichtungen befindet sich ein Drittel aller deutschen Friedhöfe in der Trägerschaft der christlichen Kirchen – wobei der Anteil der evangelischen

Kirche mehr als doppelt so hoch ist wie der der katholischen. In dieser Rolle als Friedhofsträger übernehmen die einzelnen Kirchengemeinden staatliche Aufgaben. Unterhält eine Kommune selbst keinen eigenen Friedhof, ist auch Nicht-Konfessionsangehörigen eine Beisetzung auf kirchlichen Friedhöfen, den sogenannten Monopolfriedhöfen, zu erlauben.[12] In besonders religiös geprägten Gegenden nehmen «zum Ausgleich» die Kirchengemeinden durchaus Einfluss auf die Ausgestaltung von kommunalen Friedhöfen.

Nichtchristliche Religionsgemeinschaften als Friedhofsbetreiber sind zurzeit – fast – ausschließlich durch jüdische Gemeinden vertreten. Die mehr als 2000 erhaltenen jüdischen Friedhöfe in Deutschland haben eine jahrhundertealte Tradition. Mit Grabsteinen aus dem 11. Jahrhundert gelten der «Heilige Sand» in Worms wie auch der Friedhof «auf dem Judensand» in Mainz als die ältesten jüdischen Friedhöfe Europas. Die einzigartige Bedeutung begründete 2021 ihre Aufnahme als Teil-Monumente der SchUM-Stätten in das Verzeichnis des UNESCO-Welterbes.[13] Seit einem Abkommen aus dem Jahr 1957 tragen Bund und Länder je zur Hälfte unbefristet die Kosten für die Sicherung und Betreuung der verwaisten historischen Friedhöfe ehemaliger jüdischer Gemeinden, wohingegen sich ungefähr 400 aktiv bewirtschaftete in der Trägerschaft der heute über 100 existierenden Gemeinden befinden.

Der einzige existierende muslimische Friedhof in der Verwaltung eines türkischen Ministeriums mit Sonderstatus in Berlin hat historische Wurzeln. Nachdem das durch König Friedrich Wilhelm III. 1798 für die Bestattung hochrangiger türkischer Gesandter zur Verfügung gestellte Gelände einer Kaserne weichen musste, schenkte 1866 König Wilhelm I. das heute als Friedhof dienende Gelände am späteren Columbiadamm dem Osmanischen Reich als Ersatz. Weitere muslimische Friedhöfe mit eigener Betriebsführung sind trotz der 3,3 Mio. Muslime und der 2600 bestehenden Moscheegemeinden in Deutschland bisher nicht entstanden. Nachdem das novellierte Bestattungsgesetz in

Nordrhein-Westfalen die Übertragung einer Friedhofseinrichtung auf private Rechtsträger wie gemeinnützige Religionsgemeinschaften oder religiöse Vereine grundsätzlich ermöglicht, ist die Gründung des ersten eigenständigen islamischen Friedhofs als Vorzeigeprojekt der muslimischen Gemeinden in Wuppertal-Varresbeck in Planung.

Bisher stehen nichtchristlichen Religionsgemeinschaften oder speziellen christlichen Glaubensgruppen separierte Grabfelder meist auf kommunalen und weniger auf christlichen Friedhöfen zur Verfügung. Bereits 1955 wurde ein islamisches Grabareal in München und 1961 in Neu-Ulm eingerichtet, und seit 1968 existiert beispielsweise auf dem Kölner Westfriedhof ebenfalls ein eigener Begräbnisbereich für Muslime. Da der Bedarf wächst, werden weitere Areale auf bestehenden Friedhöfen für Muslime und andere Glaubensgemeinschaften wie Armenier, Aleviten oder Yeziden ausgewiesen, damit diese unter Einhaltung ihrer eigenen Regeln würdevoll beigesetzt werden können: Ein notwendiger Akt der Integration und des gegenseitigen Respekts.

Eine Sonderform der Trägerschaft betrifft die Kriegsgräberstätten: Seit 1952 regelt das deutsche Gesetz über die Erhaltung von Gräbern der Opfer von Krieg und Gewaltherrschaft (kurz Gräbergesetz), 1993 erweitert um das Gebiet der ehemaligen DDR, eben die unbefristete Erhaltung, die Pflege und die öffentliche Finanzierung der in Deutschland gelegenen Kriegsgräberstätten durch die einzelnen Bundesländer. In diesen Ruhestätten sind nicht nur deutsche und ausländische Soldaten auf teilweise gesondert angelegten Ehrenfriedhöfen begraben – auch Zivilpersonen, Zwangsarbeiter oder Vertriebene, die durch Kriegseinwirkungen oder Gewaltmaßnahmen zu Tode gekommen sind, wurden hier bestattet. Eine Ausnahme bilden die britischen Commonwealth-Ehrenfriedhöfe, die sich bis heute im Eigentum des britischen Staates befinden und von der Commonwealth War Graves Commission betrieben und vorbildlich gepflegt werden.

Neben den bisher angesprochenen Gemeinsamkeiten sind sich die Landesbestattungsgesetze in einem weiteren entscheidenden Punkt einig: Jeder Friedhof benötigt eine eigene Friedhofssatzung zur Regelung der Ordnung, Benutzung und Gestaltung. Diese hat der Träger auf der Grundlage des jeweiligen Bestattungsgesetzes zu erlassen. Wie könnte es anders sein? All diese einzelnen Satzungen beschäftigen sich mit den ähnlichen Inhalten unterschiedlich ausgiebig.

In der Regel werden allgemeine Bestimmungen wie der Friedhofszweck, der Geltungsbereich und generelle Ordnungsvorschriften für die Besucher an den Anfang gesetzt: Öffnungszeiten und ein der Würde des Ortes angemessenes Verhalten – so sind Radfahren, Sporttreiben und Spielen, Essen und Trinken meist ebenso untersagt wie Sonnenbaden, Musizieren oder das Sammeln von Brennholz und Pilzen. Seit einigen Jahren machen einige Friedhofsträger durch einen Gegentrend von sich reden, um die Aufenthaltsqualität eines Friedhofs zu steigern: Der Soester Osthofenfriedhof lockt mit einem Café als sozialer Begegnungsstätte, auf dem Karlsruher Hauptfriedhof wurde mit dem besonderen Spielplatz «Kinderwelten» 2012 ein kinderfreundliches Trauerkonzept umgesetzt. Und der Ohlsdorfer Friedhof in Hamburg bietet ein weit gefächertes Programm rund um die Thematik Tod und Sterben an. Die Frage ist eben nicht nur, was der Würde eines Friedhofs als Ruhestätte für Verstorbene entspricht, sondern ebenfalls die, welche Funktionen dieser Ort darüber hinaus erfüllen soll.

Dass die Ruhe eines Friedhofs nicht über Gebühr verletzt werden darf, sehen in den Satzungen auch die Betätigungsvorgaben für die gewerblichen Dienstleister wie Bestatter, Steinmetze und Gärtner vor. Natürlich nehmen die Bestattungsvorschriften unter Berücksichtigung regionaler Besonderheiten einen großen Raum ein (etwa Länge der Ruhezeiten aufgrund unterschiedlicher Bodenverhältnisse), ebenso die Beschaffenheit von Särgen und Urnen, die Aufbewahrung der Toten bis zur Beisetzung oder die Nutzung der Leichenhallen. Die verschiedenen Arten der zur Verfügung stehenden Grabstätten[14] werden ausführlich mit Maßen und Pflegemöglichkeiten aufgeführt, außerdem die Grabnutzungsrechte und

-pflichten. Falls es keine zusätzliche Gebührenordnung gibt, sind in der Satzung auch die einzelnen Kosten aufgeführt.

Die Vorgaben für Grabgestaltung und Bepflanzung wie für Grabpflege können stark variieren. Viele Träger begnügen sich mit allgemeinen Gestaltungsgrundsätzen, nach denen die Gräber unter Wahrung der Würde des Ortes in seiner Gesamtheit relativ individuell hergerichtet werden dürfen. Kunststoffblumen und Flaschen oder Konservendosen als Blumenvasenersatz sind auch hier nicht willkommen oder eigene Ruhebänke auf Gräbern meistens nicht gestattet. Und natürlich muss bei baulichen Maßnahmen die technische Sicherheit garantiert sein.

Weitergehende besondere Gestaltungsvorschriften einiger Friedhöfe stecken mit ausführlichen Verboten und Zulässigkeiten einen sehr engen Rahmen für das äußere Erscheinungsbild. So unterliegen die genutzten Materialien, die Bearbeitungsarten oder die dargestellten Ornamente und Inschriften ebenso wie die Pflanzenauswahl genauen Vorgaben. Diese können von der Politur des Grabsteins über die Höhe der Grablaterne bis zur Wahl spezieller Natursteine für die Grabmale reichen. Derartige spezielle Gestaltungsvorschriften sind allerdings nur statthaft, solange die Friedhofsverwaltung auch einen Bereich mit allgemeinen Gestaltungsrichtlinien vorhält. Dieses sogenannte Zweifeldersystem erklärt das manchmal verwundernde

Nebeneinander von streng reglementierten Grabfeldern und weniger homogenen Bereichen auf einem gemeinsamen Friedhof.

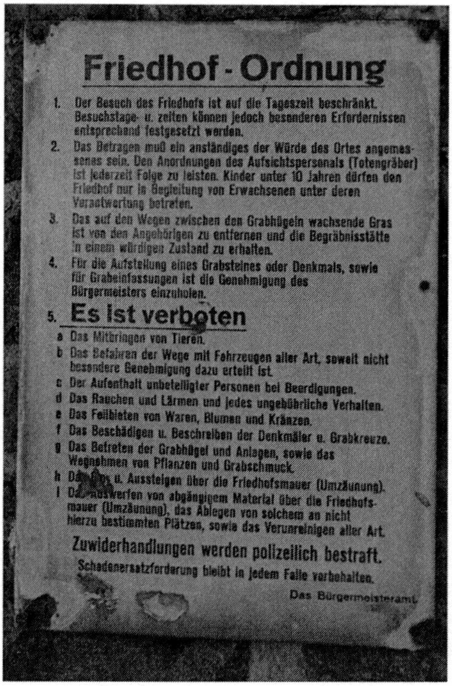

Um der Komplexität des Regelwerkes gerecht zu werden, unterstützen Institutionen wie der Deutsche Städtetag oder der Deutsche Städte- und Gemeindebund ihre Mitgliederkommunen mit Mustersatzungen, die von jedem Friedhofsträger auf die eigenen regionalen Bedürfnisse hin abgeändert werden können. Ähnliche Regelwerke liegen ebenfalls für die einzelnen christlichen Kirchenverwaltungen vor, erarbeitet von den zuständigen katholischen Erzbistümern oder evangelischen Landeskirchen. Zusätzlich zu den jeweiligen Landesgesetzen sind die christliche Ausrichtung und die sich daraus ergebenen Vorgaben von Bedeutung – beispielsweise kann die Anbringung eines religiösen Zeichens des christlichen Glaubens auf jedem Grabstein verpflichtend sein.[15] Zudem sind anonyme Begräbnisse auf christlichen Friedhöfen aus Glaubensgründen untersagt.

Obwohl die Gestaltungsregeln regional im Detail voneinander abweichen, bewirken sie dennoch das recht einheitliche Bild der heutigen Friedhöfe in Deutschland. Charakteristisch sind gegenwärtig meist niedrige Grabstelen oder liegende Grabplatten aus Hartstein – häufig mit geringem künstlerischen Anspruch aus weitgehend industrieller Fertigung. Die aktuell gültige Praxis, durch strenge behördliche Bestimmungen einen homogenen Friedhofs-Gesamtorganismus zu formen, ist etwa 100 Jahre alt[16], auch wenn es erste Gestaltungsvorschläge bereits mit den gesetzlich verpflichtenden Friedhofsverlegungen vor die Stadtgrenzen um 1800 gab.

Den Hintergrund für dieses Streben nach Gleichförmigkeit in Erscheinung und Funktionalität bildet die Friedhofsreformbewegung zu Beginn der 20. Jahrhunderts. Wie in vielen Lebensbereichen – man denke an die Aktivitäten des Deutschen Werkbunds und später an die des Bauhauses – gab es im Friedhofswesen schon vor dem Ersten Weltkrieg Bemühungen, korrigierend auf industrielle Massenproduktion und übertriebene Ausdrucksformen des Historismus zu reagieren. Der bis dahin größtenteils unbeschränkten Gestaltungsfreiheit, die in ungeordneten Grabanlagen mit eklektizistischen Stilelementen und polierten Granitstelen mit vergoldeten Inschriften ihren Ausdruck fand, sollte dringend Einhalt geboten werden. Ab Mitte des 19. Jahrhunderts hatte der als überbordend empfundene Individualismus besonders auf den Parkfriedhöfen um sich gegriffen, welche infolge der Industrialisierung vor allem in den wachsenden Städten angelegt worden waren – häufig als große Zentralfriedhöfe wie beispielsweise der Ohlsdorfer Friedhof ab 1877 in Hamburg.

Vorgefertigte Grabsteine in einem Steinmetzbetrieb

Den «Beginn des verordneten Geschmacks»[17] auf deutschen Friedhöfen markiert der Münchner Waldfriedhof, 1905 von Hans Grässel entworfen und zwei Jahre später entsprechend seinen rigiden Gestaltungsvorschriften angelegt. Die Forderung nach Vereinheitlichung fand viele Anhänger und wurde in Wettbewerben, Modellen, Zeitschriften, Vorträgen, Grabmalmusterschauen und Beratungsstellen als neues ästhetisches Leitbild der Friedhofsreformer thematisiert und der Öffentlichkeit nähergebracht.

Statt für die Einrichtung der bisher beliebten verschlungenen Parkfriedhöfe wurde nun für Friedhofsanlagen mit strengen Kompositionen aus regelmäßig aneinandergereihten Grabfeldern geworben. Als wünschenswert galten eine Verschmelzung von baulichen und gärtnerischen Teilen, eine wohltuende Harmonie in Form, Farbe und Werkstoff und vor allem eine Nivellierung sichtbarer sozialer Unterschiede. Klarheit und Ordnung wurden ebenso angestrebt wie Sachlichkeit und Zweckmäßigkeit. Ablehnung erfuhr dagegen alles Individuelle.

Der aus dieser Reformbewegung heraus 1921 in Dresden gegründete Reichsausschuss Friedhof und Denkmal verfolgte als eine seiner Hauptaufgaben sogar die Erstellung einer Friedhofsmusterordnung, die eine einheitliche Regelung der Friedhöfe in ganz Deutschland vorsah. Standardisierungen, Normierungen und Typisierungen im Grabmalwesen waren die unweigerliche Folge. «Statt regionaler Vielfalt und handwerklich-künstlerischem Unikat rückte die Typisierung der Grabmäler immer mehr in den Mittelpunkt – als Vorbild wirkten hier nicht zuletzt die Soldatenfriedhöfe des ersten Weltkriegs.»[18] Auch die Nationalsozialisten waren an einem einheitlichen Friedhofsrecht in Sinne einer Gleichschaltung interessiert, stellten aber kriegsbedingt ihre Bemühungen relativ schnell ein.

So ausgefeilt und kleinteilig die Friedhofssatzungen heute sein mögen, unterstreichen sie 100 Jahre später doch immer noch die Absicht der Friedhofsverwaltungen, die Benutzung des Friedhofs angemessen zu regeln und sein atmosphärisch stimmiges Erscheinungsbild nach gesellschaftlichen Vorstellungen zu wahren[19] – allerdings notgedrungen unter zunehmender Berücksichtigung sich wandelnder Gegebenheiten. Mit diesen ändern sich ebenfalls die Aufgaben der Friedhofsträger. Nun ist es nicht mehr ausreichend, die Grabstätten ordnungsgemäß zu verwalten, sondern es sollen seit einigen Jahren zusätzlich die neuen Bedürfnisse der Nutzer erkannt und umgesetzt werden. Wurden etwa in den 1990er Jahren bunte Windräder auf Kindergräbern als unangemessen abgeräumt, sind heute sogar farbenfrohe Plüschtiere und Luftballons erlaubt[20] – ein kleines Zugeständnis an die Wünsche der trauernden Eltern. Aus ähnlichen Gründen erweitern Friedhofsbetreiber seit einigen Jahren ihre Gräberangebote und investieren in eine verbesserte Infrastruktur. Keine einfache Aufgabe, da die unterschiedlichen wirtschaftlichen und emotionalen Interessen austariert werden wollen.

Das Gleiche gilt für die Bestattungsgesetzgebung durch die Landesregierungen. Die von ihnen als grundlegende Rechtsnorm geschaffenen neuen Verordnungen reagieren auf gesellschaftliche Entwicklungen oder sich wandelnde ethische Vorstellungen, manifestiert in Forderungen von Friedhofsträgern, Berufsverbänden oder anderen Interessenvertretern. Und manchmal überholt die Realität sogar die gesetzlichen Vorgaben: Wie sonst ließe sich erklären, dass immer noch Beerdigungen im Sarg als Norm behandelt werden, obwohl sich diese auf inzwischen lediglich 20 % aller Beisetzungen reduziert haben?

Dass gesetzliche Anpassungen einen längeren Vorlauf benötigen, zeigen jüngste Diskussionen um ein Verwendungsverbot von Grabsteinen, die aus illegaler Kinderarbeit vor allem in Indien stammen.[21] Nach mehreren Jahren Vorbereitungen haben Nordrhein-Westfalen 2014 (mit rechtssicherer Umsetzung ab 2018) und Mecklenburg-Vorpommern 2021 ein striktes Verwendungsverbot in ihre Gesetze aufgenommen. Die übrigen Bundesländer sprechen lediglich Empfehlungen für fair gewonnene Natursteine aus. Auch die Kommunen in diesen Ländern halten sich mit Verboten zurück und

Abbau eines Grabes nach Ablauf der Ruhezeit

verweisen auf die herausfordernden Kontrollmöglichkeiten. Die Tatsache, dass die meisten dieser Grabsteine samt -einfassungen nach den gesetzlich vorgegebenen Ruhezeiten von 20 bis maximal 30 Jahren als geschredderter Schotter im Straßenbau enden, mildert nicht die Brisanz des Themas.

Es bleibt abzuwarten, wie sich Gesetzgeber und Friedhofsträger weiterhin auf die bereits seit Jahrzehnten andauernde Veränderungsdynamik einlassen und die Bedeutung und das Erscheinungsbild von Friedhöfen zukünftig durch Innovationen lenken werden.

Dabei sollte ein würdiges Verhalten gegenüber den Verstorbenen ebenso selbstverständlich sein wie gegenüber den Lebenden – egal wo.

«Das Projekt des Ebershaldenfriedhofs in Esslingen am Neckar ist die Grundlage für eine Entscheidung über den Erhalt von schützenswerten Grabstätten aufgrund ihrer kunsthistorischen bzw. stadtgeschichtlichen Bedeutung im Gesamtkontext der Friedhofsanlage.»

Joachim J. Halbekann

Gespräch mit Dr. Joachim J. Halbekann

Stadtarchivar von Esslingen

Herr Dr. Halbekann, Sie sind an einem besonderen Friedhofsprojekt in Esslingen beteiligt, das vor dem Hintergrund einer zunehmenden Wandlungsdynamik in der Bestattungskultur das allgemeine Bewusstsein für den Wert und die Bedeutung des Friedhofs und der dortigen Grabstätten stärken möchte.
Unser Projekt bezieht sich auf den großen städtischen Friedhof in Esslingen, den 1843 gegründeten Ebershaldenfriedhof mit 8,2 ha Fläche. Wie in jeder Kommune liegt auch für diesen Friedhof in der Friedhofsverwaltung ein Belegungsplan vor, in dem für jedes Grab die Namen der Beigesetzten, die Belegungsdauer, die Nutzungsberechtigten etc. verzeichnet sind. Es werden dort aber keine Merkmale der Friedhofskultur wie Symbole oder Inschriften festgehalten.

In der Vergangenheit ging man davon aus, dass Friedhöfe eher langsamen Veränderungsprozessen unterworfen sind. Aber in der letzten Zeit ist genau das Gegenteil der Fall. Damit ist ein neues Grundproblem aufgetreten: Potenziell erhaltenswerte Gräber verschwinden manchmal sehr schnell und nahezu unbemerkt und mit ihnen das bisherige traditionelle Bild des Friedhofs. Und hier setzt unser Projekt zur Sicherung und Erhaltung an.

Wie funktioniert das Projekt denn konkret?
Das Projekt geht auf zwei Ebenen vor. Die erste bezieht sich auf die Dokumentation aller Gräber, die vor dem Jahr 2000 entstanden sind – nicht nur die auf den ersten Blick herausragenden «Spitzengräber». Diese inhaltliche und visuelle Gesamterfassung wird von engagierten Ehrenamtlern

in Koordination durch den Geschichts- und Altertumsverein vorgenommen, wofür wir sehr dankbar sind. Auf speziell entwickelten Erfassungsbögen vermerken diese alle wichtigen Daten einer Grabstelle: Name des ersten Bestatteten, Lage auf dem Friedhof, Inschriften, Datierung, Gestaltung, Ausführung und ebenso eine erste Einstufung bezüglich der Erhaltungswürdigkeit. Ganz wichtig ist die fotografische Erfassung, die zum Teil wegen der Sorge um mögliche Verluste vorgezogen wird.

Für mich als Archivar ist es grundlegend, dass es keine Grabauswahl nach Qualität oder Repräsentativität gibt, sondern dass für den kleinen Zeitabschnitt der Jahre zwischen 2022 und 2025, in dem das Projekt durchgeführt wird, eine horizontale Globalerfassung stattfindet. Für die spätere historische Forschung sind die gesammelten Informationen, die im Stadtarchiv zugänglich verbleiben, von großem Belang: So kann man in 100 Jahren anhand der Unterlagen genau sagen, wie die Grabstätten eines Friedhofs aussahen und welche Entwicklungen sich seitdem vollzogen haben. Oder ihre Auswertungen dienen der Beantwortung anderer stadthistorischer Fragen.

Für unser Friedhofsprojekt sind sie unverzichtbar. Auf ihrer Grundlage folgt die zweite Ebene – die kommunale Bewertung der Grabanlagen. Diese wird vom städtischen Denkmalpfleger als Vertreter der Unteren Denkmalbehörde, dem Leiter des Friedhofsamtes und mir als Leiter des Stadtarchivs durchgeführt. Dazu muss man wissen, dass die Sachgesamtheit Ebershaldenfriedhof zwar als Kulturdenkmal ebenso durch das Denkmalschutzgesetz geschützt ist wie einige Einzelgräber, etwa von Prominenten des 19. Jahrhunderts. Aber es klafft eine schmerzliche Lücke zwischen diesen denkmalrechtlich geschützten und den anderen erhaltenswerten Gräbern, so dass Kulturgüter von Angehörigen nach Ablauf der Ruhezeiten einfach abgeräumt werden können – egal, wie alt der Grabstein ist oder wie interessant seine Gestaltung. Mittlerweile äußern Hinterbliebene auch immer häufiger den Wunsch nach Aufgabe von Familiengräbern bereits vor dem Ablauf der Belegungszeit, da die Bindung an sie deutlich nachgelassen hat. Ein beschleunigender Aspekt des Projektes.

Über den Erhaltungswert eines Grabes zu entscheiden, ist eine große Verantwortung. Das Ergebnis prägt nicht nur die weitere Erscheinung des Friedhofs, sondern es sind doch auch Gefühle von Angehörigen betroffen. Nach welchen Kriterien gehen Sie bei der Auswahl der schützenswerten Gräber vor?
Den Festlegungen liegen ganz verschiedene, recht strenge Kriterien zugrunde. Zum einen ist die Friedhofsästhetik besonders für den Friedhofsleiter von Bedeutung. Er hat den Friedhof als Gesamteinheit im Blick, bedenkt die Bedeutung einer Grabstelle für die jeweilige Örtlichkeit, damit zum Beispiel keine unangenehmen Lücken oder ungünstige Ecksituationen in einzelnen Grabfeldern entstehen.

Eine interessante Verwendung von Schrift kann ebenso ausschlaggebend sein wie eine außergewöhnliche oder auch eine zeittypische Symbolik. Eine künstlerisch wertvolle Steinmetzarbeit, die sich von industriell gefertigten Massenprodukten abhebt, ist auch ein Kriterium. Hier achtet insbesondere der Denkmalpfleger auf die jeweiligen Eigenarten und Charakteristika der Gestaltung.

Für mich als Historiker stehen die orts-, sozial- und kulturhistorischen Bezüge im Vordergrund. Es ist mir wichtig zu betonen, dass wir nicht nur sogenannte Honoratioren-Gräber berücksichtigen. Die Frage ist doch, wie wir mit den erhaltenen Gräbern einen Querschnitt der Esslinger Bevölkerung darstellen können. Deshalb forsche ich nach Erhalt der Dokumentationen durch die Ehrenamtler nach, ob die erwähnten verstorbenen Personen ein spezielles Verhältnis zu Esslingen hatten. Ein Beispiel: Handelt es sich bei dem Verstorbenen vielleicht um den Angehörigen einer für die Stadt typischen Berufsgruppe? Ein Bäcker ist nicht so interessant wie etwa ein Metallwarenfabrikant, ein eher spezifischer Beruf für Esslingen.

Trotz der aufgestellten Kriterien gibt es im Einzelfall doch immer wieder knifflige Detailfragen, bei denen verschiedene Aspekte gegeneinander aufgewogen werden müssen.

Ist ein Grab dann als erhaltenswert eingestuft, wird ein informeller Schutz ausgesprochen und dem Gemeinderat als Empfehlung vorgelegt, der dann den Status «erhaltenswert» beschließt. Ein halbes Jahr vor Ablauf der Ruhefrist werden die Nutzungsberechtigten des Grabes darüber informiert, dass die Stadt Esslingen die weitere Unterhaltung übernimmt. Und die meisten Angehörigen freuen sich sehr über diese Würdigung.

Hat das Esslinger Projekt ein Alleinstellungsmerkmal, oder werden auch auf anderen Friedhöfen solche Erfassungen durchgeführt?
Die Initiative zu dem Friedhofsprojekt ging vom Landesamt für Denkmalpflege in Baden-Württemberg aus, das unser Projekt hervorragend unterstützt. Gegenwärtig gab und gibt es meines Wissens noch in Ulm und Schwenningen ähnliche Projekte, um mit engagierten Freiwilligen und lokalen Partnern die Dokumentationen durchzuführen. Besonders ist es eventuell, dass der Ebershaldenfriedhof in Esslingen ein Friedhof im Normalbetrieb ist, also nicht musealisiert.

Herzlichen Dank und weiterhin viel Erfolg mit diesem beispielhaften Friedhofsprojekt!

Dr. Joachim J. Halbekann, geboren 1962, Studium der Fächer Geschichte, Germanistik und Kunstgeschichte an der Universität Köln, 1987 Magister, 1993 Promotion mit einer Arbeit zur rheinischen Adelsgeschichte des Mittelalters; 1994–1996 in Stuttgart und Marburg Ausbildung für den höheren Archivdienst, seit 1996 Gräflich von Bodmansches Archiv in Bodman am Bodensee, seit 2001 Wirtschaftsarchiv Baden-Württemberg, seit 2002 Leiter des Stadtarchivs Esslingen am Neckar.

Gemaltes Grabdenkmal auf dem Alten Friedhof St. Sebastian in Füssen

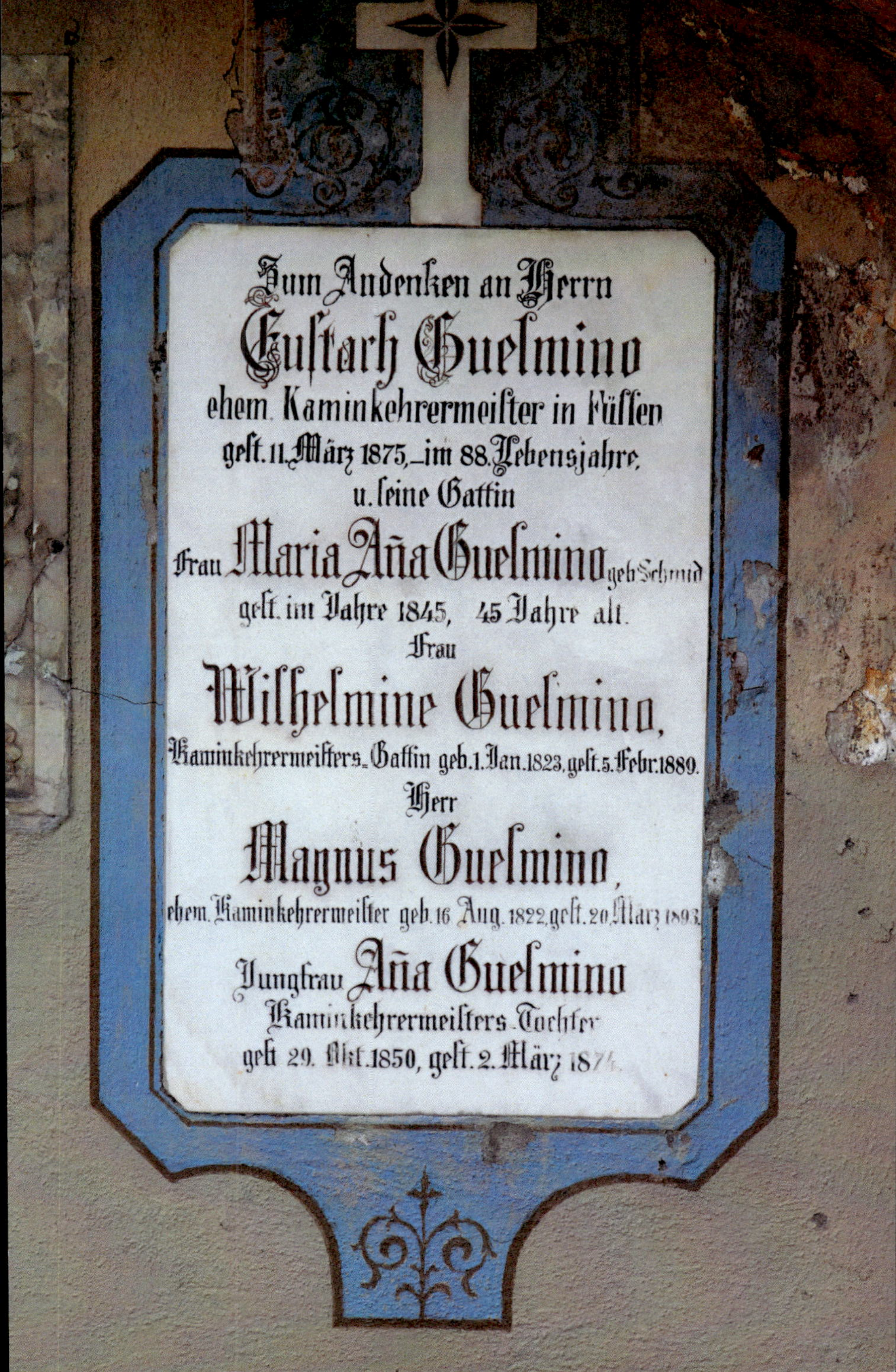

Zum Andenken an Herrn
Gustarh Guesmino
ehem. Kaminkehrermeister in Füssen
gest. 11. März 1875, – im 88. Lebensjahre,
u. seine Gattin
Frau Maria Aña Guesmino geb. Schmid
gest. im Jahre 1845, 45 Jahre alt.
Frau
Wilhelmine Guesmino,
Kaminkehrermeisters-Gattin geb. 1. Jan. 1823, gest. 5. Febr. 1889.
Herr
Magnus Guesmino,
ehem. Kaminkehrermeister geb. 16 Aug. 1822, gest. 20 März 1893.
Jungfrau Aña Guesmino
Kaminkehrermeisters-Tochter
gest 29. Okt. 1850, gest. 2. März 187[illegible]

Es kann die Spur von meinen Erdetagen
Nicht in Äonen untergehn.

Johann Wolfgang von Goethe: *Faust II*

Gedenken und Erinnern

Stirbt ein Mensch, beginnt für die Hinterbliebenen eine Zeit der Trauer, schon bald allerdings durchbrochen von den Aufgaben, die ein Sterbefall nun einmal mit sich bringt, von der Regelung der Beisetzung bis zum Umgang mit dem hinterlassenen Eigentum, mit Kleidung, Alltagsgegenständen, womöglich bis hin zur Wohnungsauflösung. Und dann, in einer Atempause, wenn die Trauer vielleicht ein wenig zurücktritt, drängt sich wohl auch die Frage auf: Was bleibt da eigentlich von einem Menschenleben? Es ist die Frage nach der Erinnerung, nach Gedächtnis und Gedenken.

Wie und wo wird heute eigentlich der Verstorbenen gedacht, damit die «Erdetage» wenn schon nicht für «Äonen», so doch zumindest eine kleine Weile nicht ins Vergessen sinken? Hat man es zu Prominenz gebracht, ist die Frage leicht zu beantworten: Nachrufe in Rundfunk und Fernsehen, ausführliche Würdigungen in den Zeitungen erinnern an Leben, Werdegang und Leistungen des Spitzenpolitikers oder der herausragenden Künstlerin; im Feuilleton lässt man ein schriftstellerisches Lebenswerk Revue passieren, Anekdoten zeichnen das Bild eines liebenswerten Charakters – und all die Nachrufe sind ebenso wie die zu Lebzeiten veröffentlichten Artikel auch weiterhin in den Datenbanken des Internets auffindbar, für eine begrenzte Ewigkeit jedenfalls.

Anders sieht es aus, wenn der Wirkungskreis kleiner war oder sich ganz auf den privaten Raum beschränkte, auf Freundeskreis und Familie: An die Stelle des Nachrufs tritt dann die öffentliche Todesanzeige – oder, bei Verzicht auf Öffentlichkeit, die auf dem Postweg zugestellte persönliche Trauerkarte: kein Medium, um das Andenken eines Menschen zu beschwören. Sichtbar sind dort in der Regel nur Lebens- und Sterbedatum, mitunter die zugehörigen Orte, die Namen der Hinterbliebenen, die das familiäre Umfeld ahnen lassen, vielleicht noch ein Motto oder Sinnspruch, der andeutet, ob jemand den Tod in einen religiösen Rahmen stellen wollte oder andere Lebensdeutungen bevorzugte – wobei diese Wahl natürlich nicht zwingend die Wünsche des Verstorbenen widerspiegeln muss. Eine öffentliche Würdigung des Charakters, womöglich noch der Verdienste, findet dann erst in der Predigt des Beerdigungsgottesdienstes statt – auf evangelischer Seite ein traditioneller Brauch, auf katholischer Seite eine noch relativ neue Gepflogenheit. Wenn keine Kirche mehr im Spiel ist, wird ein weltlicher Trauerredner die Person noch ein letztes Mal ins rechte Licht rücken. Bei einer katholischen Beerdigung folgen in der Regel ein Sechswochenamt und ein Jahresamt – Gemeindegottesdienste, in denen die Namen der Verstorbenen noch einmal aufgerufen werden. Das mag auch dort geschehen, wo es üblich ist, die Toten eines Kalenderjahres durch ein Verlesen der Namen abschließend zu ehren – neben den erwähnten Gottesdiensten auch in vielen Vereinen, auf deren jährlichen Hauptversammlungen ein Totengedenken zur Tagesordnung gehört. Anschließend aber wird es sehr ruhig um die Verstorbenen, das Gedenken scheint deutlich ins Private zu gleiten, als gelegentliches Innehalten im Alltag, stilles Gedenken oder gemeinsames Erinnern im Gespräch. Beinahe vergessen wird

Es gibt nichts, was uns die Abwesenheit eines uns lieben Menschen ersetzen kann und man soll das auch garnicht versuchen; man muß es einfach aushalten und durchhalten; das klingt zunächst sehr hart, aber es ist doch zugleich ein großer Trost; denn indem die Lücke wirklich unausgefüllt bleibt, bleibt man durch sie miteinander verbunden. Es ist verkehrt, wenn man sagt, Gott füllt die Lücke aus; er füllt sie garnicht aus, sondern er hält sie vielmehr gerade unausgefüllt, und hilft uns dadurch, unsere echte Gemeinschaft – wenn auch unter Schmerzen – zu bewahren. Ferner: je schöner und voller die Erinnerungen, desto schwerer die Trennung.

Dietrich Bonhoeffer (1906–1945)
Evangelischer Theologe, Pfarrer, Widerstandsaktivist gegen den Nationalsozialismus

dabei oft, dass es für das private wie öffentliche Erinnern an Verstorbene durchaus einen Platz gibt, *den* Platz schlechthin: das Grab nämlich als den Ort, an dem der betrauerte Mensch sich ja tatsächlich befindet, ob nun im Sarg oder in der Urne. Die physische Präsenz des Toten schafft der Erinnerung eine eigene Aura – und das Grab selbst bietet gestalterische Möglichkeiten, diese Gegenwart der Verstorbenen öffentlich wachzuhalten.

Inschriften auf Tafeln und Steinen

Begibt man sich auf die Suche nach Zeichen der Erinnerung, der Memoria, und des Totengedenkens, stößt man bald an Grenzen: Denn je weiter man zurückblickt, desto unergiebiger werden unsere Friedhöfe, deren Gräber und Grabzeichen ja nur in seltenen Fällen überhaupt in die Zeit vor dem 19. Jahrhundert zurückreichen. Sucht man nach frühen Zeugnissen, wird man aber trotzdem fündig – vor allem, wenn man Persönlichkeiten von gesellschaftlich herausgehobener Stellung in den Blick nimmt, gewissermaßen die VIPS ihrer Zeit. Sehr wohl erhalten sind nämlich viele sogenannte Grablegen des Adels und hochgestellter Kleriker, in der Regel in Kirchen, Klöstern und Kathedralen. Die Gründe dafür sind vielfältig, neben der Memoria geht es um Repräsentation und oft auch um eine Legitimation politischer Macht aus der Geschichte heraus: Der verehrte Vorfahre stärkt seine Nachfahren, denn der Einzelne wird hier als Teil einer Familie präsentiert, die im Idealfall viele Jahrhunderte Bestand hatte. Hinzu kommen theologische Erwägungen, die an anderer Stelle aufgezeigt werden. Später fanden auch bürgerliche Verstorbene Zugang zur Kirchenbestattung.[1]

Zeugnis geben neben Sarkophagen vor allem Epitaphien, Erinnerungsmale, häufig in Form von Steintafeln an Kirchenwänden angebracht oder in die Wände eingelassen, mit bildlichen Darstellungen versehen, aber vor allem mit teilweise umfangreichen Inschriften. Epitaphien markieren allerdings nicht zwangsläufig die exakte Stelle der Beisetzung, auch wenn der Leichnam häufig in der jeweiligen Kirche zur letzten Ruhe gebettet wurde. Nimmt man diese steinernen Wandplatten als eine Art Vorläufer heutiger Grabsteine und betrachtet man die Inschriften im ganz Allgemeinen, fällt der Umfang dieser Beschriftung auf: Genannt werden Name und Sterbedatum, das erreichte Lebensalter, oft auch der genaue Tag der Geburt oder der Taufe; wo möglich, erfolgt die Einordnung in eine Familie. Genannt werden darüber hinaus nicht selten besondere Verdienste, bei bürgerlichen Toten oft beruflicher Natur; und schließlich können erbauliche Sinnsprüche, Nutzanwendungen und ein Ausblick aufs jenseitige Leben die Grabschrift im christlichen Geiste abrunden. Trauer, Totenklage oder sentimentale Tröstungen sind den eher formelhaften Inschriften des Mittelalters und der darauf folgenden Jahrhunderte noch fremd.

Betrachtet man die Memoria im engen Sinne, also den eigentlichen Gedenkcharakter dieser Inschriften auf Epitaphien, ist das Resultat deshalb überraschend unspektakulär: Was retrospektiv[2] auf das Erdenleben der Verblichenen weist, ist die Erinnerung an einen Namen, an das erreichte Lebensalter, beim Adel an die Zugehörigkeit zu einer Familie oder Dynastie, bei Bürgerlichen womöglich die Bindung an einen Berufsstand oder eine Zunft. Persönliche Eigenschaften, Charakterzüge, Begebenheiten mit Anekdotencharakter, die etwas vom Wesen eines Menschen aufscheinen lassen – kurz: all das, was heute von einem Nachruf oder von einer gelungenen Trauerrede erwartet werden kann, spielte viele Jahrhunderte lang für das Totengedenken überhaupt keine Rolle. Das mag vordergründig und aus heutiger Sicht kaltherzig anmuten – aber das Gedenken war eben von ganz anderer Art: Es ging nicht um ein Fortleben in der Erinnerung der Zeitgenossen, die dem verstorbenen Menschen persönlich nahe gewesen waren. Es ging darum, die Erinnerung in eine Zeit zu tragen, in der niemand mehr leben würde, der die Person noch aus eigener Anschauung kannte. So dass sich jenseits der persönlichen Erinnerung ein Kern der Memoria herauskristallisiert: Gedenken heißt, den Namen zu bewahren und ihn als Teil einer Gruppe zu betrachten, die darauf angelegt ist, zu überdauern: Familie, Berufsstand oder Zunft als Abbild der Ewigkeit im Irdischen. Der individuelle Tod verliert dabei an Gewicht; Verstorbene leben in der Familie weiter, solange diese existiert und die Namen der Vorfahren ehrend bewahrt und weiterreicht. Schon die Lebensdaten sind im Grunde unerheblich; in Zeiten, da die Auswahl an Vornamen begrenzt war, dienten sie eher der eindeutigen Kenntlichmachung.

Wie sehr sich die Vorstellung vom Sinn einer Grabschrift Anfang des 19. Jahrhunderts verändert hatte, also in jenem Jahrhundert, als auch in Deutschland eine neue Zeit der Friedhofskultur einsetzte, zeigen die 1810 veröffentlichten *Essays Upon Epitaphs*[3] des englischen romantischen Dichters William Wordsworth (1770 bis 1850). Die Inschrift für einen Toten, so Wordsworth in seiner programmatischen Schrift, richte sich an die Öffentlichkeit und sei auf Dauer angelegt;[4] zwar seien Emotionen zu temperieren[5], doch solle eine solche Inschrift die Erinnerung an ein Individuum wachhalten, Charakterzüge aufzeigen, Alter, Beruf, Lebensumstände, so dass Leser späterer Zeiten zumindest eine Ahnung davon erhielten, was für ein Mensch hier betrauert werde.[6] Ziel sei aber nicht eine Zergliederung der seelischen Disposition, im Gegenteil: Eine milde Verschönerung und Idealisierung im Geiste der Sympathie sei nicht nur legitim, sondern im Totengedenken sogar geboten – es gehe um ein Mittleres zwischen dem tatsächlichen Erdenleben mit allen menschlichen Schwächen und dem Zustand himmlischer Glückseligkeit im Jenseits.[7] Mit den zuvor skizzierten mittelalterlichen Epitaphien hat das nichts mehr zu tun; was hier formuliert wird, weist dem Totengedenken auf Grabsteinen und Gedenktafeln eine neue, moderne Richtung.

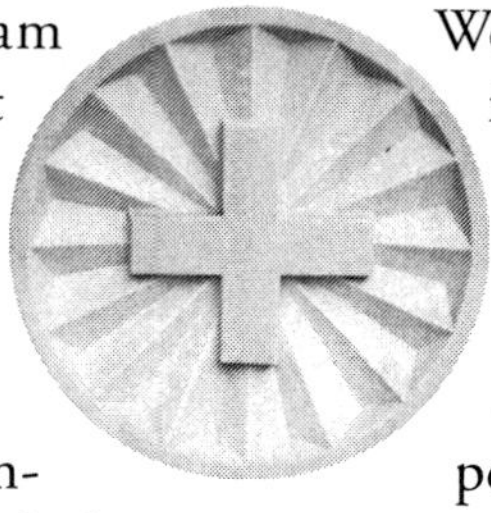

Nimmt man die Andeutungen des romantischen Dichters als eine Art Programm für eine neue Zeit, nicht nur in England, und begibt man sich auf die Suche nach Textzeugnissen in Stein, in denen Verstorbene um ihrer selbst willen gewürdigt werden und nicht nur als Teil eines Kollektivs – wird man enttäuscht resignieren. Denn viele der erhaltenen Grabsteine des 19. Jahrhunderts haben hinsichtlich der Inschriften eines mit den Steinen des 20. und 21. Jahrhunderts gemein: Die Angaben sind knapp gehalten, beschränkt auf Namen und Lebensdaten, im späten 19. Jahrhundert treten bei den Männern gelegentlich Berufsbezeichnungen hinzu, bei Ehefrauen auch der Geburtsname; möglich sind familiäre Attribute wie «Mutter», «Großmutter» oder «lieber Mann und guter Vater», in Süddeutschland gelegentlich sogar noch ausgefeiltere Darstellungen verwandtschaftlicher Bezüge – aber von Lebensbeschreibungen ist man damit immer noch sehr weit entfernt. Wirkliche Kurzbiografien, wenn auch keine Charakterzeichnungen, findet man als seltene Ausnahmen auf den sogenannten sprechenden Grabsteinen[8] auf Amrum und Föhr – und zwar schon im 17. und 18. Jahrhundert, während die Tradition ausgerechnet im 19. Jahrhundert wieder verschwindet. Grabsteine, die Schrifttafeln ähneln: Gestalterisch möglich ist das demnach, doch Nachahmer hat dieses Format des Gedenkens nirgendwo in Deutschland gefunden. Auch der weitläufige und heute so berühmte Ohlsdorfer Friedhof in Hamburg, 1877 gegründet und reich an bemerkenswerten Gräbern, schweigt sich über die Toten eher aus: Eine systematische Dokumentation von über 1700 Inschriften ergibt jedenfalls eine Fülle christlicher und weltlicher Sinnsprüche im wechselnden Zeitgeschmack, mitunter sehr originelle – aber wirkliche Lebenszeugnisse scheinen kaum darunter zu sein.[9] Und doch geben zumindest manche außergewöhnlichen Grabsprüche bisweilen einen Blick auf Persönliches frei: «Und immer fließt die Alster» (1948) lässt einen Lokalpatrioten vermuten, «Die letzte Fahrt» (1969; mit Eisenbahnzug) mag ein Bahnbediensteter angetreten haben; eine sehr lebensbejahende Grundhaltung könnte sich hinter

«Weint nicht / weil es vorbei ist / lacht / weil es schön war» (2005) verbergen, und ein notorischer Spötter mit Sinn für Selbstironie wird sich die Inschrift «Bitte keine Werbung» (2006) erbeten haben. Sentimentaler und leicht frivol wirkt dagegen folgende Hoffnung: «Auch ein Klagelied / zu sein im Mund / der Geliebten / ist herrlich» (1919).[10] So wenig ergiebig für die öffentliche Inszenierung einer Persönlichkeit die biografisch kargen Inschriften auf Grabsteinen auch sein mögen – wirklich originelle und individuelle Sinnsprüche vermögen diese Schranke zumindest stellenweise zu durchbrechen und im Idealfall einen bestimmten Wesenszug der betrauerten Person zu offenbaren.

Doch auch Steine sehr traditioneller Art beginnen mitunter ein wenig zu «sprechen»: Allen voran die großen Steine oder Monumente klassischer bürgerlicher oder bäuerlicher Familiengräber, die vielerorts schon seit Generationen in Gebrauch sind und mitunter ins 19. Jahrhundert zurückreichen. Erst im 21. Jahrhundert, im Zeichen immer kleinerer Familien, wachsender Mobilität und schwindender Bindung an Heimatorte werden diese großen Gräber zunehmend aufgegeben. Wo sie aber existieren, womöglich auch weiterhin genutzt werden, bleibt für Individuelles nur auf den ersten Blick wenig Raum: Häufig dominiert der Familienname als eigentliche übergreifende Markierung; für die dort Bestatteten genügen

Mein süßes Lieb

Mein süßes Lieb, wenn du im Grab,
Im dunkeln Grab wirst liegen,
Dann will ich steigen zur dir hinab,
Und will mich an dich schmiegen.

Ich küsse, umschlinge und presse dich wild,
Du Stille, du Kalte, du Bleiche!
Ich jauchze, ich zittre, ich weine mild,
Ich werde selber zur Leiche.

Die Toten stehn auf, die Mitternacht ruft,
Sie tanzen im luftigen Schwarme;
Wir beide bleiben in der Gruft,
Ich liege in deinem Arme.

Die Toten stehn auf, der Tag des Gerichts
Ruft sie zu Qual und Vergnügen;
Wir beide bekümmern uns um nichts,
Und bleiben umschlungen liegen.

Heinrich Heine (1797–1856)
Schriftsteller, Dichter, Journalist, Essayist und Satiriker

dann noch Name und Lebensdaten. Steht man aber vor einem solchen Grab, vielleicht noch mit Berufsbezeichnungen oder Angaben zum Familienstand, entfaltet sich eine Art Stammbaum: Der Friedhofsflaneur bewundert die Gestaltung, liest die Namen und versucht, familiäre Beziehungen zu entschlüsseln (denn manche Gräber geben durchaus reizvolle Rätsel auf). Womit wir bei einem weiteren Aspekt der modernen Memoria wären: Friedhöfe sind öffentliche Orte, an denen Namen bewahrt werden: indem sie sichtbar sind, lesbar, und zu Spekulationen der Nachgeborenen anregen. Das gilt grundsätzlich für alle bezeichneten Gräber, insbesondere aber für große, von weit verzweigten Familien genutzte Anlagen. Der fremde, unbeteiligte Spaziergänger weiß nichts von den Beigesetzten: Aber er liest Namen, Jahreszahlen, setzt sie zueinander in Beziehung, ahnt Schicksale oder Schicksalsschläge, zieht Schlüsse aus Bildzeichen, aus der Grabgestaltung, kurz: Er denkt nach über fremde Verstorbene. Auch das ist eine Form des Gedenkens – eines Gedenkens ohne persönliche Erinnerung.

Bieten selbst wortkarge Familiengräber über die Einordnung in ein Verwandtschaftsgeflecht Hinweise, die über pure Daten hinausgehen, gilt dies ebenfalls für eine zweite Form von schlichten Grabsteinen oder Plaketten: Zeichen der Erinnerung an die im Ersten oder Zweiten Weltkrieg getöteten Mitglieder der Gemeinschaft (vgl. auch S. 139f). Das müssen nicht einmal die Kreuze auf Soldatenfriedhöfen sein oder die Listen der Kriegstoten in vielen Kirchen und Kapellen: Mitunter sind es kleine Gedenktafeln auf Familiengräbern (der Gefallene selbst ruht dann «in fremder Erde») oder an Friedhofsmauern, oder ein großer Friedhof weist ein eigenes Areal mit Kriegsgräbern auf, als frühe Form einer Gemeinschaftsanlage: Immer streng uniform, gänzlich unindividuell, und doch haben die so im Gedächtnis Bewahrten eines gemeinsam: das gewaltsame Lebensende. Junge Männer oft, aus ihren Familien gerissen, zunächst vielleicht selbstsicher und in der Hoffnung auf baldige Heimkehr – und am Ende stand dann die knappe Botschaft an Eltern oder Ehefrau.

Wer diese Namen heute liest, beschwört damit eine kollektive Erinnerung herauf und weiß etwas wahrhaft Fundamentales über das Schicksal hinter jenen spröden Inschriften.

Porträts zum Gedenken

Natürlich ist es ein wenig unpassend, im Zusammenhang mit Gräbern ein 100 Jahre altes Sprichwort aus der Werbebranche[11] zu zitieren, und dennoch: «Ein Bild sagt mehr als tausend Worte» – das gilt auch, wenn es darum geht, eine Vorstellung von einem Menschen zu erhalten, dem man niemals begegnet ist. In der figürlichen Grabplastik noch bis zum Barock spielte dieser Aspekt allenfalls eine untergeordnete Rolle; und auch später, im 19. Jahrhundert mit seinen Möglichkeiten preisgünstiger Repliken in Galvanotechnik, dominierten allegorische Figuren mit Bezug auf die Tätigkeiten des Verstorbenen oder weibliche Trauernde; um physische Ähnlichkeit mit einem Menschen ging es weniger.[12] Allerdings gibt es die Tradition insbesondere von Porträtbüsten natürlich schon seit der Antike, die Möglichkeit war präsent und verfügbar, auch auf Friedhöfen: Neben die seltenen vollplastischen Figuren treten im 19. Jahrhundert Büsten, Hermen und Bildnismedaillons, wobei Letztere ab dem frühen 20. Jahrhundert auch Frauen oder Ehepaare darstellen. Während Porträtbüsten eher Ausnahmen blieben, sollte den Medaillons die Zukunft gehören – in Form von Fotos auf Emaille oder Keramik, eine Technik, die schon um 1900 verfügbar war. In Südeuropa, von Griechenland bis Spanien, haben Fotomedaillons auf Grabsteinen eine lange Tradition, auch in Osteuropa war dieser Brauch verbreitet. Deutsche Friedhöfe tendierten als Folge der Friedhofsreform der 1920er Jahre zu einer eher nüchternen und

tendenziell uniformen Gestaltung. In den ersten Jahrzehnten der Bundesrepublik waren auf vielen kommunalen und vor allem kirchlichen Friedhöfen Marienfiguren, Heilige oder auch allegorische Figuren zwar zulässig, aber nicht übermäßig häufig; Fotos der Verstorbenen dagegen waren ein großes Tabu. Erst seit etwa 2015 ist hierzulande die Verwendung von Porträts als neuer und bislang ungebrochener Trend zu beobachten.[13] Zur gleichen Entwicklung gehört sicherlich, dass in Zeitungs-Todesanzeigen zunehmend Fotos der jeweiligen Verstorbenen abgedruckt werden anstelle unbestimmter oder christlicher Trauermotive; auch das Aufstellen von Porträts nicht nur bei weltlichen Abschiedszeremonien, sondern in kirchlichen Trauergottesdiensten gehört als neueres Phänomen in diesen Zusammenhang. Man mag darin Zeichen einer Liberalisierung und Individualisierung erkennen, ein Eingehen auf die Wünsche trauernder Angehöriger; gleichzeitig ist die Erinnerung an die körperliche Erscheinung eines Verstorbenen aber auch ein Akt des dezidiert öffentlichen Gedenkens. Denn die Angehörigen benötigen am Grab ja keine visuelle Hilfe, und sie haben ihre eigenen Erinnerungen: Der schon erwähnte Friedhofsflaneur jedoch wird die Konfrontation mit Bildnissen «aus dem Leben» als hilfreich empfinden: Für ihn erhält der fremde Name nun sogar ein Gesicht. Wenn schon die öffentliche Präsentation des Namens dem Gedenken dient, dann kann man den ergänzenden Fotos diese Qualität kaum absprechen.

Aber warum gab es dann auf deutschen Friedhöfen so lange Vorbehalte gegen Porträtfotos auf Grabsteinen? Sollte eine Reformidee der 1920er Jahre so prägend gewesen sein? Vielleicht war da ja auch eine Sorge im Spiel, die man ungern offen ausspricht: Dass nämlich in der Zeit allgegenwärtiger bunter Bilder einerseits der Charakter eines Friedhofs Schaden nehmen könnte und andererseits auch das Gedenken an die so Betrauerten. Denn bei einem Gang über einen neueren Friedhof ist es mitunter nicht zu übersehen: Wo Fotos verwendet werden, sei es in manchmal allzu intensiver Farbigkeit auf Keramikmedaillons oder in Form lasergravierter dunkler

Steine, findet man durchaus gekonnte, von Fotografen arrangierte und ausgeleuchtete Porträts oder zumindest recht passable Privatfotos. Was aber auf diese Weise an einen Menschen erinnern soll, basiert gelegentlich auch nur auf einem mäßigen Amateurfoto, einem Smartphone-Schnappschuss aus dem Familienarchiv, in Eile ausgewählt, ungünstig von der Farbe, der Perspektive, vielleicht auch vom Ausdruck oder der Frisur oder in fast schon peinlicher Pose. Ein Beispiel: Muss man das junge Opfer eines Verkehrsunfalls ausgerechnet mit einem Bierglas in der Hand präsentieren? Bloßstellungen sind hier sicher nicht beabsichtigt; gerade deshalb sollten Angehörige einen geliebten Menschen im öffentlichen Bereich, zumal einem Friedhof, nicht einfach so zur Schau stellen, wie man ihn im Alltag erlebt hat. Private Erinnerung und öffentliches Gedenken, zumal für Jahrzehnte, sollte man tunlichst trennen. Und so wird der Flaneur gelegentlich den Kopf über Bilder schütteln und sich fragen, ob die betrauerte Person wirklich froh gewesen wäre über das gewählte Bildnis. Und ob nicht der Verzicht auf ein Foto manchmal doch die bessere Wahl gewesen wäre. Denn ein Gedenken sollte ja «ehrend» sein und nicht kompromittierend.

Nicht unerwähnt bleiben muss hier eine Sonderform des Gedenkens, die derzeit noch keine große Rolle spielt, aber womöglich an Bedeutung gewinnen könnte: die direkte Verlinkung vom Grab zu einer virtuellen Gedenkstätte im Internet. Ein am Grab angebrachter QR-Code führt dann zu einer Website,

Grab von Marie-Luise Nikuta, Mundartsängerin, auf dem Friedhof Melaten, Köln

wo Texte, Bilder oder Tondokumente an die jeweilige Person erinnern. Das kann der öffentlichen Erinnerung an Verstorbene dienen, wo Qualitätsstandards eingehalten werden; und es kann dem Andenken abträglich sein, wenn die Präsentation ins freie Belieben der Angehörigen gestellt ist und am Ende vielleicht misslingt. Unlösbar aber dürften solche Probleme nicht sein. Apropos virtuelles Gedenken: Das Thema der virtuellen Gedenk- und Trauerplattformen nimmt inzwischen einen so großen Raum in der Erinnerungskultur ein, dass an späterer Stelle ausführlicher darauf eingegangen wird.

Und schließlich sei noch an eine weitere Form des bildlichen Gedenkens erinnert: die Totenfotografie, Nachfolgerin der einstigen Praxis, Abbilder von Gesichtern in Form von Totenmasken zu bewahren. Professionelle Angebote findet man in diesem Bereich vor allem für die sogenannten Sternenkinder, die vor, während oder kurz nach der Geburt verstorben sind. Um wenigstens etwas von ihrem nur flüchtigen irdischen Dasein festzuhalten, besteht inzwischen die Möglichkeit zu sehr rascher professioneller Anfertigung von liebevoll gestalteten Porträtfotos. So bewahren Eltern die Erinnerung an ein Gesicht, vornehmlich wohl für die Bewältigung der eigenen Trauer. Inzwischen erhalten Sternenkinder auf vielen Friedhöfen erfreulicherweise eigene Grabfelder, damit auch für sie Trauer und Gedenken einen Ort haben; die sehr intimen Porträtfotos dürften dort aber nur in Ausnahmefällen zu sehen sein.

Persönliches Erinnern am Ort des Gedenkens

Grabsteinen und Grabmonumenten haftet heute etwas auf seltsame Weise Zweideutiges an. Naturstein, zumal wenn er den Witterungseinflüssen nicht ausgesetzt ist, symbolisiert gewissermaßen den Anspruch auf ein ewiges Gedenken, zumindest nach menschlichen Maßstäben; und wer einmal am Sarkophag Friedrichs II. in Palermo gestanden hat, der dort immerhin seit 1250 die sterblichen Überreste des Staufers umschließt, bekommt zumindest eine Ahnung von solchen Dimensionen. Der Anspruch, das Gedenken bis ans Ende der Zeiten zu tragen, gilt für solche Sarkophage, vielleicht noch für Epitaphien an den Innenwänden bedeutender Kirchen. Moderne Grabsteine zitieren diese Tradition bloß noch; sie geben vor, dem Toten ein ewiges Gedenken zu bewahren, tatsächlich aber werden sie nach Ablauf der Liegefrist, also nach 20 bis 30 Jahren, abgeräumt und beseitigt. Ewiges Gedenken durch eine Inschrift in Stein – das ist allenfalls noch eine schöne Metapher.

Wenn selbst Stein sich als kurzlebig erweist, verliert er als Grabzeichen an Bedeutung; um die Bewahrung von Namen für eine ferne Nachwelt geht es auf heutigen Friedhöfen ja ohnehin nicht mehr. Umso wichtiger werden heute die nur temporären Gedenkzeichen, in denen die Hinterbliebenen ihre augenblicklichen Empfindungen ausdrücken: An die Stelle des öffentlichen Gedenkens tritt das private Erinnern im öffentlichen Raum.

Dazu zählen zum einen die klassischen «Grab-Mitbringsel», Gastgeschenken beim Besuch vergleichbar: Blumensträuße, Gestecke oder Kerzen. Am Grab wird damit bezeugt, dass die hier Ruhenden nicht vergessen sind, dass die Lebenden ihre Nähe suchen und bewusst Zeichen des Gedenkens hinterlassen. Im 21. Jahrhundert treten neue Elemente hinzu: Kinderzeichnungen oder kleine Briefe, beispielsweise von Enkeln an die verstorbenen Großeltern; Objekte, deren Sinn sich nicht erschließt, weil eine ganz private Bedeutung dahinter verborgen liegt; Fotos oder Tafeln mit tatsächlich persönlich formulierten Inschriften in der Art eines Abschiedsbriefs. Und es wimmelt von Engeln, kleinen Putti, oft mit Inschriften:

Massenware vom Discounter, ratloser Ausdruck echter Gefühle und ein Versuch, Trost in der Erinnerung zu finden. Denn, so die Hoffnung hinter vielen dieser eher für den Tag bestimmten kleinen Gedenksprüche: Das Fortleben der Verstorbenen vollzieht sich in der Erinnerung der Angehörigen, denen damit aber eine besondere Verantwortung aufgebürdet wird. Über die Verstorbenen selbst ist damit noch nicht viel gesagt.

An Grenzen geführt wird dieses neue Prinzip der flüchtigen, temporären Gedenkzeichen als Ausdruck privaten Erinnerns an den Gräbern sehr früh verstorbener Kinder oder «Sternenkinder»: Diese kleinen Gräber sind oft reich versehen mit Gaben, darunter Spielzeug, Stofftiere oder kleine Windräder: Ausdruck von Trauer und Ratlosigkeit und womöglich ein verzweifeltes Zeichen gerade für das Fehlen jeglicher Erinnerung, da es ja eine gemeinsame Zeit nicht gegeben hat.

Während in akademischen Diskussionen gelegentlich von der Ortlosigkeit des Gedenkens die Rede ist, zeigt der Gang über neue Friedhofsareale, wie sehr Trauer und Erinnerung offenbar immer noch ortsbezogen sind. Was nicht zuletzt auch temporäre Gedenkzeichen an einem anderen Ort beweisen: Unfallkreuze am Straßenrand, früher gelegentlich als Gedenkstätten in Stein ausgeführt, heute vor allem in Form kleiner Holzkreuze an genau jener Stelle, an der ein betrauerter Mensch bei einem Verkehrsunfall ums Leben kam. Diese Orte haben eine dreifache Bedeutung – als Zeichen der Erinnerung an einen schrecklichen Unfall, als Zeichen der Trauer und als allgemeine Warnung vor den Gefahren des Straßenverkehrs. Angehörige pflegen diese Kreuze eine Weile, legen Blumen nieder, entzünden Kerzen … bis diese kleinen, inoffiziellen Gedenkstätten dann irgendwann aufgelöst werden.

Tage der Erinnerung

Wie im Kapitel über das Trauern aufgezeigt wird, benötigen Menschen Rituale – das gilt ganz besonders für die einst stark ritualisierte Trauer, aber es gilt auch für das Totengedenken. Denn bei aller Vereinzelung im persönlichen Erinnern und den unterschiedlichsten Formen des Umgangs mit dem Tod hat das Gedenken eben auch einen kollektiven Aspekt. Das betrifft zum einen die kirchlichen Trauer- und Gedenktage, Allerseelen auf katholischer und Totensonntag bzw. Ewigkeitssonntag auf evangelischer Seite. Beiden Festtagen ist gemeinsam, dass sich mit ihnen ein Friedhofsbrauchtum verbindet – das Schmücken der herbstlich oder winterlich bepflanzten Gräber mit Gestecken. Zum Allerseelenbrauchtum gehört als eine Art Pointe, dass das Fest um einen Tag vorgezogen wurde – auf den 1. November, Allerheiligen im katholischen Kalender. Eigentlich erfolgte das «Zurechtmachen» der Gräber auf Allerheiligen, damit sie zum Allerseelentag vorbereitet waren; heute ist vielen diese Tatsache wahrscheinlich gar nicht mehr bewusst, und die Andachten und Gräbersegnungen sind längst ebenfalls vom Allerseelentag auf den Allerheiligentag gewandert, weil genau dann die Angehörigen «ihre» Gräber in großer Zahl besuchen. Zum Allerheiligen-Ritual gehört das Entzünden von Lichtern – als «Ewiges Licht», das den Verstorbenen leuchtet; mancherorts sind Friedhöfe dann in ein stimmungsvolles Lichtermeer getaucht. Natürlich ist das Gedenken an solchen Tagen ein Gedenken der Einzelnen an ihre jeweiligen Toten; das kollektive Brauchtum, dem sich gewiss auch Nichtgläubige anschließen, verleiht dem Tag aber eine besondere Qualität. Denn für manche fernab lebenden Angehörigen mag es die einzige Zeit im Jahr sein, in der sie einige Momente am Grab verweilen und schweigend innehalten in Gedanken an liebe Verstorbene. Diesseits aller theologischen Bewandnisse ist genau das ein Zweck solcher Feiertage.

Davon zu unterscheiden ist das kollektive Totengedenken im politischen Rahmen – am Volkstrauertag. Der Tag wurde 1922 auf Anregung des Volksbunds Deutsche Kriegsgräberfürsorge eingeführt, damals zum «Ehrengedenken» an die gefallenen Soldaten des Ersten Weltkriegs in Form einer Feierstunde im Reichstag. Die Nationalsozialisten instrumentalisierten den Gedenktag durch eine Umbenennung in «Heldentag». In der DDR wurde daraus ein «Internationaler Gedenktag für die Opfer des faschistischen Terrors» – man stellte sich politisch in die Tradition des Widerstands und blendete andere Aspekte aus. Die Bundesrepublik kehrte zum Volkstrauertag mit zentraler Gedenkstunde im Parlament zurück. Vergleicht man die Reden der Bundespräsidenten aus diesen Gedenkstunden im Laufe der Jahre und Jahrzehnte, fallen Akzentverschiebungen ins Auge: Vom «Heldengedenken» der Nationalsozialisten war man zwar kuriert, doch wurde etwa im Jahr 1951 nicht nur der Opfer von «Flucht und Vertreibung» gedacht, sondern man erinnerte im hergebrachten Pathos an jene, «die auf den Schlachtfeldern der großen Kriege den Soldatentod gestorben sind». 1960 gedachte der Bundestag der gefallenen Soldaten aller Nationen, der Opfer der Bombenkriege und des politischen Widerstands; 1967 erinnerte Willy Brandt als Außenminister an die Soldaten und Kriegsgefangenen, an alle Opfer der «Gewaltherrschaft» und die Opfer der deutschen Teilung; in späteren Jahren kamen die Opfer weltweiter Bürgerkriege und des Terrorismus hinzu, in jüngster Zeit Vertriebene und Flüchtlinge. Längst gehört auch der Aufruf zu Frieden und Versöhnung zum festen Inventar dieser alljährlichen Gedenkreden.[14] Parallel zur Feierstunde im Parlament finden in vielen Kommunen Kranzniederlegungen statt, häufig an den zahlreichen «Kriegerehrenmalen» des Landes, die mittlerweile eher Mahnmale sind und den Soldatentod nicht länger glorifizieren. Totengedenken wird an einem solchen Tag zum Anlass, sich in der eigenen Vergangenheit selbst zu begegnen und die Haltung gegenüber den Schattenseiten der eigenen Geschichte immer neu zu bestimmen. Der Trauertag ist heute ein Tag der Selbstbesinnung.

Das allmähliche Verschwinden der Toten oder: Vom Ende des Gedenkens

Seit mindestens 20 Jahren enden viele Betrachtungen über Friedhofsfragen mit dem Resümee, man befinde sich in einer Übergangszeit; die Friedhofskultur und ihre eindrucksvollen Zeugnisse aus dem 19. Jahrhundert träten hierzulande in ihre Endphase, und wo das Neue liege, das an die Stelle der uns bekannten Friedhöfe rücken werde, könne noch niemand sagen. Der Befund ist vermutlich zutreffend, nur dass die Übergangsphase am Ende länger anhält als gedacht – und der Friedhof sich vielleicht doch als langlebiger und wandlungsfähiger erweist, als seine Kenner ahnten. Jedenfalls ist auch auf dem Friedhof zu beobachten, was aus kultur- oder gesellschaftskritischer Sicht als fundamentale Signatur unserer Zeit zu diagnostizieren ist: eine Zersplitterung und Fragmentierung verschiedenster Strömungen und Tendenzen mit dem Ergebnis, dass auch vollkommen gegenläufige Phänomene nebeneinander bestehen und einfache Diagnosen nicht mehr möglich sind. Und so finden wir auf vielen Gräbern mit ihren Porträtfotos, mit persönlichen Gedenkzeichen und mit scheinbar tief empfundenen Trauerbekundungen

Grab auf dem Südfriedhof in Köln

deutliche Zeichen einer Individualisierung, wie sie noch vor wenigen Jahrzehnten gar nicht gewollt und durch Friedhofssatzungen unterbunden war. Und wir entdecken Fälle, in denen die Individualisierung auf die Spitze getrieben wird: So nennt zum Beispiel ein sorgsam gestaltetes Grab nur noch einen Vornamen samt Lebensdaten, ohne Bindung an den Namen einer Familie. Etwas, das man heute normalerweise eher bei den Gräbern von Sternenkindern sieht – vielleicht dort aus einer Scheu heraus, die verstorbenen Jüngsten durch den Zunamen auf eine Weise in die Familie einzugliedern, wie es im kurzen Leben des Kindes ja nicht möglich war. Bei Erwachsenen mutet das eigenartig an – lässt sich aber noch steigern durch den sehr bewussten Verzicht auf einen Grabstein mit Namensnennung bei ansonsten offenbar gut und regelmäßig gepflegten Grabstätten. Natürlich liegt in solchen Fällen keine anonyme Beisetzung vor, denn der Name ist bei der Friedhofsverwaltung selbstverständlich hinterlegt – was übrigens auch für alle vermeintlich «anonymen» Beisetzungen auf Friedhöfen gilt. Aber der Effekt ist

Death is Nothing at All

Death is nothing at all.
I have only slipped away to the next room.
I am I and you are you.
Whatever we were to each other,
That, we still are.

Call me by my old familiar name.
Speak to me in the easy way
which you always used.
Put no difference into your tone.
Wear no forced air of solemnity or sorrow.

Laugh as we always laughed
at the little jokes we enjoyed together.
Play, smile, think of me. Pray for me.
Let my name be ever the household word
that it always was.
Let it be spoken without effect.
Without the trace of a shadow on it.

Life means all that it ever meant.
It is the same that it ever was.
There is absolute unbroken continuity.
Why should I be out of mind
because I am out of sight?

I am but waiting for you.
For an interval.
Somewhere. Very near.
Just around the corner.

All is well.

Henry Scott Holland (1847–1918)
Anglikanischer Theologe, Professor
Aus: «Predigt zum Tod König Edwards VII.»

ein ähnlicher: Hier haben Angehörige ihre Toten ganz für sich allein als eine Art «Privatbesitz» auf öffentlichem Grund; doch ein öffentliches Gedenken ist unterbunden. Wer immer sich als Außenstehender einem solchen Verstorbenen nahe fühlt und am Grabe trauern möchte, kann dies kaum, ohne sich zuvor nach dem Ort zu erkundigen. Die Motive, von denen Angehörige sich in solchen seltenen Fällen leiten lassen, mögen unterschiedlich sein. Vielleicht handelt es sich um das gleiche Bedürfnis, das bei einer Aufhebung des Friedhofszwangs dazu verleiten würde, eine Urne im eigenen Garten beizusetzen oder in der Wohnung aufzustellen: Eine Vereinnahmung des Toten, um den dann kein anderer trauern kann und womöglich auch nicht soll. Gedenken würde dann Privatbesitz, wie die Asche.

Was sich auf traditionell gestalteten Grabstätten nur gelegentlich andeutet, ist an anderer Stelle heute längst Realität: die mehr oder weniger anonyme Beisetzung als eine durchaus praktizierte Bestattungsform im nichtkirchlichen Kontext.[15] Anonyme Erdbestattungen im Sarg sind dabei möglich, aber werden nicht häufig angefragt. In solchen Fällen ist der exakte Ort auf einer Rasenfläche einfach nicht näher bezeichnet. Bei Feuerbestattungen gibt es Mischformen, etwa halbanonyme Beisetzungen auf ausgewiesenen Gräberfeldern, bei denen zwar der Ort einzelner Urnen nachträglich nicht mehr erkennbar ist, die Namen aller dort Beerdigten aber noch an einem zentralen Ort aufgelistet werden. Bei Waldbestattungen mit Namensplaketten an den Bäumen ist die Lokalisierung sogar noch genauer möglich, auch wenn das betreffende Areal einige Quadratmeter umfassen mag. Radikaler ist die Urnenbeisetzung auf Rasenflächen ganz ohne Namenstafel oder Plakette – oder gar das an manchen Orten mögliche Ausstreuen der Asche auf ausgewiesenen Flächen. Bezieht man Beisetzungsformen wie See- oder Flussbestattungen oder das Verstreuen der Asche aus einem Ballon in die Überlegungen ein, ist die äußerste Zuspitzung erreicht: Es fehlt dann nicht einfach nur der Name an einem realen Grab, die Toten selbst sind ortlos geworden, im Wasser gelöst und fortgespült oder als Staub verweht. Drastischer lässt sich Vergänglichkeit nicht demonstrieren. Oder vielleicht auch Gleichgültigkeit gegenüber einem Leben – ob nun seitens der Hinterbliebenen oder seitens der Verstorbenen selbst, die sich das spurlose Verschwinden ja vielleicht sogar gewünscht haben. Jedenfalls handelt es sich durchaus um einen Trend: Bei einer Umfrage im Oktober 2019 nach der Bedeutung des eigenen Namens auf der Grabstelle fanden ihn 51 % «weniger wichtig» oder «nicht wichtig».[16] Mit der gern unterstellten Individualisierung hat so etwas nichts zu tun, geht es dabei doch gerade um das vollständige Verschwinden von Individualität.

Norbert Fischer beobachtete diese Entwicklung schon 1997 und rückte sie, durchaus pessimistisch, in den Kontext eines «fundamentalen gesellschaftlichen Wandels»[17] und einer wachsenden Entfremdung von Vergangenheit, Erinnerung und Gedächtnis.

Aus Beobachtungen in der eigenen Zeit auf epochale Änderungen zu schließen, ist nicht leicht; ein endgültiges Urteil in dieser Sache ist bis heute kaum möglich. Aber es könnte durchaus zutreffen, dass die Änderungen in unserer Gedenkkultur, wie sie in anonymen Beisetzungen zum Ausdruck kommen, über den Bereich der sogenannten Sepulkralkultur hinausweisen; das Verschwinden der Toten aus der Welt der Lebenden ist mehr als eine bloße Frage der Grabgestaltung. Was Goethes Faust als Anspruch formuliert – eine posthume Wirksamkeit gewissermaßen in alle Ewigkeit –, übersteigt bei weitem, was die allermeisten vernünftigerweise selbst von einer respektvollen Nachwelt erwarten können; das namenlose Verschwinden der Toten aber steht für einen radikalen Gegenentwurf: Eine Welt, in der jeder ganz für sich lebt, ohne Bezüge und Bindungen, ohne Vergangenheit, ohne Zukunft: Nach dem Tod völlig bedeutungslos, beseitigt an beliebigem Ort, ganz uninteressant für die noch Lebenden. Und auch wenn viele dieser «Verschwundenen» ihre guten Gründe gehabt haben mögen: Hinter der Ausbreitung anonymer Beisetzungen zeichnet sich eine dystopische Welt zumindest als Möglichkeit ab. Vor diesem Hintergrund erweist sich die traditionelle Friedhofskultur des Trauerns und des Erinnerns als eine zutiefst humane.

Gegenrede auf dem Friedhof

«Bravo! Bühnenreif, dieser Auftritt, aber solches Pathos ist doch längst aus der Mode gekommen!» Wie aus dem Nichts ist er neben einem Grabstein aufgetaucht, der Friedhofsflaneur, stellt sich in den Weg und lächelt ironisch. Hoppla, da habe wohl jemand gelauscht und sei nicht einverstanden? «Doch, doch, ich komme ja sogar darin vor, das freut mich. Aber …»

«Aber?»

«Immer diese kategorischen Urteile! Das klingt ja alles ganz schön als Klagelied über unsere Epoche und den Zeitgeist, und vielleicht stimmt das auch irgendwie, wer weiß das schon. Aber auf dem Friedhof geht es doch nicht nur ums Allgemeine, sondern um die vielen einzelnen Toten und Trauernden. Die sich ja vielleicht auch etwas gedacht haben bei der Wahl ihrer Beerdigung.»

«Sicher, das steht ja außer Zweifel …»

«Wie war das noch? Bedeutungslos, beseitigt, uninteressant für die Lebenden? So kann man das doch nicht sagen.» Und er erzählt von den zu Lebzeiten fast Vergessenen, die man schnell und preiswert unter die Erde bringe, traurig sei das, aber in anderen Fällen gäbe es gelegentlich auch gute Gründe: Geld könne durchaus über die Grabwahl entscheiden, denn wo es knapp sei, habe die verstorbene Tante vielleicht gar nicht gewollt, dass der Neffe sich ihretwegen verschulde oder auf den Familienurlaub verzichte. Man könne auch aus Fürsorglichkeit ein bescheidenes Begräbnis wählen.

«Und das anonyme Verschwinden?»

«Eher nicht auf dem Friedhof, zumal einem kirchlichen. Und auch da hat alles mindestens seine zwei Seiten: Da hat jemand vielleicht nie viel Aufhebens von sich gemacht und legt gar keinen Wert darauf, seinen Namen posthum so öffentlich auszustellen. Oder die Grabstelle ist ortsbekannt, da braucht es dann keine Tafel. Und wer nicht hier, sondern als Asche an der Wurzel einer Eiche liegen möchte ... vielleicht hat er den Wald und die Stille geliebt, und die Vorstellung hat ihn zu Lebzeiten getröstet? Und wenn es keine Angehörigen mehr gibt, wem hilft dann überhaupt ein kleines Namensschild am Baum? Kein Gedenken, richtig, es ist ein anderes Verständnis vom Tod, aber wenn man es doch für sich selbst so gewollt hat? Auch eine Beisetzung in Flüssen und Meeren kann ein sehr feierlicher und ergreifender Abschied sein, das Untertauchen der Urne und deren Auflösung ein Symbol für den ewigen Kreislauf des Seins. Das muss man jetzt nicht mögen, man kann das Bild für falsch halten, christlich ist es sowieso nicht, aber wer seine geliebte Ehefrau im Kreise der Freunde auf diese Weise in die Natur entlässt, der erfüllt ihr vielleicht einen letzten Herzenswunsch, und er wirft sie weiß Gott nicht einfach weg!»

Und wie sei es mit der Urne im eigenen Garten? Dem Verschwinden des Toten aus der Öffentlichkeit in den privaten Besitz der Hinterbliebenen?

«Ein Problem, natürlich. Und eine Bedrohung unserer Friedhofskultur. Das kann egoistisch sein, aber vielleicht steckt dahinter ja vor allem ein Bedürfnis nach großer Nähe über den Tod hinaus?»

Hm, manches sei wohl wirklich bedenkenswert. Vielleicht sollte man einfach etwas vorsichtiger sein im Urteil. Nicht gleich das Banner mit den großen Lettern schwenken, fürs kleine Grab genügten sozusagen die Schleifen mit den zarten Aufdrucken. Aber gar kein Abstrahieren mehr, auf Urteile völlig verzichten? Oder jetzt alles noch einmal von vorn beginnen?

«Nein, das wohl nicht. Aber vielleicht unser Gespräch mit hineinnehmen, als kleine Gegenrede?»

Grabreihe auf dem Kalker Friedhof, Köln

«Der Friedhof ist eine Drehscheibe des Lebens.»

Ulrike Bohnet

Gespräch mit Ulrike Bohnet

Bestatterin und Ethnologin

Frau Bohnet, seit einigen Jahren befindet sich die Bestattungskultur in Deutschland in einem Wandel. Waren Beisetzungen bisher vorrangig von den Liturgien der christlichen Kirchen geprägt, orientieren sie sich gegenwärtig stärker an den Vorstellungen der Angehörigen eines Verstorbenen oder an den Wünschen des Verstorbenen selbst – bis hin zu sehr ausgefallenen Ideen. Wie erleben Sie diese Individualisierung und den Verlust von Ritualen?
Nach meinem Erfahren und dem vieler Kolleg:innen sind wir Teil eines kulturellen Wandels, der sowohl Bestatter:innen als auch Angehörige vor ganz neue Möglichkeiten und Herausforderungen stellt: So bildet die zunehmende Individualisierung ja einerseits passend säkulare Lebenswirklichkeiten ab und gibt kreativ Raum für das ganz individuelle Universum eines jeden Menschen. Andererseits braucht es lange, bis sich neue Rituale entwickeln, die tatsächlich tragend für eine große, diverse Trauergemeinschaft funktionieren und überkommene rituelle Abläufe wirksam ersetzen können. Neben der Selbstwirksamkeit des Gestaltens kann es auch überfordern, wenn die Bestattung zum «Event» wird und damit ein gewisses Innehalten verhindert, das ja durchaus seine Berechtigung in unseren Trauerprozessen hat.

Sie lernen Menschen in existenziellen Ausnahmesituationen kennen. Welche Hilfestellungen können Sie als Bestatterin den Trauernden geben, sich von dem Verstorbenen gut zu verabschieden?
Ermutigung, auf die eigene Intuition zu hören und sich nicht zu sehr um die Meinung anderer zu sorgen. Und Mut zur

Teilhabe: sich Zeit zu lassen, zum Beispiel noch eine Nacht mit dem Verstorbenen verbringen – die Bestatter müssen nicht sofort kommen! Den Verstorbenen vielleicht selbst mit ankleiden und in den Sarg betten. Wertvoll kann es sein, sich am offenen Sarg zu verabschieden. Sich mit Kindern und Enkeln dorthin zu begeben – wenn es passt – und den Verstorbenen noch etwas mitzugeben: einen Brief, ein gemaltes Bild, liebe Dinge, die einen verbinden oder die dem Verstorbenen sehr wichtig waren. Das gilt natürlich auch für Gaben, die man noch ins Grab mitgeben kann … Einem Freund, der Spezialist für steinzeitlichen Bogenbau war, haben wir seine Waffen ins Grab gelegt.

Mit der sich ändernden Bestattungskultur ist auch das Berufsbild des Bestatters heterogener geworden: Neulinge mit alternativen Angeboten mischen ein wenig die traditionsbewusste Branche auf. Und es fällt auf, dass immer mehr junge Frauen, so wie Sie, diesen Beruf ausüben – häufig als Quereinsteigerinnen.
Diese Beobachtung ist richtig und für mich persönlich natürlich stimmig. Statt des männlichen Schreiners, der auch «in Bestattungen macht», sind sowohl im ländlichen als auch urbanen Bereich zunehmend Bestatterinnen tätig – das Thema fasziniert und fordert uns heraus, weil es eine intensive, sinnhafte und auch kreative Beschäftigung mit einem oft tabuisierten Bereich des Lebens bedeutet. Ich bin Ethnologin, und die Methode der teilnehmenden Beobachtung hilft mir durchaus, mich umfänglich auf die Hintergründe und Bedürfnisse meiner Gegenüber einzulassen, um sie gut begleiten zu können.

Gesellschaft ist deutlich pluraler geworden. Merken Sie die zunehmende Religionsvielfalt auch bei Ihrer Tätigkeit? Und wenn ja, was bedeutet die Bestattung in der neuen Heimat für Menschen mit Migrationshintergrund?
Natürlich bildet sich die religiöse Diversität unserer Gesellschaft auch in unserer Arbeit ab. Da manche Bestatter:innen

jedoch spezialisiert sind auf die Überführung Verstorbener beispielsweise in die Türkei, arbeiten wir vor allem mit Angehörigen der zweiten und dritten Generation zusammen, die ihre Verstorbenen hier vor Ort in Deutschland bestatten wollen – weil der Lebensmittelpunkt der Familie mittlerweile hier ist. Inzwischen gibt es auf vielen Friedhöfen Grabfelder für muslimische, jüdische oder buddhistische Bestattungen. Neue Gesetze ermöglichen zum Beispiel die muslimische Beisetzung im Tuch. Die Auseinandersetzung mit den Abläufen etwa in der griechischen oder russischen Orthodoxie oder bei buddhistischen Trauerriten erweitert meinen Blick und mein Erfahrungsfeld andauernd – es bleibt spannend, und ich lerne immer wieder Neues.

Wie bewerten Sie die zunehmende Bedeutung digitaler Technologien im Bestattungsbereich, vom virtuellen Friedhof bis zum digitalen Erbe, das mittlerweile jeder hinterlässt?
Fast jede oder jeder … Digitale Technologien im Bestattungsbereich ermöglichen unsere Arbeit und bieten wirklich große Erleichterungen etwa in der Verwaltung vom digitalen Erbe über ein Formalitätsportal, das wir mittlerweile allen Angehörigen anbieten. Es gibt auch spannende Trauer-Apps, die begleiten und vor allem für jüngere Menschen eine interessante Dimension im Umgang mit ihrer individuellen Trauer darstellen können. Allerdings glaube ich, dass die «analogen» Begegnungen mit anderen und für manche auch mit realen Orten (wie dem Grab) kaum digital ersetzt werden können. Zu sehr brauchen wir Menschen andere Menschen.

Und eine persönliche Frage zum Schluss: Welche Zukunftsvisionen haben Sie für die Institution Friedhof?
Mein imaginärer Friedhof der Zukunft stellt einen gesamtgesellschaftlichen Ruhe-, Kraft- und Begegnungsort dar. Dort sollen sowohl klassische als auch alternative Bestattungsformen möglich sein und ebenfalls Formate wie Lesungen, Konzerte, Performances …, bei denen die Lebenden auf dem

Friedhof zusammenkommen, der Tod ins Auge gefasst und als Teil des Lebens begriffen werden kann. Friedhöfe sind wertvolle Räume, in denen sich die Welten berühren und durchdringen können – jetzt und in der Zukunft. Nicht nur als ökologische Nischen in der Stadt …

Herzlichen Dank!

Seit ihrem Studium der Ethnologie in Freiburg i. Br. und Berlin beschäftigt sich **Ulrike Bohnet M.A.** intensiv mit Schamanismus sowohl als Museumskuratorin wie auch als selbstständige Kulturvermittlerin. Ihr umfangreiches Wissen über Bestattungsriten bringt sie seit 2014 in ihre Tätigkeit als Bestatterin in Stuttgart ein.

Historisches Grabmal mit einer schönen Trauernden vor Obelisk, Friedhof Melaten, Köln

Memento

Vor meinem eignen Tod ist mir nicht bang,
Nur vor dem Tode derer, die mir nah sind.
Wie soll ich leben, wenn sie nicht mehr da sind?

Allein im Nebel tast ich todentlang
Und laß mich willig in das Dunkel treiben.
Das Gehen schmerzt nicht halb so wie das Bleiben.

Der weiß es wohl, dem gleiches widerfuhr;
– Und die es trugen, mögen mir vergeben.
Bedenkt: den eignen Tod, den stirbt man nur,
Doch mit dem Tod der andern muß man leben!

Mascha Kaléko (1907–1975), vor 1945
Dichterin

Der Friedhof als Ort der Trauer

Inwiefern gilt das noch?

Der Friedhof ist ein Ort der Trauer – ganz selbstverständlich stimmt man dieser Aussage zu. Aber wo und wie zeigt sich das noch heute?

Auf städtischen Friedhöfen mit historischen Familiengrabstätten ist sie häufig anzutreffen, zählt diese junge Frauengestalt doch zu den kulturhistorisch bemerkenswertesten Grabmalfiguren des 19. Jahrhunderts: die Trauernde.[1] Melancholisch in sich zusammengesunken oder verhalten am Grabstein lehnend, den Blick abgewandt oder wehmütig auf das naturalistische Abbild des männlichen Verstorbenen gerichtet – das sind ihre deutlichen Gesten der sanften Trauer. In ihrer anmutigen Weiblichkeit, den Schmerz still und geduldig tragend, avancierte sie im 19. Jahrhundert schnell zum ästhetischen Ideal für kultivierte Trauer des Bürgertums. Gerade diese prosperierende Bevölkerungsschicht begann, neue Maßstäbe zu setzen. Unbeherrschte Affekte der Barockskulpturen waren Verhaltenheit und Resignation gewichen.[2]

Bereits im ausgehenden 18. Jahrhundert verzichteten Künstler des Klassizismus auf expressive barocke Trauerformeln, indem sie den Ausdruck kontemplativer Trauer als Zeichen verinnerlichter Gefühle bevorzugten. Noch bis ins beginnende 20. Jahrhundert drückte sich diese Selbstbezogenheit anschaulich durch das die Augen verschattende Kopftuch der weiblichen Trauergestalt aus oder in der innigen Verbundenheit mit der von ihr gehaltenen Urne.

Vor dem Hintergrund einer sich im Laufe des 19. Jahrhunderts wandelnden Friedhofsästhetik bediente die sanfte, reine Frauengestalt als Trauerallegorie zunächst besonders in den romantisierenden Wald- und Parkfriedhöfen die gesellschaftliche Sehnsucht nach Frömmigkeit und Naturästhetik.[3] Nachdem bereits seit Jahrhunderten die Darstellungen der Trauer mit dem sogenannten typisch Weiblichen verbunden waren, erreichte die schöne Trauernde spätestens um 1900 den Höhepunkt ihrer Popularität. Die in dieser Zeit entwickelte industrielle Galvanotechnik, mit der massenhaft plastische Kunstwerke zu günstigeren Preisen reproduziert wurden, hatte den Trend zusätzlich forciert – leider auf Kosten der ursprünglichen individuell ausgedrückten Empfindsamkeit des frühen 19. Jahrhunderts und zugunsten eines sentimentalen Klischees.[4]

Für die Erfolgsgeschichte dieser besonderen Sepulkralfigur war ihre teilweise kaum verhüllte Körperlichkeit sicherlich nicht abträglich, sondern im Gegenteil: Ihre mehr oder weniger latente erotische Ausstrahlung dürfte zur willkommenen Projektionsfläche männlicher Fantasien geworden sein, gerade im Wilhelminismus (1890–1914), einer Phase unterdrückter Emotionalität – und darüber hinaus bis in die 1930er Jahre. Die Deutung der freizügig-sinnlichen Darstellungen ist ambivalent. Aber egal ob als Memento mori

Familiengrabmal mit weiblicher Figur, 1920er Jahre, Bildhauer: Daniel Greiner (1872–1943), Friedhof Melaten, Köln

mahnend oder im Gegenteil den Tod verharmlosend – die sanfte Schöne entspricht in ihrer kontemplativen Trauerarbeit den tradierten männlichen Vorstellungen ihrer Zeit.[5]

Findet man Entsprechendes auf heutigen Gräbern? Gibt es aktuelle Statuen, die derart intensiv menschliche Befindlichkeiten ausdrücken? Eher weniger. Doch schon in den 1920er Jahren standen die trauernden Damen samt anderer «ästhetischer Entgleisungen» in der Kritik.[6] Besonders in den großen Städten wuchs seit Beginn des 20. Jahrhunderts die Unzufriedenheit mit der als überholt empfundenen Grabmalkultur: zu viel Kitsch, zu wenig Unikat, zu viel industriell gefertigte Massenware, zu viel importiertes Material, zu trostlose Eindrücke, zu gleichförmig, zu unterschiedlich ... Verschiedene Initiativen verfolgten zum Teil rigorose und durchaus gegenläufige Reformideen, so dass sich spätestens nach dem Ersten Weltkrieg das Friedhofswesen in Deutschland deutlich änderte. Die bürgerliche sepulkrale Prunksucht auf Parkfriedhöfen aus der Zeit des vergangenen Kaiserreichs war nicht mehr willkommen, bevorzugt wurden jetzt eher geometrische Anlagen mit gleichförmigen Einzelgräbern ohne Extravaganzen. Und tendenziell hat sich bisher an dieser Vorstellung einer idealen Friedhofsanlage nicht viel geändert.

Dennoch sieht man auch gegenwärtig noch sehr vereinzelt neue historisierende Trauerdenkmale: Es sind meist weibliche (Engels-)Figuren, jung und schön, dargestellt in melancholischen, verhaltenen Posen. Als Repliken von Skulpturen des 19. Jahrhunderts[7] oder anderen Vorbildern nachempfunden, werden diese großen Grabfiguren von einigen Steinmetz-Werkstätten für zahlungskräftig Trauernde angeboten. Sie und ihre originalen Vorgängerinnen scheinen auch aktuell noch die Vorstellungen des Idealtyps der stillen Trauer zu bedienen, zieren sie doch weiterhin die Titelseiten etlicher Trauerbroschüren oder Bestatter-Webseiten. Auch der ein oder andere Friedhofsflaneur kann sich dem Charme dieser Schönen nicht entziehen. Zur Bestätigung bedarf es lediglich einer kurzen Unterbrechung dieser Lektüre und eines Blickes auf das Cover des Buches ...

Engelinvasion auf Grabmal

Auf großen Familiengräbern heben sich die sanften Trauernden heute auffällig von den eher einheitlich gestalteten Einzelgräbern ab. Doch ebenfalls von den verschiedenen Varianten kleinerer Gräber sind trauernde Engel nicht wegzudenken – es sei denn, die jeweilige Friedhofssatzung untersagt Porzellan- und Dekoartikel. Denn als solche werden die meist trauernden Kinderengel oder Putti massenhaft produziert und günstig im Internet oder bei Discountern offeriert.[8] Selbst wenn sie weit davon entfernt sind, wie ein historisches Denkmal künstlerisch ein öffentliches Zeichen individueller Trauer zu setzen, sollte auch ihnen nicht abgesprochen werden, Träger empfundener Emotionen zu sein. Ihre Präsenz auf einem Grab kann den Hinterbliebenen durchaus persönlich Trost spenden. Allerdings suggerieren die häufig zu beobachtenden Engelinvasionen, dass es sich dabei manchmal eher um reflexartiges Aufstellen von überdauernden Mitbringseln – statt vergänglicher Blumen – handeln könnte. Jedenfalls dürfte die Bewunderung durch andere Friedhofsbesucher im Vergleich zu den Großfiguren des 19. Jahrhunderts deutlich geringer ausfallen.

Neben den vielen kleinen Engeln mit und ohne Schriftzug liegen gelegentlich gebrochene steinerne Herzen auf einer

Grabstätte, die sich als Ausdruck des schmerzvollen Abschieds von einem geliebten Menschen verstehen. Viel häufiger finden sich gegenwärtig noch Zeichen, die als Trauersymbole interpretiert werden können, wenn man um ihre Bedeutung weiß: Kreuze in allen Variationen, Rosen, Tauben, betende Hände oder Palmenzweige und seltener Anker und Schiffe. Diese Darstellungen, allesamt der christlichen Ikonografie entlehnt, versinnbildlichen allerdings weniger das subjektive Gefühl der Trauer als vielmehr die christlich-kollektive Hoffnung auf ein ewiges Leben nach dem Tod: Verwandlung, Auferstehung und Erlösung. In diesem Sinn sind auch die immer seltener vorkommenden Marien- oder Christusfiguren bzw. Christusmonogramme zu verstehen. Ob sie immer den ästhetischen Vorstellungen der Friedhofsreformer vor 100 Jahren standgehalten hätten, sei dahingestellt. Allerdings vermitteln die Motive Trost, indem sie auf einen erlösenden Zustand jenseits des Todes hinweisen und so dem Tod seine Endgültigkeit nehmen. Eine ähnlich tröstende Wirkung in trivialisierter Form beschwören Grabsteininschriften wie «Wir sehen uns wieder» oder «Du bist nur vorausgegangen» mit Hinweis auf die christliche Auferstehung. Oder mit einem schlichten «Auf Wiedersehen!». Auch sie sind bereits aus dem 19. Jahrhundert bekannt.

Des Öfteren werden dagegen auf Grabsteinen der Schmerz und die Trostlosigkeit in Worte gefasst, die der Verlust eines geliebten Menschen verursacht hat: «Wie schmerzlich traf

Grabmal, Detail

die Trauerkunde, gebrochen sei Dein junges Herz, Unsagbar schwer seit dieser Stunde, so unermesslich unser Schmerz» bezieht sich auf einen 58-Jährigen, oder persönlicher ausgedrückt: «Ich kann und werde es nicht begreifen, mein Schmerz ist riesengroß. Dein Willi» mit dem Zusatz: «Auf ewig verbunden». Oder: «Ich fühle mich leer ohne Dich. Merke, wie sehr Du mein Leben erfüllt hast.»

Die Trauer der Braut drei Wochen war,
die Trauer der Schwester, die war drei Jahr,
die Mutter hat der Trauer gepflegt,
bis müde sie selbst ins Grab sich gelegt.

Adelbert von Chamisso (1781–1838)
Naturforscher und Dichter

Auch von Tränen als Attributen der Trauer ist zu lesen: «Wenn Liebe könnte Wunder tun und Tränen Dich erwecken, würde Dich, geliebte Mutter, nicht diese Erde decken». Trotz der trauernden Konnotation beinhalten diese Art von Grabsteinsprüchen manchmal etwas unfreiwillig Komisches und zeigen die Schwierigkeit, im Umgang mit Trauer den richtigen Ton zu treffen. Sprüche wie «Ich vermisse Dich» oder «Die Zeit heilt alle Wunden. Aber das stimmt nicht!» auf nachträglich arrangierten kleinen Zusatzsteinen oder Keramikherzen beklagen zwar die länger anhaltende Trostlosigkeit, wirken als Platituden dennoch eher hilflos. Sie stehen in der langen Tradition der Klagelieder, die den Verlust eines Menschen schmerzvoll thematisieren. Einen Höhepunkt dieses Genres bilden sicher die «Kindertodtenlieder» von Friedrich Rückert, die er in Erinnerung an seine zwei 1833 und 1834 verstorbenen Kinder gedichtet hat. Unvergesslich wurden sie in der Vertonung durch Gustav Mahler 1866.[9]

Wiederholen wir nach dieser kleinen Bestandsaufnahme nochmals die Eingangsfrage: Die Zeichen der Trauer sind gegenwärtig nicht mehr so offenkundig, eindeutig und emotional nachvollziehbar wie im 19. Jahrhundert, also großformatig in Stein gemeißelt oder in Galvanotechnik produziert – wie zeigt sich also aktuell die Trauer, oder wo sind sichtbare Zeichen von ihr noch auf einem Friedhof zu finden? Dazu muss zunächst geklärt werden: Was ist Trauer, und wie hat sich die Trauerkultur entwickelt?

Der Trauerbegriff ist in der deutschen Sprache doppeldeutig. Zum einen umschreibt Trauern individuelle Gefühle und Gedanken der Verzweiflung, des Schmerzes als Reaktion auf einen schweren Verlust – meistens eines geliebten Menschen. Zum anderen beinhaltet Trauern das Verhalten, das daraus resultiert: ritualisierte Trauerpraktiken, bestimmt durch sozialen und kulturellen Einfluss. Bereits 1915 beschrieb Sigmund Freud in seiner psychoanalytischen Theorie Trauer als eine dysphorische Reaktion auf den Verlust von etwas, das für den Menschen von Wert ist: ein geliebter Mensch, Gesundheit, Geld, Erfolg, Jugend, das Heimatland … Dieser Abschiedsschmerz bringt die Menschen in einem Akt der psychischen Arbeit dazu, sich von dem verlorenen Objekt Schritt für Schritt zu lösen. Beide Aspekte der Trauer, die zu erleidende Emotion wie auch das aktive Vorgehen, bestimmen eine sich über die Jahrhunderte verändernde Trauerkultur. Trauer manifestiert sich auf dem Friedhof folglich nicht ausschließlich in bleibenden Grabzeichen oder entsprechenden Attributen, sondern ebenso in Handlungen, die über die Jahrhunderte durch Rituale kanalisiert wurden und es noch werden.

Dass wir erschraken, da du starbst, nein,
dass dein starker Tod uns dunkel unterbrach,
das Bisdahin abreißend vom Seither:
das geht uns an; das einzuordnen
wird die Arbeit sein, die wir mit allem tun.

Rainer Maria Rilke (1875–1926), Dichter
Aus: «Requiem für Paula Modersohn-Becker», Paris 1908

Vom Mittelalter bis in die beginnende Neuzeit hing die Funktionsfähigkeit einer Gemeinschaft von ihrem starken sozialen Zusammenhalt ab. Der Tod eines Einzelnen konnte für die Gruppe eine immense wirtschaftliche und organisatorische Bedrohung darstellen, so dass sein Verlust zügig ausgeglichen werden musste. Emotionales Trauern als individuell empfundener Schmerz nach heutigen Vorstellungen hat es vermutlich gegeben und die Hinterbliebenen belastet, konnte aber wegen deren Eingebundenseins in streng normierte gesellschaftliche und religiöse Strukturen – und abhängig vom sozialen Stand – nur bedingt ausgelebt werden. Mit zunehmender Säkularisierung, Veränderung der ökonomischen Grundlagen und menschlichen Beziehungen haben sich die Prioritäten in der Trauerkultur bis heute verschoben: hin zu einer tendenziellen Verlagerung der Trauer vom Öffentlichen zum Privaten, mit einer wachsenden Dominanz der seelischen Aspekte.

Waren es früher besonders die Regeln der christlichen Kirchen und gesellschaftlich festgelegte Bräuche, die die Trauernden begleiteten und ihr Verhalten reglementierten, sind es heute zum Teil subtile Erwartungshaltungen des familiären und beruflichen Umfeldes. Trotz Unterschieden im Detail verfolgen alle Verhaltensregeln ein ähnliches Ziel: die Wiedereingliederung der Trauernden in ein soziales System. Und damit letztlich eine Überwindung der Trauer. Wir haben es schon erwähnt: Vor diesem Hintergrund sind die im christlichen Sinn benutzten Symbole der Hoffnung wie Leuchttürme, Bücher, Schiffe und Treppen auf heutigen Grabsteinen durchaus als indirekte Trauerzeichen zu interpretieren – von denjenigen, die sie noch lesen können.

Der Friedhof als Ort der Trauer

Die Frage nach dem Friedhof als Ort der Trauer setzt selbstverständlich dessen Existenz voraus. Noch bis ins 18. Jahrhundert fanden die Menschen ihre letzte Ruhestätte häufig in Kirchen und auf angrenzenden Kirchhöfen, um – aus katholischer Sicht – durch die Nähe ihrer Gebeine zu Reliquien einer Fürsprache der Heiligen für das eigene Seelenheil sicher zu sein. Zusätzlich war der Bestattungsraum Kirchhof in Verbindung mit Wohnbereichen und dem jeweils örtlichen Marktplatz zentraler Mittelpunkt für das weltliche Gemeinwesen. Weder theologisch noch räumlich existierte also eine Trennung zwischen der diesseitigen und der jenseitigen Welt. Allerdings gab es grundsätzlich bereits seit dem frühen 16. Jahrhundert ausgelagerte «Gottesäcker». Spätestens mit der gesetzlichen Anordnung einer dringend notwendigen Verlegung der Begräbnisplätze vor die Städte – aus Hygiene- und Platzgründen – entstanden um 1800 eigene Orte für die Toten mit Einzelgräbern und Grabstelen.

War die Gründung eigenständiger und vor allem kommunaler Friedhöfe nicht im Sinne der katholischen Kirche, so entsprach sie durchaus den theologischen Gedanken der Reformation. Deren Befürworter hielten eine Kirchennähe ebenso wenig für notwendig wie die bisher üblichen Hilfsdienste zur Erlangung des ewigen Lebens, posthume Fürbitten oder Ablasshandel eingeschlossen. Ausschließlich der Gnade Gottes (*sola gratia*) wurde der Tote überantwortet. Mithin richteten die Reformierten ihre Bestattungszeremonien weniger an dem Seelenheil des Verstorbenen aus als vielmehr an seiner Wertschätzung und der Tröstung der Hinterbliebenen. Deshalb wurde in sogenannten Leichenpredigten nicht nur die Auferstehung der Toten verkündet, sondern ein erinnerndes Gedenken würdigte das Lebenswerk des Verstorbenen und rief die Hinterbliebenen zur Andacht auf.

Als es dann sowohl auf katholischen wie auch protestantischen Friedhöfen zu einer vermehrten Aufstellung von Grabkennzeichnungen mit Namen und Lebensdaten jedes Verstorbenen kam, zunächst ein Privileg der Adeligen, hielt der seit der Renaissance wahrnehmbare Individualisierungsprozess breiterer Bevölkerungsschichten auf dem Friedhof Einzug. Man blieb sich auch hier treu: Während die frühen Stelen auf katholischen Gräbern zum Gebet für das Seelenheil des Verstorbenen aufforderten, mahnten die evangelischen Friedhöfe das Nachdenken über die eigene Vergänglichkeit an.[10] Die deutliche Hinwendung auf das diesseitige Leben bei den Protestanten spiegelte sich in den Grabbeigaben wider: Begleiteten Kreuze und Rosenkränze die verstorbenen Katholiken ins Jenseits, verzichteten Protestanten auf das Gesangbuch und andere religiöse Utensilien und wählten als persönliche Gegenstände eher Medizingefäße oder sogar Spielkarten.[11]

Mittelfristig blieb eine Wirkung der weiteren gesellschaftlichen Veränderungen auch auf die Bestattungszeremonien und damit auf die Bedeutung von Friedhöfen nicht aus. Besonders die zunehmende Verweltlichung und Rationalisierung als Folge der Aufklärung drängte das spirituelle Gedenken in seinem streng religiösen Kontext immer weiter zurück. Die entstandene Leestelle füllte die klassizistische Grabmalkunst durch die Darstellung verinnerlichter Trauergefühle – häufig inklusive moralischer Botschaft. Anders als in der früheren Zeit des Barock mit seinen furchteinflößenden Todesgestalten zielten nun die Skulpturen der stillen Trauer – darunter auch unsere schönen Trauernden vom Kapitelanfang – auf das mitleidende Sentiment ab. Die Intensivierung und Emotionalisierung der Trauerrituale setzten sich in der romantischen Phase fort, beflügelt durch ein neues Verständnis der Liebe als Lebensgrundlage der Keimzelle Familie. Auf dem Friedhof wurde es folglich melancholisch, während beim Versuch, dem Tod einen Sinn zu geben, oft von einer höheren Offenbarung des Lebens die Rede war oder sogar von einer Hoffnung auf ein besseres jenseitiges Leben. – Oder wie Norbert Fischer es ausdrückt: «Der Friedhof wurde als ästhetisch-melancholischer Ort zum Verweilen betrachtet und nicht mehr als ein nach hygienischen Gesichtspunkten angelegtes, bloßes Leichendepot». [12]

Bis zur Mitte des 19. Jahrhunderts stand das persönliche Leiden als tiefe Empfindung im Mittelpunkt, danach erweiterte sich das Zelebrieren von Trauer zu einer prestigeträchtigen Angelegenheit. Und das vor dem Hintergrund eines immer einflussreicheren und vermögenderen Bürgertums: Die von gesellschaftlichen Konventionen bestimmte Gestaltung der Gräber mit monumentalen Architekturen, extravagantem Grabschmuck und passender Bepflanzung, ihre privilegierten Lagen auf dem Friedhof sowie die Ausschmückung der Trauerrituale gaben Auskunft über den sozialen Stand des Verstorbenen. Der Friedhof übernahm nun die Rolle eines Ortes der sichtbar arrangierten Trauer mit all ihren sozial-repräsentativen Aspekten.[13] Seit Beginn des 20. Jahrhunderts bis sogar noch in die 1960er Jahre hinein beendete die Friedhofsreformbewegung durch Verbote und Beschränkungen die Freiheit dieses ausufernden Gestaltungsindividualismus zugunsten des Ideals eines einheitlichen Friedhofsbildes.

Traditionelle Trauerrituale im Rahmen christlicher Bestattungen

Das Sterben und den Tod eines Menschen begleiten in allen Religionen spezielle Rituale. Auch für Christen beinhaltet der Tod einen durchaus hoffnungsvollen Aspekt, bedeutet er doch nicht das Ende eines Menschen, sondern den Übergang zum ewigen Leben bei Gott.[14] Wie alle Trauerrituale verstehen sich ebenfalls die christlichen in ihrem Ursprung als Trennungsrituale, die in ihrem Vollzug eine allmähliche Distanzierung vom Toten bewirken, aber seit mindestens 100 Jahren verstärkt umgedeutet werden. Bisher orientierten sich die christlichen Kirchen bei der Durchführung ihrer traditionellen Trauerregeln vorrangig an Sarg-Erdbestattungen. Allerdings verändern die stark gestiegene Anzahl von Einäscherungen in den letzten Jahren und die damit einhergehende Vielfalt an Bestattungsarten die praktizierte Beisetzungsrealität immer mehr. Die Entfremdung von christlichen Inhalten tut ein Übriges.

Hinunter in der Erde Schoß

Hinunter in der Erde Schoß,
Weg aus des Lichtes Reichen,
Der Schmerzen Wut und wilder Stoß
Ist froher Abfahrt Zeichen.
Wir kommen in dem engen Kahn
Geschwind am Himmelsufer an.
Gelobt sei uns die ewge Nacht,
Gelobt der ewge Schlummer.
Wohl hat der Tag uns warm gemacht,
Und welk der lange Kummer.
Die Lust der Fremde ging uns aus,
Zum Vater wollen wir nach Haus.

Novalis (1772–1801), eigentlich Georg Philipp Friedrich Leopold Freiherr von Hardenberg
Schriftsteller und Philosoph

Zunächst ein Blick auf die katholischen Bestattungszeremonien. Nach altem Brauch traf sich in der Vergangenheit die Trauergemeinde im Haus des Verstorbenen oder in der Friedhofshalle, um gemeinsam den Sarg in einer Prozession zur Kirche zu geleiten. Dort wurde das Requiem, die Totenmesse als liturgischer Höhepunkt gefeiert. Gegenwärtig ist es durchaus üblich, lediglich eine Trauerfeier in der Friedhofshalle abzuhalten, wobei Gestaltungswünsche der Angehörigen zunehmend berücksichtigt werden. Vom Blumenschmuck – Kränze sind weitestgehend out, jahreszeitliche Blumengestecke und -herzen sind in – bis hin zum Aufstellen von Fotos, Teelichtern oder dem Abspielen von Lieblingsliedern der Verstorbenen reichen die individuellen Beteiligungen. Auch das Tragen der bisher obligatorischen schwarzen Trauerkleidung ist kein Muss mehr, so dass die äußeren Zeichen des speziellen Anlasses gegenüber anderen Feierlichkeiten allmählich an Bedeutung verlieren.

Im Anschluss setzt sich der Kondukt als letztes Geleit des Verstorbenen zum Friedhof bzw. zum Grab fort. Dort findet der wohl tiefgreifendste Augenblick der Trauer während der gesamten Begräbniszeremonie statt: das Absenken des Sarges oder der Urne in die Erde. Augenscheinlich verlässt der Verstorbene die diesseitige Welt und wird einer anderen Sphäre übergeben. Ein Moment höchster Emotionalität. Zur Abmilderung der Drastik wurde bereits Ende des 19. Jahrhunderts ein hydraulischer Sargversenkungsapparat entwickelt, der dieses fast archaische Erleben des geräuschvoll an Seilen herabgleitenden Sarges für die ergriffene Trauergemeinde verkürzte. Nahezu lautlos konnte nun der Sarg in der Grube verschwinden. Aber nicht mehr jeder Trauergemeinde scheint das heute noch zumutbar. Deshalb bieten Bestatter die Möglichkeit an, den Sarg oder die Urne erst nach der Zeremonie in Abwesenheit der Trauernden ins Grab zu senken.

Mit den Worten «Von der Erde bist du genommen und zur Erde kehrst du zurück. Der Herr aber wird dich auferwecken» wirft der Geistliche dreimal Erde auf den Sarg. Nach Fürbitten und Gebeten ist die Trauergemeinde aufgerufen, den Sarg ebenfalls mit Erde zu bedecken. Bis in die

Blumenschmuck bei einer Beerdigung

1920er Jahre war es üblich, das gesamte Grab im Beisein der Trauergemeinde zuzuschaufeln. Auch dieses Trennungsritual wurde abgewandelt, um den Hinterbliebenen den erschreckenden, offensichtlichen und dumpf klingenden Moment des Abschieds zu ersparen. Selbst das symbolhafte Verfüllen des Grabes durch den dreimaligen Erdwurf möchte man den Hinterbliebenen zunehmend nicht mehr abverlangen: Die Erde wird nun häufig durch farbenfrohe Blumen ersetzt – eine Umdeutung des Trennungsrituals in ein verharmlosendes Bleiberitual.[15]

Zum Abschluss der Trauerfeier ist es seit Jahrhunderten üblich, den Angehörigen am Grab zu kondolieren. Teilweise ist dieses Ritual ebenfalls nicht mehr erwünscht, wenn auf Trauerkarten bewusst um den Verzicht auf Beileidsbekundungen gebeten wird. Ein deutliches Beispiel für die Veränderung des Trauerverhaltens: Der Tod und das Trauern verschwinden immer mehr aus dem Blick der Öffentlichkeit. Trauern ist privat geworden.

Die erste Trauerphase endet mit dem Sechswochenseelenamt – eben sechs Wochen nach dem Tod oder der kirchlichen Begräbnisfeier. Abgeschlossen wird das katholische Trauerjahr mit dem Jahres-Seelenamt und dem Setzen des Grabsteins, einem weiteren Trauerritual. Die auf den Gedenksteinen dargestellten christlichen Symbole wie

Auf dem Friedhof

Wen sie ins Grab versenkten
Und Tränen fielen drauf –
Ergriffen stand die Menge
In Trauerkleid zu Hauf. –

Und wen sie still vergruben
Am Kirchhof bei der Wand:
Er hatte keine Lieben,
Kein Glück, kein Heimatland.

Sie beide liegen drunten,
In gleicher stiller Ruh –
Es rauscht der Wind wie immer
Sein Schlummerlied dazu.

Adalbert von Hanstein
(1861–1904)
Dichter, Literaturhistoriker, Schriftsteller und Redakteur

Kreuze, Türme, Schiffe usw. zeigen, dass nach der Trauerphase nun die Hoffnung auf das ewige Leben in Gott gegenüber der emotional empfundenen Trauer überwiegt.

Nicht nur die beschriebene Tendenz zur Privatisierung und Emotionalisierung gilt selbstverständlich ebenso für eine traditionelle evangelische Beisetzung. Neben dem gepredigten Wort und den Gebeten sind für beide Konfessionen Gesang und Musik charakteristisch. Der evangelische Bestattungsritus besteht ebenfalls aus drei Teilen, wenn auch in einer anderen Aufteilung: aus der Aussegnung und aus der Abholung des Verstorbenen am Sterbeort sowie aus dem Bestattungsgottesdienst in der Friedhofskapelle, der seine Fortsetzung am Grab findet. Eine Begleitung des Verstorbenen durch die Trauergemeinde vom Ort des Ablebens hin zum Friedhof ist aktuell nicht mehr üblich. Im Unterschied zu einer katholischen Bestattungszeremonie verzichtet die evangelische Kirche auf die Totenmesse als Ausdruck der rituellen Fürsorge für den Verstorbenen. Stattdessen steht vielmehr von Anfang an die Verkündigung des Evangeliums an die Lebenden im Zentrum. Seit der Frühneuzeit nimmt die gedruckte Leichenpredigt einen besonderen Stellenwert ein. War sie – wie bereits erwähnt – zunächst zur Lobpreisung Gottes und zur Erbauung sowie Seelsorge der Hinterbliebenen gedacht, rückt im 18. Jahrhundert der Verstorbene durch die Schilderung seines tugendhaften Lebens in den Vordergrund. Heute verbindet eine evangelische Trauerpredigt das Lob Gottes mit dem Trost der Angehörigen durch eine persönliche Würdigung des Verstorbenen und verweist auf sein jenseitiges Seelenheil. Mit der liturgischen Formel «Erde zu

Erde, Asche zu Asche, Staub zu Staub» wirft der evangelische Geistliche bei der Grablegung dreimal Erde auf den abgesenkten Sarg bzw. die Urne. Im Gemeindegottesdienst am Sonntag nach einer Beisetzung wird der Verstorbene benannt und durch die gesamte Gemeinde der Barmherzigkeit Gottes empfohlen.

Auch wenn aktuell die beschriebenen traditionellen Bestattungsliturgien längst nicht immer vollständig zelebriert werden, hat sich eine Praxis über die Jahrhunderte erhalten – allerdings auch diese mit Einschränkungen. Die Gläubigen beider christlichen Konfessionen beschließen ihre Trauerfeierlichkeiten üblicherweise mit einem sogenannten Leichenschmaus – für heutige Ohren ein etwas despektierlich klingender Begriff, ebenso Reuessen, Tröstelbier und neuerdings Trauercafé genannt. In diesem inoffiziellen und gelösten Rahmen gedenkt die Trauergemeinde noch einmal gemeinsam des Verstorbenen, um sich gleichzeitig wieder auf das diesseitige Leben zu besinnen. Der Brauch beruht auf der alten Tradition, die Angehörigen in der Gemeinschaft aufzufangen und ihnen Trost zu spenden. Allerdings verzichtet eine wachsende Anzahl von Hinterbliebenen neuerdings auf diesen Ritus – Trauern wird eben immer mehr zur Privatsache. Bestätigt wird diese Tendenz zusätzlich durch die Tatsachen, dass die Trauerfeiern in immer kleineren Kreisen stattfinden oder in Traueranzeigen auf die bereits im engsten Familienkreis stattgefundene Bestattung hingewiesen wird.

Trauerrituale — nicht nur christlich …

Das gesamte Trauerwesen war nicht nur durch religiöse Vorgaben und Abläufe, sondern ebenso immer schon durch verschiedene soziale und magische Bestattungsrituale reglementiert. Als öffentliche Angelegenheit unterlag die Einhaltung der Trauer-Etikette einer sehr aufmerksamen Sozialkontrolle. Besonders die Kleidung der Frauen als sichtbares Zeichen der Trauer war strengen Regeln unterworfen.

Gab es zunächst besonders in ländlichen Gebieten spezielle Bekleidungsvorschriften, nach Geschlecht und Status differenziert, so entwickelten sich später wahre Trauermoden mit speziellen Accessoires wie etwa passendem Schmuck.

Trauerrituale verfolgten seit jeher auch den Zweck, die Abtrennung von den Verstorbenen zu vollziehen und die Wiedereingliederung der Hinterbliebenen in die alten Strukturen zu sichern. Große Sorge bereitete lange Zeit die Vorstellung, der Tote könne aus Eifersucht oder anderen Beweggründen als Wiedergänger in sein ehemaliges Leben zurückkehren. Solche Bemühungen suchte man mit allerlei Tricks zu verhindern. So werden bis heute Verstorbene mit den Füßen zuerst aus ihrem Haus herausgetragen, damit ihr Blick nicht zurück, sondern auf den zukünftigen Bestattungsort gerichtet ist. Dagegen ist das Öffnen eines Fensters nach dem Versterben einer Person zum möglichen Entweichen der Seele gegenwärtig nur noch teilweise bekannt, ebenso wie das Verhängen von Spiegeln. Fast schon amüsant erscheint das bis ins 17. Jahrhundert praktizierte Verkleiden einer Witwe oder das Umstellen aller Dinge im Haus, um die Seele des Verstorbenen bei einer etwaigen Rückkehr zu verwirren. Stark riechender Rosmarin kommt heute beim Leichenkondukt ebenfalls nicht mehr zum Einsatz. Er diente ehemals nicht

Letzte Treue

Wenn ein Theures uns gestorben
Schmückt man gern sein enges Haus
Noch mit Rosmarin und Rosen
Und mit andern Blumen aus.

Drum wenn Euch von mir Ihr Lieben
Einstens nur die Hülle blieb,
Schmückt auch mir mein Haus mit Blumen.
Hab die Blumen ja so lieb.

Doch wenn just der Winter hätte
Allen Schmuck geraubt dem Hain
Legt statt ihrer meine Lieder
Mir noch in den Sarg hinein.

Sind auch minder reich als Blumen
Sie an Duft und Farbengluth.
Denkt bei seinen Kindern schlummert
Wohl ein Vater doppelt gut.

Johann Nepomuk Vogl (1802–1866)
Schriftsteller, Dichter und Publizist
Eigene Grabinschrift auf dem Wiener Zentralfriedhof, Ehrengrab

nur der Überdeckung des Verwesungsgeruchs, sondern dem Kraut wurde eine totenabwehrende Wirkung zugesprochen. Zumindest das Trennungsritual des dreifachen Erdwurfs auf den Sarg durch den Geistlichen als Symbol des Grabzuschaufelns hat die Zeiten überdauert – wenn auch ein wenig verändert, wie wir sahen.

Des Weiteren gab es festgelegte Trauerzeiten und sonstige Fristen, die im Spätmittelalter beispielsweise adeligen Frauen beim Tod ihres Mannes eine sechswöchige Isolation im Bett vorschrieben. Ganz so streng wurden die Trauerfristen in den folgenden Jahrhunderten nicht mehr gehandhabt. Allerdings war das Einhalten eines Trauerjahres mit etlichen Verpflichtungen und Einschränkungen bis in die Mitte des 20. Jahrhundert durchaus üblich – vor allem im ländlichen Raum. Das bedeutete für die Trauernden ein Jahr lang Trauerkleidung, keine Vergnügungen, vielleicht gesellschaftliche Ausgrenzung, aber auch Rücksichtnahme durch das soziale Umfeld.

Abschiednehmen im Wandel

Nur noch 50 % aller Menschen in Deutschland sind Mitglieder in einer der beiden großen christlichen Kirchen, und noch weniger lassen sich christlich bestatten. Tendenz weiter fallend. 34 % aller Bundesbürger gehören mittlerweile keiner Konfession mehr an. In den neuen Bundesländern ist ihr Anteil als Folge des politisch gewollten sozialen Bedeutungsverlusts von Religion zwischen 1949 und 1989 besonders hoch.

Die Gründe für den Anstieg von Bestattungen ohne christliche Begleitung sind vielfältig. Eine der Ursachen für die zunehmende Säkularisierung ist sicher in den statischen christlichen Kirchensystemen zu sehen, die die Menschen mit ihren religiösen Inhalten und unflexiblen Strukturen nicht mehr erreichen. Bereits im 19. Jahrhundert gab es mit den Freidenkern kirchenkritische Gruppen, die unter anderem eine eigene Friedhofskultur zu entwickeln suchten. Heute bezeichnen sich immer mehr Menschen als Agnostiker oder Atheisten oder sehen in esoterischen Strömungen Alternativen zur christlichen Religion. Zudem gibt es einen beachtlichen Anteil von sogenannten stillen Beisetzungen, bei denen der Abschied ohne Rede und Musik erfolgt. Und selbstverständlich haben – last not least – die Bestattungen von Gläubigen anderer Religionen in den letzten Jahren in Deutschland zugenommen.

Nicht nur die Verbindlichkeit christlicher Bestattungsriten verliert an Bedeutung. Parallel dazu verflachen auch soziale Trauerrituale, werden umgedeutet oder ganz aufgegeben. Schon in den 1990er Jahren haben Bestatter begonnen, dieses Defizit mit dem neuen Berufsfeld des Trauerbegleiters zu füllen. Kümmerten sie sich seit dem 19. Jahrhundert ausschließlich um die Versorgung der Toten und deren Vorbereitung auf das Begräbnis samt Sargherstellung, so erweiterte sich ihre Tätigkeit nun um die Ausrichtung individueller Verabschiedungen – ein Weg, den Fritz Roth in Bergisch Gladbach schon vor über 30 Jahren wohl als einer der ersten einschlug. Mittlerweile hat die gesamte Branche, vormals fest in der Hand meist familiärer Traditionsbetriebe, große Veränderungen erfahren. Eine wachsende Anzahl junger Bestatterinnen[16] und etliche Quereinsteiger, moderne Bestattungsboutiquen und ein wachsendes ökologische Bewusstsein sind nur wenige Stichworte, die die neue Dynamik kennzeichnen. Trotz unterschiedlicher Ausrichtungen verfolgen die meisten Betriebe die gleiche Intention: «Wir nehmen Sie an die Hand, kümmern uns, geben Sicherheit und laden Sie ein, so Abschied zu nehmen, wie es sich für Sie richtig anfühlt!»[17]

Dieses Bestatter-Versprechen beinhaltet das Angebot passgenauer Trauerformen auch jenseits traditioneller, eben religiöser

Rituale mit der Betonung des Emotionalen. Unter professioneller Anleitung können die Angehörigen des Verstorbenen ihre ganz eigenen Abschiedszeremonien entwickeln. Es ist zu beobachten, dass sich die Abläufe des neuen Trauerverhaltens nach wie vor an christlichen Vorgaben orientieren – soweit diese bei den Betroffenen noch bekannt sind. Die Hauptkonzentration der weltlichen Bestattungen liegt auf der Trauerfeier. Dabei ist die Einbeziehung eines Trauerredners statt eines christlichen Geistlichen ebenso obligatorisch wie die persönliche Ausgestaltung mit Musik- oder Videoeinlagen. Bei Bedarf können die Grenzen der eigenen Kreativität weiter ausgelotet werden: Reichen die Raumdekoration mit Teelichtern und Luftballons oder die simple PowerPoint-Präsentation nicht mehr aus – von Karaoke bis Feuerwerk, von Trauerralley bis Chansonabend ist alles möglich. Allerdings ist zu beobachten, dass häufig gerade die weniger aufwendigen, aber persönlich gut durchdachten und liebevoll gestalteten Abschiedsfeiern für Hinterbliebene die stärksten positiven Erinnerungen erzeugen. Besonders die gemeinsame Vorbereitung der Zeremonien und die dafür notwendige intensive Beschäftigung mit dem Verstorbenen kann für sie Teil einer heilsamen Trauerverarbeitung sein.[18] Besonders eine große anteilnehmende Trauergemeinde hat für Angehörige etwas Tröstliches, erleben sie doch, wie beliebt und anerkannt der Verstorbene gewesen ist. Es besteht ebenso die Möglichkeit, eine Abschiedsfeier mit vielen Menschen unabhängig von der Beisetzung durchzuführen, die dann ganz intim nur im engsten Kreis stattfindet. Zusätzlich zur persönlichen Trauerfeier werden neuerdings weitere – teilweise traditionelle – Abschiedszeremonien angeboten wie etwa die Mithilfe beim Ankleiden des Verstorbenen, Totenwache oder das Aufbahren im eigenen Zuhause, Abschied am offenen Sarg bis hin zum Bemalen des Sargs oder der Urne. Gemäß

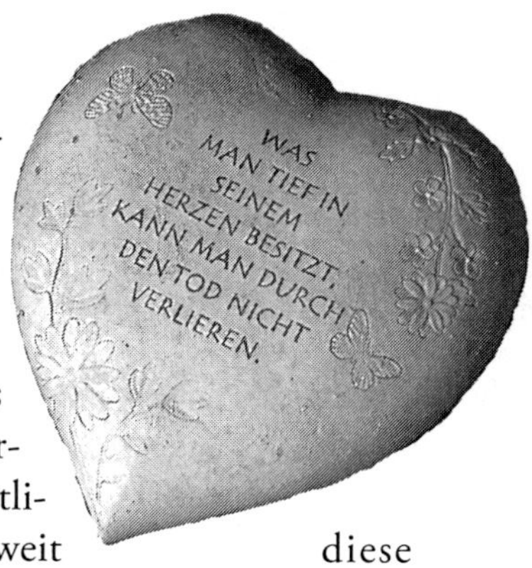

ihrer Maxime der individuellen Betreuung bemühen sich gerade im urbanen Umfeld immer mehr Bestattungshäuser, auch bisher unübliche Vorstellungen mitzutragen.

Um den Wunsch nach besonders extravaganten Inszenierungen zu erfüllen, hat sich zudem der Beruf des Ritualdesigners herauskristallisiert. Er unterstützt die Hinterbliebenen dabei, eventähnliche Trauerfeiern entsprechend deren Geschmack und finanziellen Möglichkeiten zu unvergesslichen Veranstaltungen werden zu lassen. Themenpartys mit verschiedenen Schwerpunkten wie «Nerd, Biker:in, Fussballer:in» bis hin zur «Ästhet:in, Nostalgiker:in, Pragmatiker:in» und vieles mehr können als vorgefertigte Pakete gebucht werden, ganz nach dem Motto: «Eine Abschiedsparty, so wie Du sie Dir wünschst, individuell & einzigartig!»[19] Alles eine Frage des Lifestyles. Hier haben Trauer und Trauerbewältigung als Ausdruck einer zugespitzten Individualisierung anscheinend alle Spiritualität verloren; Sakrales findet keinen Platz mehr. Mögen diese fast exzentrisch anmutenden Entwicklungen durchaus irritieren, so reklamieren auch sie den Wunsch, sich den bisher häufig stereotyp und professionell ablaufenden Bestattungsformen zu widersetzen und innovative Wege gegen die Tabuisierung des Todes und die Anonymisierung des Sterbens in unserer Gesellschaft zu finden.

Vorrangiges Ziel aller Individualisierung sollte es sein, der Persönlichkeit des Verstorbenen und seinen Wünschen möglichst gerecht zu werden. Deshalb ist es sicher von Vorteil, sich bereits zu Lebzeiten Gedanken über die eigene Bestattung zu machen und entsprechende Vorkehrungen zu treffen. Nicht nur die Grundsatzentscheidung über Sarg- oder Urnenwahl wäre zu klären, sondern ebenso der letzte Ruheort und Details der Feierlichkeit. Oder man organisiert seine vorgezogene Trauerfeier gleich selbst als Pre-Death Event, um gemeinsam mit der Familie und Freunden auf das eigene Leben zurückzublicken und sich am Lebensende noch einmal «hochleben» zu lassen. Bei diesen im Trend liegenden Living Memorials, Farewell oder Live Celebration Partys ist der Fokus deutlich auf die Lebensfreude gerichtet und weniger auf die Trauer. Die entsprechenden posthumen Zeremonien können dann guten Gewissens entfallen, fehlen aber vielleicht den Hinterbliebenen zur Trauerbewältigung.

Mit oder ohne Pre Funeral Party: «Feiern» anlässlich des eigenen Todes ist nicht jedermanns Sache. So bevorzugen laut einer repräsentativen Umfrage[20] immerhin 21 % der Befragten einen «stillen Abschied» ohne Reden und Musik. Für 34 % ist nur eine sehr kleine Zeremonie im engsten Kreis denkbar, während 25 % eine Feier mit Familie und Freunden anstreben. Lediglich für 6 % kommt eine eher große Veranstaltung mit Familie, Freunden und ebenfalls Kollegen und Bekannten infrage, und die eigene Trauerfeier als größtmögliche Veranstaltung können sich lediglich 2 % der Befragten vorstellen. Sind diese bescheidenen Reaktionen ausschließlich finanziellen Überlegungen geschuldet, oder verdeutlichen sie, wie privat das Trauerritual der Beisetzung mittlerweile geworden ist? Oder offenbaren sie als dritte Möglichkeit, wie schwer der Umgang mit dem Abschied ohne festgelegte Formen fallen kann?

Bildeten die ursprünglichen religiösen Rituale mit bekannten Verhaltensnormen eine – wenn auch einengende – feste Konstante, so versprachen sie doch eine gewisse Sicherheit. Durch die Wiederholbarkeit der immer gleichen Trauerrituale

wurde der Tod des Einzelnen in seiner Einmaligkeit aufgehoben und die Gemeinschaft in ihrer Zusammengehörigkeit bestätigt. Mit Verlust dieser ordnenden Konventionen muss jeder seinen privaten Trauerweg finden. Die neue Eigenverantwortung eröffnet im Gegenzug den Menschen die Möglichkeit, ihre ganz persönlichen Prioritäten der Verabschiedung zu setzen. Vielleicht entstehen aus den vielen Einzelüberlegungen und -vorlieben neue bestattungskulturelle Standards. Dabei gilt es allerdings ein Problem zu überwinden: Individuelles und Allgemeingültiges müssen zueinanderkommen.

Auf dem Friedhof findet der Verlust einer einheitlichen – bisher christlichen – Trauersprache seinen sichtbaren Niederschlag. Entsprechend der eingangs formulierten Vermutung gibt es aktuell nur wenige Grabzeichen außerhalb der christlichen Ikonografie mit allgemeinverständlichem Verweis auf Trauer und deren Überwindung. Die abgeknickte Rose oder die Pusteblume des Löwenzahns markieren sinnbildlich das Loslassen, ein fallendes Blatt als Ende des Kreislaufs steht für Vergänglichkeit. Diese weltlichen Sinnbilder für Trauer sind noch sehr in der Minderheit. Dagegen greifen Grabmale neuerdings eher Typisches der verstorbenen Person auf:

Links: Grabstein als Handy; rechts: Grabstein als Riesen-Display, beide Friedhof Melaten, Köln

Hobbies, Berufe, Lieblingsorte und ggf. der treue Freund Hund finden als zwei- oder dreidimensionale Erwähnung oder als Grab-Gesamtkomposition Einzug in die Gestaltung.

In diesem Zusammenhang erscheinen zwei markante Grabsteine auf dem Kölner Melatenfriedhof geradezu zukunftsweisend, verbinden sie den Zeitgeist doch mit einer innovativen Bildsprache: Als aufrechtstehendes Riesenhandy bereits im Jahr 2000 geformt, zeigt dessen Display Namen und Lebensdaten der Verstorbenen als avisierte Gesprächspartnerin. Allerdings betonen die fehlenden Zahlen der Tastatur die Unmöglichkeit zur Kontaktaufnahme. Es gibt eben keine Verbindung mehr. Ein zweiter großformatiger Grabstein präsentiert sich in seiner Gestaltung deutlich als monumentaler Computer-Bildschirm, indem eine rechteckige dunkle Fläche von einem hellen Rahmen umfangen ist. Die Lebensdaten der Verstorbenen in der linken oberen Monitorecke erinnern an die übliche Darstellung einer digitalen Fehlermeldung. Der Tod als zu beklagender Fehler – hier wird die Sinnhaftigkeit des Todes als Ende eines natürlichen Ablaufs ganz offensichtlich infrage gestellt.

Trauern will (wieder) gelernt sein

Der Umgang mit dem Verlust eines Menschen hat sich in den letzten Jahrzehnten radikal verändert. War die Fähigkeit zum Trauern vor allem durch die Erfahrungen des Massensterbens in zwei Weltkriegen verlorengegangen, spricht Reiner Sörries nun von einer Trauerrenaissance im späten 20. Jahrhundert.[21] Heute ist Trauern auch ohne determinierte Formen wieder gesellschaftsfähig geworden, solange es die ökonomischen Abläufe nicht beeinträchtigt und soziale Bindungen nicht überstrapaziert.

Weder bei der Beisetzung noch in der Zeit danach verlangt das Trauern gegenwärtig ein bestimmtes Verhalten oder Fristen, sondern es wird dominiert von einer emotionalen Befindlichkeit, die es zu überwinden gilt. Obwohl es keine wirkliche soziale Kontrolle mehr zur Einhaltung von festgeschriebenen Trauerritualen oder Traueretiketten gibt, bestehen dennoch weiterhin diffuse gesellschaftliche Erwartungshaltungen. Demjenigen, der in diesem Verständnis nicht «richtig» trauert – zu lange oder zu kurz, zu obsessiv oder zu oberflächlich –, stehen unzählige Trauerbegleiter, Trauerbroschüren, Trauerseminare, Trauerselbsthilfegruppen, Trauerratgeber und sogar Trauerreisen sowohl von weltlichen als auch von christlich motivierten Anbietern zur Seite.

Die zunehmende Säkularisation, verbunden mit dem Verlust der trostspendenden Hoffnung auf ein Wiedersehen im Jenseits, verstärkt die individuelle Trauer um Gefühle wie Resignation, Verzweiflung, Zorn, Wut und Schuld. Zum Verständnis des gesamten Trauerprozesses wurden seit den 1970er Jahren verschiedene Trauerphasenmodelle entwickelt, in denen die einzelnen Stufen der Trauerbewältigung benannt sind. So etwa 1970 von den britischen Psychotherapeuten John Bowlby und Collin Murray Parkes oder von Verena Kast, die 2011 von vier Phasen schrieb: Nicht-Wahrhaben-Wollen, aufbrechende Emotionen wie Wut, Schmerz und Zorn, innere Auseinandersetzung mit dem Verstorbenen und zuletzt neuer Selbst- und Weltbezug mit allmählich eintretendem Seelenfrieden. Diese Einteilung entspricht dem Sterbephasenmodell der schweizerisch-amerikanischen Psychiaterin Elisabeth Kübler-Ross[22] von 1969 mit den fünf Abschnitten Leugnen, Zorn/Wut, Verhandeln, Depression und Akzeptanz. Alle Trauerphasenmodelle gehen von einem Fortschritt in der Bearbeitung der Trauer mit ihrer abschließenden Überwindung aus – wie es bereits Sigmund Freud formuliert hat. In diesem Sinn entsprechen sie den christlichen Ritualen und Fristen, denen ebenfalls gestaffelte Phasen zugrunde liegen. Mittlerweile gelten solche aufgegliederten Systeme allerdings nicht mehr unwidersprochen. Neue psychologische Studien räumen ein, dass Trauern um einen geliebten Menschen endlos sein kann, der Verlust nicht kleiner wird, sondern sich das Leben um die Leerstelle herum wieder ausweitet.[23] Demnach kann es ein Oszillieren zwischen dem Verlustgefühl und einem Bestreben geben, sich auf die neue Situation einzulassen – eine Gleichzeitigkeit widerstrebender Emotionen.

Demjenigen, der sich gar nicht von einem Verstorbenen lösen kann, stehen mittlerweile innovative Optionen der Kontaktaufnahme zur Verfügung. Aktuell werden KI-gestützte Systeme zur Trauerbewältigung erforscht beziehungsweise schon vereinzelt eingesetzt, die ein Weiterleben von toten Menschen simulieren und somit etwa eine nachträgliche Verabschiedung ermöglichen. Ob durch die Kommunikation mit dieser Scheinwelt letztendlich die Akzeptanz des Todes leichter fällt, wird sich zeigen.[24]

Trauerbewältigung durch Grabpflege?

Wie wichtig ist ein personengebundenes Grab für das Gelingen der Trauerarbeit? Je mehr anonyme Beisetzungen stattfinden, umso lauter wird in den letzten Jahren diese Frage gestellt. Nicht nur die Möglichkeit, am Grab leichter in Gedanken bei den Verstorbenen sein zu können, sondern durch Blumen und andere Grabbeigaben die eigene Liebe auszudrücken, lässt anscheinend Angehörige auf unersetzbare Weise Trost finden. Das gilt als Einschätzung vieler Fachleute. Besonders individuelle Trauerhandlungen am Grab wie eine intensive, fast hingebungsvolle Grabpflege sollen eine positive Wirkung auf die Trauerbewältigung haben. «Die darin liegende Inszenierung von Sorgsamkeit und einer emotionalen sowie – über die Berührung des Grabes – körperlichen Nähe zu dem_der Bestatteten wird deutlich.»[25] Sie können dazu beitragen, «das Bedürfnis der Aufrechterhaltung, Weiterführung oder ‹Neugestaltung der Beziehung› zu dem Verstorbenen zu erfüllen», so der Soziologe und Trendforscher Matthias Horx.[26]

Ganz anders klingen die Worte auf dem Grabstein von Charlotte Levi auf dem alten jüdischen Friedhof in Esslingen,

Gepflegte Grabsituation auf dem Friedhof Mülheim, Köln

in der Vorstadt Beutau: «Nicht der steinernen Denkmale bedürfen die Edlen: Denn ein bleibend Gedächtnis sind ihre Werke der Liebe».[27]

Nicht ganz so eindeutig fallen Umfragen aus und zeichnen überdies ein widersprüchliches Bild. So besagt das 2013 von der Verbraucherinitiative Bestattungskultur Aeternitas e. V. in Auftrag gegebene und vom Institut Emnid erhobene Meinungsbild, dass 59 % der Bundesbürger keinen bestimmten Trauerort für Verstorbene benötigen, 21 % dagegen schon, unabhängig von einem Friedhof. Nur 20 % möchten nicht auf ein Grab für die Trauer verzichten. Für die Errichtung eines Grabmals sprechen sich allerdings 63 % aus («sehr wichtig» 27 %, «wichtig» 36 %). 21 % halten es für eher unwichtig und 15 % für überflüssig.[28]

Um die unterschiedlichen Bedürfnisse der Hinterbliebenen zu verbinden, beschreitet in Süßen/Baden-Württemberg der «Campus Vivorum – Raum der Trauer» neue Wege. Mit dem dortigen Experimentierfeld «Friedhof der Zukunft» eröffneten die Verantwortlichen 2023 einen Trauerort, der sich explizit an den Interessen der Lebenden ausrichtet und zur allmählichen Transformation von Trauer in liebendes Gedenken beitragen soll – selbst wenn die Trauernden von der Grabpflege entbunden sind. Der Leitidee des «heilsamen

Trauerns» verpflichtet, entsteht dort in Zusammenarbeit mit internationalen Experten auf 6000 m² ein großes Gemeinschafts-Trauerfeld als Erfahrungsstätte für Trauer mit therapeutischer Wirkung. «Wesentliche Komponenten sind unterschiedliche Bereiche mit Handlungsfreiheit am Beisetzungsort, die Möglichkeit der Entpflichtung von Grabpflege, Halt Gebendes und Orientierung Stiftendes. Durch die Ausgestaltung der unterschiedlichen Bereiche sollen sich trauernde Menschen eingeladen fühlen, diese zu erleben.»[29]

Solche Trauer-Handlungen sind gegenwärtig bei pflegefreien Urnengemeinschaftsfeldern oder selbstredend bei anonymen bzw. halbanonymen Gräbern nahezu ausgeschlossen, da etliche Friedhöfe die Ablage von Blumen oder persönlichen Erinnerungs-Accessoires deutlich einschränken, um das einheitliche Bild der Anlagen und die Pflegeabläufe wie Rasenmähen nicht zu stören. Gerade das Fehlen von Beisetzungsorten zur Trauerbewältigung kann eventuell eine Leere verstärken, die verschiedene Institutionen oder Trauerbegleiter aufzufangen versuchen. So bietet etwa die Stiftung Trauerbegleitung und Bestattungskultur Hannover und Niedersachsen, kooperierend mit den christlichen Kirchen, zu diesem Zweck mehrmals jährlich spezielle Andachten für anonym Bestattete in Friedhofskapellen an.

Auch wenn jeder Mensch seinen Trauer-

Das Elterngrab

Ich kenn' ein einsam Plätzchen auf der Welt,
Liegt ruhig still verborgen.
Dort flieh ich hin, wenn mich der Kummer quält,
Es plagen mich die Sorgen.

Und fragst du mich, so sag ich's dir
Es liegt nicht weit, nicht weit von hier.
Der liebste Platz, den ich auf Erden hab,
Das ist die Rasenbank am Elterngrab.

Da zieht's mit Zaubermacht mich immer hin,
Wenn Menschen mit mir streiten.
Dort merk ich nicht, daß ich verlassen bin,
Dort klag ich meine Leiden.

Da reden mir die Toten zu,
Die Eltern mein in ew'ger Ruh.
Der liebste Platz, den ich auf Erden hab,
Das ist die Rasenbank am Elterngrab.

Emil Winter-Tymian (1860–1926),
«Salon-Humorist»
(Strophen 1 bis 4; um 1900)

schmerz individuell verarbeitet, scheint die Erfahrung zu zeigen, dass eine Verortung der Trauer für viele hilfreich ist.[30] Ob es sich bei dem Trauerort um den Beisetzungsplatz auf einem Friedhof handeln muss, ist eine andere Frage. Der ursprüngliche Ort der Trauer um einen Verstorbenen war im christlichen Sinn nicht der materialisierte Ort mit Grabstele oder Grabplatte, sondern spirituell: Gebet, Fürbitte oder Seelenmesse. Zumindest bis zur Reformation. Aber das ist schon Jahrhunderte her.

Kollektives Trauern – nicht nur auf Friedhöfen

Neben dem individuellen Trauer-Empfinden eines Menschen gibt es unterschiedliche Gründe zur kollektiven Trauer. In der offiziellen Staatstrauer zeigt diese ihre institutionalisierte Form von Anteilnahme: So kann in Deutschland der Bundespräsident anlässlich des Todes vieler Menschen durch Katastrophen oder von Persönlichkeiten des öffentlichen Lebens eine dreitägige Staatstrauer mit Trauerbeflaggung und Trauerstaatsakten anordnen. Schweigeminuten als Zeichen für den durch den Tod verursachten Einschnitt sind eine stimmige Ergänzung, werden aber auch inoffiziell und spontan durchgeführt, um eine gemeinsam erlebte Trauer und Betroffenheit öffentlich auszudrücken.

Darüber hinaus gibt es einige staatliche oder kirchliche Gedenktage, von denen der Volkstrauertag den Begriff der Trauer in seiner Bezeichnung trägt. Der nationale Trauertag zum Gedenken an die Gefallenen beider Weltkriege und die Opfer des Nationalsozialismus wird einmal jährlich mit offiziellen Kranzniederlegungen begangen. Zusätzlich flaggen Institutionen, die der Aufsicht von Bundesbehörden unterstehen, halbmast. Dieser Tag dient mittlerweile weniger der Trauer als dem gemeinsamen Bekenntnis zur freiheitlich-demokratischen Grundordnung. In der Gesellschaft werden diese vorgegebenen Trauertage wegen der fehlenden persönlichen Betroffenheit immer weniger wahrgenommen.

Stattdessen initiieren Schicksalsgemeinschaften, etwa Eltern von Sternenkindern, eigene Gedenktage mit einer teilweise internationalen Bedeutung. Ähnlich verhält es sich mit dem Welt-AIDS-Tag, an dem einmal jährlich Trauerbekundungen in Form von Trauermärschen stattfinden. Mit ihnen gedenken die Teilnehmenden der vielen an HIV Erkrankten und an AIDS Verstorbenen.

Ein weiteres soziales Anliegen vieler Menschen besteht in spontanen persönlichen Trauerbekundungen nach Katastrophen. Egal ob Flugzeugabsturz oder Amoklauf – große Menschenmengen nehmen an derartigen Unglücken intensiv Anteil. Selbst ohne eigene Beteiligung fühlen sie sich den Opfern und deren Angehörigen nah und äußern ihre tiefe Bestürzung, indem sie Blumen und Plüschtieren, Fotos oder Briefen an den realen Orten des Geschehens ablegen.

Jenseits der medialen Präsenz geschieht im öffentlichen Raum Ähnliches, wenn an Straßenrändern Zeichen des Gedenkens an Verkehrstote aufgestellt werden. Besonders eindringlich erinnern die sogenannten weißen Geisterräder im Straßenbild an verstorbene Radfahrer. Hier werden nicht nur die einzelnen Verunglückten betrauert, sondern auf mögliche Gefahrenpunkte im Verkehrsnetz hingewiesen.[31] Zusätzlich angebrachte Blumen oder weitere Beigaben deuten auf eine öffentlich Resonanz innerhalb der Gesellschaft. Vor allem privater Schmerz und Trauer drückt sich in Kreuzen für verunglückte Fußgänger aus, besonders häufig an Landstraßen. Standen bereits in früheren Jahrhunderten Kreuze für Unfallopfer am Wegesrand mit der Aufforderung zu einer Fürbitte, so wirken die heutigen Erinnerungsmale wie Memento-mori-Hinweise im schnelllebigen Alltag.

Bleibt noch das Internet als öffentlicher Raum. Es hat sich trotz – oder vielleicht gerade wegen – seiner Virtualität bereits zum wichtigen Mitstreiter in puncto Trauern und Erinnern gemausert, bedenkt man die vielen entsprechenden Websites. Geradezu im Kontrast zur zunehmenden Privatheit der persönlichen Trauer im Friedhofsumfeld erleben die virtuellen Plattformen für individuelle oder kollektive Gefühlsäußerungen einen immer größer werdenden Zuspruch.[32]

Fazit: Wie sieht es nun mit der Beantwortung der zu Beginn gestellten Frage nach dem Friedhof als aktuellem Ort der Trauer aus? Mit der Entstehung von eigenständigen Ruhestätten für die Toten im heutigen Sinne entwickelte sich der Friedhof neben dem Sterbehaus und dem Trauerzug zu einem weiteren Ort der Trauer, weil hier wie dort von allen Beteiligten und für alle sichtbar die Bestattungsriten vollzogen wurden. Im 19. Jahrhundert ersetzte das Grab mit seiner großartigen Ausgestaltung und dem individuellen Trauergefühl – manifestiert in den noch heute beeindruckenden Denkmalen der «schönen Trauernden» – zumindest für Wohlhabende die tendenziell verlorene spirituelle Dimension der Trauer. Auch wenn sich 150 Jahre später sowohl die gesellschaftlichen wie die religiösen und ökonomischen Verhältnisse völlig verändert haben, bleibt der Friedhof für viele Menschen, vor allem für Mitglieder der christlichen Kirchen, diesbezüglich noch von großer Bedeutung. Dennoch ist die Trauer tendenziell privater geworden, die Gräber und Grabzeichen kleiner und verhaltener. Sieht man die verschiedenen Porzellan-Engel als Nachfolger der großen Sepulkralfiguren an, wird der Wandel mehr als offensichtlich. Natürlich setzen auch andere bleibende Grabzeichen der Trauer ein Denkmal. Einerseits sind es die vielen verschiedenen christlichen Symbole der Trauerüberwindung, andererseits die noch wenigen Zeichen der weltlichen Trauer. Die klagenden Sprüche der Untröstlichkeit ergänzen das Repertoire der Trauermotive.

Die wachsende Individualisierung der Trauer drückt sich vor allem in den sichtbaren Handlungen zu ihrer Überwindung aus. Als Traueraktivitäten sind die christlichen Beerdigungsriten und die säkularisierten Bestattungszeremonien fast immer an einen Friedhof gebunden. Hier werden die Verstorbenen beigesetzt, hier haben Angehörige mit der Grabpflege eine Möglichkeit, ihrer Trauer um einen geliebten Verstorbenen durch die Fürsorge für dessen letzte Ruhestätte einen Raum zu geben.

Aber: Der Friedhof hat als Trauerort Konkurrenz bekommen. Für viele Menschen ist er durchaus verzichtbar. Zunehmend finden Beisetzungen nicht mehr nur auf dieser jahrhundertealten Einrichtung statt, sondern es werden Alternativen gesucht zu einem für die eigenen Bedürfnisse unpassenden Modell: Bestattungswälder, Stellvertretungstrauerorte an Land für Seebestattungen, private Trauerorte für Menschen, deren Angehörige im Ausland verstorben sind, in Kirchen befindliche Kolumbarien und auch der private – noch illegale – Kaminsims. Die Liste wird zukünftig vermutlich länger. Nicht zu vergessen die steigende Anzahl von Online-Trauerportalen, die den gegenwärtigen Bedeutungswandel beschleunigen.

Und: Die psychologische Aufarbeitung der Trauer findet häufiger denn je abseits des Friedhofs statt – in den unzähligen professionell begleiteten Trauergruppen als einem von vielen Angeboten.

Abschließend der Kommentar einer Friedhofsrezension, der Hoffnung macht – von einem Spaßvogel?

> *«Dieser Friedhof er ist ein sehr Ordentlicher und Einladender. Das Spazierengehen brachte mich hierher. Es ist eine kleine Kirche oder Kapelle angeschlossen, welche auch sehr ordentlich ausschaut. Hier macht Trauern Spaß. Ich komme wieder bis ich bleibe. Ich freue mich darüber, meine Route nun um eine Sehenswürdigkeit erweitern zu können und bringe demnächst Freunde mit.»*

Rezension zum Friedhof Köln-Westhoven
von amolitori[33]

«Jedes Taufgespräch und jede Beerdigung ist anders, jede Gemeinde und Kita hat ihre Geschichte und ihren ‹Geist›, jeder Gottesdienst und jedes geistliche Gespräch ist einmalig. Es gibt nicht den einen Lebens- und Glaubensweg, weil eben alle Menschen unterschiedlich bzw. jeder Mensch ein Unikat ist ...»

Aus dem Brief des scheidenden Pfarrers
Dr. Stefan Rau an die Menschen in
St. Joseph Münster-Süd, 24. Mai 2022

Gespräch mit Dr. Stefan Rau

Ehem. Pfarrer in St. Joseph Münster-Süd

Beim Rückblick auf rund 30 Jahre als Priester – wo sehen Sie in Bezug auf Beisetzungen die größten Veränderungen?
Seit meiner Priesterweihe 1992 erlebe ich diese Veränderungen in Deutschland dramatisch: Damals gab es zumindest im Münsterland noch oft die «Normalität»: Totengebet der Nachbarschaft, heilige Messe («Requiem») mit Sarg in der Kirche, gemeinsamer Zug der Gemeinde zur Beerdigung auf dem Friedhof. Selten gab es eine Urnenbeisetzung, selten lediglich einen Wortgottesdienst auf dem Friedhof. Diese «Normalität» hat sich seither in rasendem Tempo verändert: Wenn es eine christliche Beerdigung gibt – die Zahl frei gestalteter Trauerfeiern und Trauerredner wächst ständig –, dann ist vielerorts der Regelfall ein Wortgottesdienst in der Trauerhalle auf dem Friedhof, bei ca. 70 % der Beerdigungen erfolgt anschließend die Beisetzung einer Urne. Eine Eucharistiefeier ist eher die Ausnahme als die Norm, auch die aktive Beteiligung der Familie oder der Nachbarschaft an der Gestaltung des Gottesdienstes ist heute die Ausnahme. Hier schlägt der drastische Abbruch kirchlichen Engagements in Deutschland offensichtlich zu Buche.

Heute ist ja vielfach nicht mehr der Priester erster Ansprechpartner, sondern ein Bestattungsunternehmen. Ergeben sich daraus gelegentlich Probleme?
Es gibt selbstverständlich engagierte Bestattungsunternehmen, zu deren Service auch die gute Kommunikation mit den Seelsorgern gehört. Aber man trifft eben gelegentlich auch auf Unternehmen, die im ersten Kontakt mit den oft belasteten und unsicheren Angehörigen vornehmlich ihre eigenen «Produkte» verkaufen möchten: Beispielsweise habe ich vor Kurzem

innerhalb einer Woche drei Sterbenden die Krankensalbung gespendet – die dann alle drei von freien Trauerrednern beerdigt wurden … Das macht einen dann schon stutzig.

Was Gottesdienste anlässlich von Beerdigungen angeht, gibt es ja eine Vielfalt an Formen. Könnten Sie für etwas begriffliche Klarheit sorgen?
Viele Angehörige wünschen sich zum Abschied einfach einen «Gottesdienst» – was sie darunter genau verstehen und sich vorstellen, ist unbedingt zu klären, denn das ist ja ein Sammelbegriff für sehr verschiedene Formen. Eine katholische Beerdigung kann in ein, zwei oder drei Stationen stattfinden: Dazu gehört immer die Verabschiedung der Verstorbenen in Sarg oder Urne mit Gebet und Segen am Grab. Davor kann ein Wortgottesdienst mit Schriftlesung, Ansprache und Einsegnung in der Friedhofskapelle stattfinden, zusätzlich oder stattdessen kann vor oder nach dem Wortgottesdienst noch eine heilige Messe (Eucharistiefeier/Seelenamt/Auferstehungsamt/Requiem) für den oder die Verstorbene(n) gefeiert werden. Auch vor einer Kremierung kann mit dem Sarg eine heilige Messe oder ein Wortgottesdienst mit der Einsegnung gefeiert werden.

Welche Möglichkeiten haben Angehörige, sich bei einer kirchlichen Beerdigung einzubringen? Wie individuell kann ein solcher Gottesdienst sein, und wo sind Grenzen gesetzt?
Das ist eine wichtige Frage: Jeder christliche Gottesdienst verbindet Ordnung und Freiheit, Tradition und Kreativität, Stiftungsinhalt und Lebensnähe der heute Feiernden. So lassen sich auch Strukturen und Elemente nennen, die eine christliche Beerdigung ausmachen: etwa eine Lesung aus der Heiligen Schrift, das Gebet für den Verstorbenen, das Singen oder Hören von Musik, der Segen über ihn und die Angehörigen usw. Jeder Seelsorger und jede Seelsorgerin wird in einem vorbereitenden Trauergespräch versuchen, diesen Rahmen mit konkreten Wünschen des Verstorbenen und der Angehörigen zu füllen, hier ist aktive Beteiligung der Hinterbliebenen also in jedem Fall erwünscht.

In der evangelischen Kirche spielt die Würdigung der Verstorbenen, eine Art Lebensrückblick, eine große Rolle. Wird diese Art von Würdigung inzwischen auch in katholischen Gottesdiensten erwartet?
Da gibt es tatsächlich zwei Traditionen: Natürlich wollen die Angehörigen jedes Verstorbenen diesem in der Trauerfeier «die letzte Ehre erweisen», ihn öffentlich wertschätzend dargestellt sehen. Das tue ich bei einer katholischen Beerdigung allerdings nicht, indem ich die lückenlose Biografie mit allen Daten und Einzelheiten aufzähle, sondern indem ich einige besondere Wesenszüge des Toten heraushebe – und diese vor der Folie einer Schriftlesung christlich zu deuten versuche.

In katholischen Gottesdiensten wird ja auch außerhalb der traditionellen Gedenktage wie Sechswochenamt und Jahresamt «für Lebende und Verstorbene» namentlich genannter Familien gebetet; die Angehörigen haben dann im Pfarrbüro «eine Messe bestellt». Das erinnert doch ein wenig an mittelalterliche Vorstelllungen vom Fegefeuer und stellvertretenden «Bußwerken zugunsten der Verstorbenen». Ist diese Praxis eigentlich noch zeitgemäß?
Inhaltlich ist die Schilderung völlig richtig: Das mittelalterliche Modell der Messopferfrüchte, die man Lebenden und Verstorbenen zuwenden kann, ist dogmatisch und rechtlich noch «in Kraft», aber in unseren Breiten eher fragwürdig. Ganz praktische Gründe gelten für Priester anderer Weltgegenden, die dort täglich zelebrieren, weil sie von den gezahlten Stipendien ihren Lebensunterhalt bestreiten müssen. Damit diese Praxis nicht überhandnahm, haben mittelalterliche Synoden übrigens immer wieder verboten, mehr als einmal am Tag zu zelebrieren – und sie haben auch, entgegen dem «kulturellen Gedächtnis» vieler Katholiken, niemals die tägliche Messe vorgeschrieben. Namentliches Totengedenken als Fürbitte, verbunden mit einer Spende für die Gemeinde, scheint mir dagegen theologisch und pastoral auch heute sinnvoll: Selbst in Kindergottesdiensten spielt

bei freien Fürbitten das Gebet für Verstorbene eine enorme Rolle – es scheint also anthropologisch geerdet zu sein.

Gibt es besonders bewegende Erlebnisse?
Besonders bewegend sind natürlich immer die Abschiede von jungen oder sehr plötzlich aus dem Leben gerissenen Menschen. Dabei ermutige ich aufgrund besonders schöner Erfahrungen zum Beispiel immer, Kinder selbst entscheiden zu lassen, ob sie an der Beerdigung teilnehmen möchten und was sie dabei womöglich sogar tun wollen – sie spüren meistens besser als allzu fürsorgliche Erwachsene, was ihnen in ihrer Trauer hilft und guttut.

Und zum Schluss die Bitte um eine Prognose: Wohin geht die Entwicklung? Wird es auch in 20 Jahren noch konfessionelle Friedhöfe und katholische oder evangelische Beerdigungen in nennenswerter Zahl geben?
Ich glaube, man muss kein Prophet sein, um eines vorauszusehen: Die Diversität der Lebenspläne und -stile wird weiter zunehmen, und daher wird auch die Vielfalt der Vorstellungen über eine gute, für dieses Leben stimmige Beerdigung zunehmen. Da ich an die – vielleicht ganz andere – Zukunft des christlichen Glaubens glaube, bin ich auch von einer Zukunft für christliche Taufen, Trauungen, Krankensalbungen und Beerdigungen überzeugt. Ob das dann in kircheneigenen Kindergärten, Krankenhäusern und Friedhöfen geschehen wird, ist eine ganz andere Frage.

Dr. Stefan Rau hat Theologie, Geschichte und Musikwissenschaften studiert. Der Liturgiewissenschaftler war von 2002 bis 2022 Pfarrer der Katholischen Kirchengemeinde St. Joseph Münster-Süd und ist heute als Seelsorger in Emsdetten tätig. Rau ist Vorsitzender der Liturgiekommission des Bistums Münster.

Familiengrabmal Fassbender: Trauernde mit Sargträgern, 1933, Bildhauer: Bruno Violi, Mailand (1909–1971), Südfriedhof, Köln

FASSBENDER

Super Service.
Schon das 2. Mal in Anspruch genommen
Immer wieder danke.

Kundenbewertung auf der Homepage eines
Online-Discount-Bestatters

Sind Sie in NRW wohnhaft
und möchten gerne einmal
im Mittelmeer beigesetzt werden?

Angebot auf der Website
eines Bestattungsunternehmens

Erde oder Feuer?

Die Wahl zwischen Sarg und Urne

Wer gegen Ende des 20. Jahrhunderts an Bestattungen im christlich geprägten Westen Deutschlands teilnahm, zumal im ländlichen Raum abseits der großen Städte, erlebte Rituale, wie sie sich seit vielen Jahrzehnten, im Kern wohl seit mehr als einem Jahrhundert nahezu unverändert erhalten hatten. Für katholische Beerdigungen bedeutete das: ein kirchliches «Seelenamt» (früher Requiem oder Totenmesse, heute oft Auferstehungsamt genannt), dann die Aussegnung in der Trauerhalle auf dem Friedhof, von wo aus der Sarg zum vorbereiteten Grab geleitet wurde – angeführt von einem Geistlichen und gefolgt von der Prozession der Trauernden. Am Ziel war es dann die Aufgabe der Träger, nicht selten die Nachbarn des Verstorbenen, den Sarg über dem Grab abzustellen und ihn schließlich an Seilen in die Tiefe gleiten zu lassen. Bei den Gräbern handelte es sich fast ausschließlich um klassische Reihengräber oder Wahlgräber für Ehepartner, aber auch große Familiengräber prägten das Erscheinungsbild der Friedhöfe noch, obwohl der Trend zur Aufgabe bzw. Verkleinerung dieser Areale bereits eingesetzt hatte. In Randbereichen von Erweiterungsflächen gab es erste Rasengräber; Urnenbeisetzungen waren noch seltene Ausnahmen. Auch protestantische Beisetzungen orientierten sich noch deutlich an den vorgegebenen traditionellen Ritualen ihrer Kirche.

Inzwischen ist die Wirklichkeit im ländlichen Westen vielfältiger geworden – und das hier skizzierte Bild war schon damals nicht repräsentativ für Deutschland. Im Osten des Landes nämlich war die Feuerbestattung vorherrschend, ein Erbe der DDR. Auch im protestantischen Norden war die Beisetzung in Urnen etwas verbreiteter als in den katholischen

Landesteilen, in Großstädten sah man sie eher als im ländlichen Raum. Welcher Wandel seither die Bestattungskultur erfasst hat, zeigt eine einfache, gern zitierte Statistik: Anfang der 1990er Jahre wurden in Deutschland rund 70 % aller Verstorbenen in einem Sarg beigesetzt, 30 % als Asche in einer Urne. Inzwischen hat sich dieses Verhältnis umgekehrt, mehr noch, der Anteil der Urnenbeisetzungen lag 2023 schon bei 80 %. So dass, wer heute über letzte Dinge des eigenen Lebens nachdenkt oder für verstorbene Angehörige Entscheidungen treffen muss, sich zuallererst einer fundamentalen Frage gegenübersieht: Erde oder Feuer – also eine klassische Beerdigung auf althergebrachte Weise oder eine Verbrennung des Leichnams im Krematorium mit anschließender Urnenbeisetzung? Um hier entscheiden zu können, sollte man sich zunächst vergegenwärtigen, was im einen wie im anderen Fall tatsächlich geschieht – und welche Argumente für die jeweiligen Formen ins Feld geführt wurden und auch heute noch ins Gewicht fallen könnten.

Erde zu Erde

Bei der traditionellen mitteleuropäischen Beisetzung wird der Leichnam in einen hölzernen Sarg gebettet; er ruht darin auf einer speziellen Matratze oder auf saugfähigen Materialien wie Holzspänen, die mit einem Tuch abgedeckt werden; der Leichnam ist bekleidet, ein großer Teil des Körpers befindet sich aber unter einer Decke, so dass der Tote im Idealfall wie schlafend erscheint. Die Beisetzung in eigener Kleidung ist in der Regel möglich.

Als Varianten der Erdbestattung kann man auch die Beisetzung in ausgemauerten Grüften oder Mausoleen betrachten; beides kommt in Deutschland durchaus noch vor, auf neueren Friedhöfen sind Grüfte aber kaum noch zu finden, moderne Friedhofssatzungen akzeptieren sie in der Regel nicht mehr. Doch ist eine alte Familiengruft vorhanden, muss der Leichnam zunächst in einen (weitgehend) luftdicht verschließbaren Metallsarg eingelötet werden, in der Regel aus Zink; dieser wird dann noch in einen Holzsarg eingesetzt. Verstorbene dürfen in Deutschland frühestens 48 Stunden nach dem Eintritt des Todes beerdigt werden, die maximale Wartezeit schwankt zwischen zwei und zehn Tagen, je nach Bundesland. Nach der Beerdigung beträgt die vorgesehene «Ruhezeit» bei Erdbestattungen – also die Zeit, in der ein Grab nicht angetastet wird – je nach örtlichen Gegebenheiten 20 bis 30 Jahre; teilweise ist eine Verlängerung möglich, ansonsten wird die Fläche für eine erneute Beisetzung hergerichtet. Die Mindestliegezeit zielt auf eine vollständige Zersetzung des Leichnams – auch wenn das auf die Gebeine keineswegs immer zutrifft. Die Grabtiefe variiert je nach landesspezifischen Vorschriften und örtlichen Umständen; in der Regel liegt ein Sarg unter etwa zwei Meter Erdreich.

Im Judentum wie im Islam ist die Erdbestattung die aus religiösen Gründen einzig zulässige, Feuerbestattungen sind untersagt. Juden bestatten ihre Toten traditionell in schlichten Holzsärgen auf eigenen Friedhöfen, Muslime wickeln die Verstorbenen in Tücher und begraben sie ohne Sarg, nach Möglichkeit noch am Tag des Todes und – ebenfalls wenn möglich – nicht zwischen Andersgläubigen, sondern vorzugsweise auf eigenen muslimischen Friedhöfen oder zumindest auf abgetrennten Bereichen kommunaler Friedhöfe. Und eine weitere Gemeinsamkeit: Für beide Religionen endet die Totenruhe erst mit der Auferstehung, die Gräber sind auf Ewigkeit angelegt – ein Konzept, das in deutschen Friedhofssatzungen eigentlich nicht vorgesehen ist.[1] Hinzu kommt noch, dass eine aufwendige Grabgestaltung und -pflege mit wechselnden Bepflanzungen, Grablichtern und Vasen für Schnittblumen traditionellen jüdischen wie muslimischen Vorstellungen eher fremd ist. Auf jüdischen und muslimischen Friedhöfen kennzeichnet man den Beisetzungsort durch einen Grabstein mit Namensnennung, oft eine Stele; Blumenschmuck zur Grabdekoration ist aber eher nicht vorgesehen, dagegen dürfen Gras oder Efeu das Grab durchaus überwachsen.

Doch um zur abendländisch-christlichen Tradition zurückzukehren: Diese hat sich über ein Jahrtausend lang in einem wesentlichen Punkt nicht vom jüdischen und muslimischen Brauch entfernt – der verpflichtenden Erdbestattung. Denn während die Antike Erd- und Feuerbestattungen kannte, bildete sich im frühen Christentum allmählich die Überzeugung heraus, die Auferstehung der Toten erfordere einen unzerstört ins Grab gelegten Leib. Die anfangs religiös begründete Ablehnung der Feuerbestattung fand im Paderborner Edikt Karls des Großen (785) eine rechtsverbindliche Form: Seither war die Verbrennung von Leichen, sicher auch aus politischen Erwägungen[2], strikt untersagt – ein Verbot, das beispielsweise in Deutschland rechtlich gesehen rund 1100 Jahre Bestand hatte (und innerhalb der Kirchen noch ein wenig länger).

Asche zu Asche, Staub zu Staub

In der griechischen und römischen Antike wurde neben der Erdbestattung auch die Einäscherung der Toten praktiziert – Archäologen sprechen von Brandbestattung, die schon in frühgeschichtlicher Zeit nachweisbar ist. Vorbehalte der christlichen Kirche und das Edikt Karls des Großen beendeten die Feuerbestattung für viele Jahrhunderte.

Gegenstand ernsthafter Diskussionen und politischer Forderungen wurde eine moderne Feuerbestattung erst im Laufe des 19. Jahrhunderts; es kam zur Gründung zahlreicher Feuerbestattungsvereine (in heutiger Diktion könnte man vielleicht von Aktivisten und NGOs sprechen). Die Motive waren damals sehr heterogen: Mediziner propagierten einen hygienischen Umgang mit dem Tod[3], für die in der Gründerzeit rasant wachsenden Industriestädte schien die Feuerbestattung ein Flächenproblem zu lösen, und die Freidenker, entschiedene Fürsprecher einer Reform des Bestattungsrechts, propagierten die Verbrennung explizit als Kampfansage an die christlichen Kirchen. Schließlich nahm sich auch die Arbeiterbewegung des Themas an, denn die zunächst noch relativ teure Verbrennung versprach, mittelfristig Bestattungen preiswerter zu machen, als dies im konventionellen Rahmen möglich war.

Historisches Grabmal mit Schmuckurne, St. Gertrudenkirchhof, Oldenburg

Dass eine moderne Einäscherung nicht mehr auf offenem Feuer unter freiem Himmel erfolgen konnte, lag auf der Hand; die Überlegungen gingen daher in Richtung quasi-industrieller Verbrennungsanlagen – der damals neuartigen Krematorien. Nach einem Probelauf im Siemens-Glaswerk in Dresden im Jahr 1874 kam es tatsächlich zum Bau und Betrieb der ersten Anlagen – in Gotha wurde 1878 das erste deutsche Krematorium eröffnetet, es folgten Heidelberg (1891) und Hamburg (1892). Kulturgeschichtlich gilt der Beginn der Feuerbestattung in Deutschland einerseits «als Sieg der technischen und kulturellen Zivilisation gegen den Widerstand der (…) Kirchen sowie des konservativen Bürgertums»[4], andererseits als Spiegelbild des Industriezeitalters und «Ausdruck eines technisierten Umgangs mit den Toten»[5]. Der Anteil der Feuerbestattungen an der Gesamtzahl der Beisetzungen blieb allerdings noch bis in die Weimarer Republik hinein überschaubar.

In der vergleichsweise kurzen Geschichte der Kremation in Deutschland vollzogen sich dennoch klar erkennbare Entwicklungen. Von Anfang an wurde die Totenasche in Urnen gefüllt – Gefäße, die schon zuvor als antikisierende Dekorelemente traditionelle Gräber geschmückt hatten. Die oft aufwendig als Schmuckurnen gestalteten Behältnisse wurden zunächst vorzugsweise oberhalb der Erde aufbewahrt – in offenen oder geschlossenen Nischen von Urnenwänden, den Kolumbarien, oder in Urnenhallen – teils auf Friedhöfen, teils als Anbauten von Krematorien.[6] Nach dem Ersten Weltkrieg änderte sich die Praxis: Nun fanden die Gefäße ihren Beisetzungsplatz eher in Urnenhainen oder auf speziellen Feldern bestehender Friedhöfe.

Während in der DDR die Feuerbestattung quasi zur Norm wurde, wirkte im katholischen Teil Deutschlands das strikte Verbot der römischen Kirche. Auf evangelischer Seite hatte man die Vorbehalte bereits in den 1920er Jahren aufgegeben.[7] Erst im Zweiten Vaticanum (1962–1965) öffnete sich die katholische Kirche der neuen Bestattungsform und erlaubte kirchliche Beerdigungen auch nach Einäscherung; die Erdbestattung blieb und bleibt aber weiterhin die von der Kirche empfohlene Form.

Eine Kremation folgt in technischer Hinsicht weitgehend festen Abläufen; beim Umgang mit der Urne gibt es inzwischen verschiedenste Möglichkeiten. Ein weiterer Wandel hin zu einer größeren Liberalisierung und Individualisierung zeichnet sich von Seiten einiger föderaler Gesetzgeber ab.

Voraussetzung einer Feuerbestattung ist der schriftlich dokumentierte Wille der Verstorbenen oder eine glaubhafte Erklärung der Angehörigen, dass der oder die Verstorbene diesen Weg gewünscht habe; die Kremation stellt demnach offiziell immer noch eine Art Sonderfall dar – auch wenn sich aktuell bereits 80 % der Deutschen für diese Form der Beisetzung entscheiden. Die Spanne zwischen Todeszeitpunkt und Einäscherung lehnt sich an die jeweiligen Fristen der Sargbestattung an; anschließend jedoch bleibt deutlich mehr Zeit bis zur tatsächlichen Beisetzung der Urne. Vor der Kremation ist zudem eine zweite ärztliche Leichenschau zwingend vorgeschrieben.

Zunächst wird der Leichnam wie für eine Erdbestattung in einem Sarg aufgebahrt[8]; sicher fällt die Wahl etwas schlichter aus, da er im Anschluss im Krematorium mitverbrannt wird und dort als zusätzliche Energiequelle dient. Ein beigelegter nummerierter Schamottestein, der auch eine Temperatur von ca. 1200 °C übersteht, ermöglicht eine eindeutige Identifizierung. Die Totenasche wird anschließend von metallischen Resten, etwa Implantaten, gereinigt, größere Knochenstücke werden zu Pulver zermahlen. Die verbleibenden 3 bis 3,5 l Asche füllt man in eine mit Namen und Identifizierungsnummer versehene Kapsel, die ihrerseits in der Regel in einer Überurne Platz findet.

Mit der Urne selbst kann dann auf verschiedene Weise verfahren werden. Da in Deutschland der Friedhofszwang selbstverständlich auch für Urnen gilt, haben inzwischen nahezu alle Friedhöfe unterschiedliche Felder für diese Art der Beisetzung angelegt: von «regulären», nur etwas kleineren klassischen Gräbern bis hin zu Rasengräbern, die mit einem schlichten Gedenkstein markiert sind. Bei Letzteren dürfen allerdings Grablichter oder Blumen nur in einiger Entfernung an eigens ausgewiesenen Stellen aufgestellt bzw. abgelegt werden. Angeboten werden heute aber manchmal auch sogenannte Urnenhaine – oft Rasenflächen für eine anonyme Beisetzung. Hier bleibt der exakte Ort, an dem die Urne in den Boden gelassen wird, für Hinterbliebene unbekannt – kein Stein oder Schild erinnert an die Namen der dort Bestatteten. Grundsätzlich sind anonyme Beisetzungen auch mit Särgen möglich, kommen allerdings in der Praxis sehr selten vor. Die Kirchen lehnen anonyme Beisetzungen übrigens ab, weshalb sie auf kirchlichen Friedhöfen nicht gestattet sind.

Eine Sonderform der Erdbestattung von Urnen bieten die Ruheforste oder Friedwälder: Hier wählt man schon zu Lebzeiten einen Baum, in dessen Wurzelwerk die eigene Urne – nicht selten gemeinsam mit den Urnen von Familienangehörigen oder Freunden – zur letzten Ruhe gebettet wird; der genaue Ort wird nicht gekennzeichnet, doch können am Baum kleine Schilder mit Namen und Lebensdaten angebracht werden.

Auch wenn die Totenasche im Grunde keiner so langen «Liegezeit» bedarf wie ein Leichnam im Sarg, sind die Zeiten auf den Friedhöfen in der Regel angeglichen. Im Boden beigesetzte Urnen bestehen inzwischen vielfach aus Maisstärke oder anderen abbaubaren Materialien und haben sich nach wenigen Jahren vollständig aufgelöst. Bei Waldbeerdigungen sind – gegen entsprechendes Entgelt – ausgedehntere Nutzungszeiten möglich: beispielsweise 99 Jahre – fast schon ein Sinnbild des «ewigen Grabes».[9]

Dass bei einem beträchtlichen Teil der Beisetzungen im Umgang mit Sarg oder Urne heute kaum ein Unterschied auszumachen ist, wurde aus kulturanthropologischer Sicht durchaus kritisch bewertet: So stelle die Wiedereinführung der Feuerbestattung zwar «eine epochale Zäsur»[10] dar, das

«Haus der Klage», Kolumbarium in den Gärten der Bestattung, Bestattungshaus Pütz-Roth, Bergisch Gladbach

Halbanonyme Grabfelder auf dem Südfriedhof, Köln

radikal Neue mit seinen Möglichkeiten sei aber schon früh ausgeblendet worden zugunsten einer Adaption der wohlbekannten bürgerlichen Bestattungstraditionen.

Erst allmählich zeichnet sich in dieser Hinsicht ein Wandel ab. So können Urnen mittlerweile auch wieder oberirdisch beigesetzt werden – allerdings nur in fest verschlossenen Nischen oder Kammern von Urnenwänden oder Kolumbarien, wie man sie heute auf manchen modernen Friedhöfen als freistehende Elemente findet. Gelegentlich werden auch ältere Friedhofskapellen auf diese Weise umfunktioniert. Und schließlich gibt es angesichts schwindender Mitgliederzahlen der beiden großen christlichen Kirchen auch aufgegebene ehemalige Pfarrkirchen, deren Innenräume mit Urnenwänden einer neuen Nutzung als Begräbniskirchen zugeführt wurden – mitunter auch nur Teile einer Kirche, so dass die Urnen gewissermaßen dem Gemeindegottesdienst den Rahmen geben. Eine Rückkehr zur jahrhundertelangen Praxis der Kirchenbestattung also – und ein eindrucksvolles Symbol der mystischen Idee von der Gemeinschaft der Lebenden und der Toten.[11]

Kein kirchlicher Segen ruht indes auf einer anderen Form der anonymen Bestattung – dem Verstreuen der Asche. Grundsätzlich ist das Verstreuen gesetzlich nicht erlaubt; Ausnahmen ermöglichen die Länder Nordrhein-Westfalen

(Ausstreuen auf ausgewiesenen Feldern eines Friedhofs, sofern die jeweilige Ortssatzung das 2003 novellierte Bestattungsgesetz umgesetzt hat) und Bremen, wo 2015 das Verstreuen der Asche auf Privatgrund mit Auflagen freigegeben wurde; die Aufbewahrung der Urne in privaten Räumlichkeiten bleibt weiterhin untersagt. Die künftige Entwicklung in dieser Hinsicht ist gegenwärtig schwer einzuschätzen: In vielen europäischen Nachbarländern gibt es deutlich weniger Restriktionen im Umgang mit der Asche, die beispielsweise in der Schweiz überall in der Natur verstreut oder auch privat in Haus und Garten aufbewahrt werden darf. Diese liberale Regelung scheint auch für viele Deutsche attraktiv zu sein: Die Möglichkeit, Urnen in die Schweiz zu «exportieren» und die gewünschte Naturbestattung dort vornehmen zu lassen, findet durchaus Anklang. Was offenbar häufig ganz unbegleitet geschieht: Die Urnen gelangen dann per Post an ihren Bestimmungsort und werden im Sinne der Auftraggeber am Ziel «ausgeleert» – ein äußerst nüchterner, geradezu materialistischer Umgang mit Verstorbenen, wenn auch in zweifellos stimmungsvoller Landschaft.[12]

Die Urne

Der liebe Opa war verstorben,
Man hatt' zu Asche ihn verbrannt.
Die Asche kam in eine Urne,
Die lang auf dem Kaminsims stand.

Der große Bruder zeigt der Schwester –
Die Eltern waren grad nicht da –
Was man ihm hatte streng verboten,
«Schau, das war mal der Opapa!»

Das neugierige kleine Mädchen,
Stieß, deckellos, die Urne um,
Der Bruder sah verstreut die Asche:
«Du blöde Gans, das ist zu dumm!»

Was fehlt', ersetzt' er durch die Asche,
Die er vom Küchenherde nahm,
Er war gerade damit fertig,
Das Elternpaar nachhause kam …

Sie brachten mit die Tante Friede,
Wollt' ihren Bruder nochmals sehn.
Man zeigte ihr der Urne Inhalt,
Sie weinte, sagte mit Gestöhn:

«Dies bisschen Asche, Eierschalen,
Ist, was der Tod uns übrig lässt,
Wenn eines Tages wir gestorben,
Ein wahrhaft kümmerlicher Rest.»

Heino Sueß (1947–2023)
Autor und Mediziner

Die zunehmend beliebter werdende Seebestattung ist in Deutschland außerhalb der Drei-Meilen-Zone in ausgewiesenen Bereichen möglich; für die Variante der Flussbestattung müssen Schiffe mit Trauergemeinden derzeit noch in Nachbarländer ausweichen, von Nordrhein-Westfalen aus etwa in die Niederlande. Auch hier ist eine Kremation die Voraussetzung; die Asche wird in einer wasserlöslichen Urne aufbewahrt, die während einer Zeremonie ganz allmählich im Wasser versinkt.

Luftbestattungen, also das Verstreuen der Asche etwa aus einem Heißluftballon, sind in Deutschland nicht erlaubt, wohl aber in Ländern wie Frankreich oder der Schweiz. Und wen es noch höher hinaustreibt, dem bleiben Weltallbestattungen – allerdings werden diese ausschließlich in den USA durchgeführt.

Auch die sogenannte Diamantbestattung ist in Deutschland nicht zulässig, in einigen Nachbarländern dagegen sehr wohl. Für diesen Prozess wird ein geringer Teil der Asche entnommen, der Kohlenstoff wird isoliert und unter Druck und Hitze in einem langen Verfahren zu einem kleinen Diamanten gepresst.

Und schließlich gibt es, ebenfalls unter Zuhilfenahme von Anbietern in den Niederlanden, in Tschechien oder der Schweiz, eine Variante der Baumbestattung, die die Idee des Eingehens in den Kreislauf der Natur noch deutlicher symbolisiert als ein Ruheforst: die Lebensbaum- bzw. Tree-of-Life-Bestattung. Nach Überführung der Urne an einen Gartenbaubetrieb im entsprechenden Nachbarland wird ein Teil der Asche mit spezieller Erde zu einem geeigneten Wachstumssubstrat für einen jungen Baumsetzling vermengt, so dass dieser folglich Stoffe aus dem Körper des Verstorbenen aufnimmt. Hat die junge Pflanze eine gewisse Größe erreicht, wird sie den Angehörigen übergeben und kann im privaten Garten oder an einem anderen Ort heranwachsen.

Die Vielfalt an Möglichkeiten im europäischen Ausland bleibt jedenfalls für Hinterbliebene in Deutschland nicht folgenlos, denn jenseits der Grenzen eröffnen sich Wege, die deutsche Friedhofspflicht zu umgehen und andere hierzulande unzulässige Wünsche auf rechtskonformen Umwegen doch noch durchzusetzen. Vor diesem Hintergrund ändert sich inzwischen nicht zuletzt die Rolle der Bestatter: Waren sie einst eher Gehilfen und Assistenten bei Abläufen, die scheinbar in den Händen der Kirche lagen, sind sie heute oft wichtige Ansprechpartner, mitunter gar Seelsorger bei religionsfreien Beisetzungen. Wenn die festen Rituale der Kirchen von Angehörigen nicht mehr gewollt sind, werden Bestatter, wie weiter oben bereits gezeigt (S. 80ff), gelegentlich auch zu Eventmanagern der Abschiedszeremonie. Der Berufsstand hat demnach eine deutliche Aufwertung erfahren. Seine Vertreter beraten, organisieren und helfen manchmal eben auch dort, wo die Bedürfnisse der Angehörigen mit den deutschen Vorschriften zu kollidieren scheinen.[13] Nur gelegentlich irritiert, dass die Kategorien des Handels allzu offensichtlich auch in diesen Bereich einziehen – wenn also beispielsweise Bestattungsaufträge online erteilt werden können oder das Segment der «Discount-Bestattungen» beworben wird.

Schwierige Abwägungen

Seit Erdbestattungen und Einäscherungen aus Bestattersicht nahezu gleichrangig durchgeführt werden können, müssen Menschen zu Lebzeiten Entscheidungen treffen – oder diese ihren Angehörigen überlassen. Dabei sollte man sich auch die Argumente vergangener Tage vor Augen führen – obwohl die Entscheidungen heute teilweise aus ganz anderen, sehr viel pragmatischeren Motiven erfolgen.

Im Grunde genommen ist zumindest für die Anhänger althergebrachter Formen gar nicht viel zu bedenken: Denn was die Erdbestattung angeht, stehen hier mehr als 1000 Jahre Tradition gegen die nur rund 100 Jahre alte «Neuerung» der Kremation – vor diesem Zeithorizont nicht viel mehr als eine flüchtige Mode. Aus dieser Sicht muss abwägen und prüfen und für sich selbst begründen, wer sich auf die Neuerungen einlässt, weil die Überlieferung und altbewährte Gewohnheit ja keiner Begründung mehr bedarf. Allerdings kann eine

Die Urne und das Skelett

In das Grab hinein pflanzte der menschliche Grieche noch Leben,
Und Du töricht Geschlecht stellst in das Leben den Tod.

Friedrich Schiller (1759–1805)
Dichter und Dramatiker

Jahrtausendperspektive auch eingefleischte Traditionalisten überfordern und in Bedrängnis bringen; wo also beispielsweise die Feuerbestattung seit mehreren Generationen eingeführt und verbreitet ist, kann auch sie das Argument der Tradition für sich reklamieren.

Einer Tradition, die seit dem Edikt Karls des Großen bis ins frühe 19. Jahrhundert eben keiner Rechtfertigung bedurfte – und darum auch auf ausgefeilte Begründungen verzichten konnte. Sie stützte sich auf christliche Überzeugungen: Für die Auferstehung der Toten in einem verwandelten Leib musste der sterbliche Leib zunächst unversehrt der Erde übergeben werden. Ausdrückliche Weisungen dazu enthält die Bibel nicht; aber: Der Leib Jesu wurde in einer Grabhöhle beigesetzt, das Gleiche gilt für den Lazarus des Johannesevangeliums (Joh 11,1-45) – Auferstehung und Auferweckung setzen hier den intakten Leib voraus. Zum besseren Verständnis der Lehre von der «Auferstehung der Toten» – so die Formulierung in der derzeitigen deutschen Fassung des Apostolischen Glaubensbekenntnisses –, hilft der Blick auf die ältere Übersetzung, die dem lateinischen Original näher kommt: «Auferstehung des Fleisches»[14]. Die Seele ist in diesem Modell grundverschieden vom Leib – sie wird von ihm im Tod getrennt und nach dem Glauben der christlichen Kirchen am Ende der Zeiten wieder mit ihrem alten Leib vereint[15] – der zum realen Auferstehungsleib wird, aber dann eben nicht mehr sterblich ist. Das Feuer hingegen ist im Alten Testament unter anderem eine Erscheinungsform Gottes, im Neuen Testament ein Element der Strafe, etwa in der Offenbarung des Johannes – der brennende Feuer- und Schwefelsee weist schon voraus auf mittelalterliche Höllenbilder.

Genau daher rührt eine alte Angst – nämlich die Sorge, eine Abweichung vom christlich-jüdischen Brauch der Erd- oder Höhlenbestattung vereitele womöglich die leibliche Auferstehung. Auch wenn diese Sicht jüngeren Menschen aktuell eher fremd erscheinen mag, dürfte eine Rest-Unsicherheit auf christlicher Seite immer noch eine gewisse Rolle bei der Entscheidungsfindung für eine Sargbestattung spielen.

Für die Amtskirchen ist diese Sicht, die ja eine quasi-naturwissenschaftliche Deutung der «Abläufe» bei der Auferstehung der Toten voraussetzt, allerdings nicht mehr von entscheidender Bedeutung. Zuletzt hat, wie erwähnt, auch die katholische Kirche im Zweiten Vaticanum ihr Kremationsverbot aufgehoben (Juli 1963). Nicht aus Überzeugung allerdings, sondern eher aus Konzilianz und in Anerkennung unterschiedlichster, auch wirtschaftlicher Notwendigkeiten. Die neue Linie ist seit 1983 im katholischen Kirchenrecht verankert, wenn auch mit unmissverständlichem Zusatz: «Nachdrücklich empfiehlt die Kirche, dass die fromme Gewohnheit beibehalten wird, den Leichnam Verstorbener zu beerdigen; sie verbietet indessen die Feuerbestattung nicht, es sei denn, sie ist aus Gründen gewählt worden, die der christlichen Glaubenslehre widersprechen.»[16] Diesen eigentlich selbstverständlichen Vorbehalt teilt auch die evangelische Kirche.[17] Die vatikanische Instruktion «Ad resurgendum cum Christo» vom 25. Oktober 2016[18] bekräftigt die Empfehlung zur «Beerdigung des Leichnams, die eine größere Wertschätzung für die Verstorbenen zeigt» – nicht zuletzt durch die Analogie zu Jesu Grablegung und Auferstehung.

Dennoch gab und gibt es auch unabhängig von den erwähnten Debatten durchaus Vorbehalte gegen die körperliche Beisetzung im Sarg – zuallererst einmal ein tiefes Unbehagen angesichts der geradezu klaustrophobischen Vorstellung, in einer schmalen Holzkiste unter 2 m Erde zu liegen. Geradezu dramatisch werden und wurden diese Ängste in zweideutigen Grauzonen zwischen Leben und Tod: Bei der Angst vor dem Scheintod, dem Lebendig-Begraben-Werden, einer panischen Obsession des 19. Jahrhunderts – die heute keine große Rolle mehr spielt, aber vermutlich noch nicht gänzlich verschwunden ist. Denn auch wenn manche Schauergeschichten vergangener Tage ins Reich der Legende gehören dürften – dass das Phänomen vor allem in Zeiten mit zahlreichen Todesfällen, etwa im Krieg oder bei Epidemien, gelegentlich vorkommen konnte, gilt wohl als gesichert – und Fehler bei der Feststellung des Todes können sicherlich selbst heute unterlaufen, wenn auch äußerst selten.[19] Um dem Horror eines Erwachens aus Ohnmacht oder Koma im verschlossenen Sarg zu entgehen, erdachte man im 19. Jahrhundert übrigens allerlei Vorrichtungen, mit denen man sich aus dem Sarg heraus bemerkbar machen oder einen schnellen Suizid herbeiführen wollte. Der in Österreich-Ungarn bis ins 20. Jahrhundert mögliche Dolchstich[20] ins Herz, um einen Scheintoten wenn nicht zu wecken, so doch zumindest vor einem qualvollen Erstickungstod im Sarg zu bewahren, wird heute nicht mehr praktiziert. Analog dazu könnte freilich auch der Kremation der Vorzug vor der Erdbestattung gegeben werden, weil im nahezu ausgeschlossenen Fall einer irrtümlichen Einäscherung zumindest keine lange Leidenszeit zu erwarten wäre. Um nach diesem kleinen Exkurs zu beruhigen: Nicht zuletzt die Angst vor dem Scheintod hat bereits im frühen 19. Jahrhundert zur Einrichtung von Leichenhäusern geführt, zu Vorschriften hinsichtlich einer ärztlichen Leichenschau und zu verpflichtenden Mindestwartezeiten vor einer Beisetzung; das Risiko, in Mitteleuropa heute noch lebendig «unter die Erde gebracht» zu werden, ist damit extrem gering.[21]

Hat die Scheintod-Debatte im Verlauf des letzten Jahrhunderts ihre Dramatik und damit ihre Bedeutung für die Wahl zwischen Erde und Feuer weitgehend eingebüßt, ist ein anderer Einwand gegen die Erdbestattung populär geblieben: Angst oder Ekel bei dem Gedanken, nach dem Tod «von Würmern gefressen zu werden». Vor diesem Schreckensbild erscheint das Feuer dann als vermeintlich angenehmerer Ausweg. Allerdings handelt es sich bei dieser Sorge eher um einen hartnäckigen Mythos: Die meisten Würmer leben in den oberen Bodenschichten und gelangen nicht in Beisetzungstiefen – wo im übrigen der Sarg den Leichnam lange genug vor potenziellen Eindringlingen schützt. Wer «Würmer» sagt, hat wahrscheinlich Schockbilder von madenzerfressenen Tierkadavern vor Augen oder gruselige Andeutungen bei Leichenfunden in Fernseh-Krimis. Ein für Fliegen und Aaskäfer zugänglicher Leichnam ist nun tatsächlich einem solchen Schicksal preisgegeben – in den Räumlichkeiten eines Bestatters und in einem geschlossenen Sarg besteht diese Gefahr aber nicht mehr.[22]

Der derzeit deutlich wahrnehmbare Trend zur Feuerbestattung ist allerdings zu markant, als dass er auf die oben skizzierten Ängste zurückgeführt werden könnte. Auch der freidenkerische antiklerikale Furor des 19. Jahrhunderts dürfte bei heutigen Überlegungen keine große Rolle mehr spielen, zumal die Kirchen ja ihren Widerstand gegen das Feuer aufgegeben haben. Und ob bei der Beisetzung naher Angehöriger ausgerechnet stadtplanerische Erwägungen zum Flächenverbrauch von Friedhöfen ins Kalkül einfließen, darf ebenfalls bezweifelt werden. Die Erfolgsgeschichte der Kremation in den vergangenen drei Jahrzehnten basiert wohl vor allem auf neuen Bedürfnissen und hat sich von den Diskursen rund um die alten Feuerbestattungsvereine längst gelöst.

Verlässliche Bewertungen sind ohne empirische Erhebungen natürlich schwierig, doch manche Deutungsversuche drängen sich geradezu auf. Dazu braucht man nur einmal neuere Friedhöfe mit traditionsreichen Anlagen etwa aus dem 19. und frühen 20. Jahrhundert zu vergleichen: Betrachtet man vor allem alte Gräber wohlhabender Familien, ist der Versuch einer charakteristischen individuellen Formgebung oft nicht zu übersehen – von den Steinen und der gärtnerischen Gestaltung bis hin zu einer mitunter sehr eindrucksvollen Bildsprache, die sich in Statuen und Reliefs Ausdruck schafft. Dagegen wirken zeitgenössische Reihengräber oft egalitär, einförmig, unpersönlich, in den Ausdrucksmöglichkeiten beschränkt durch restriktive Satzungen oder finanzielle Möglichkeiten: Die Variationsbreite ist heute sichtlich geringer als in den «Blütezeiten» deutscher Friedhofskultur.

Vorstellbar also wäre ein Bedürfnis nach Überwindung einer öden Friedhofsuniformität; die ersehnte Vielfalt an Möglichkeiten aber, vom Kolumbarium über Waldbestattungen oder Beisetzungen in den neueren Urnen-Gemeinschaftsanlagen bis zur See- oder Flussbestattung, setzt in jedem Fall zunächst die Einäscherung voraus. Die Motive können facettenreich sein: Die Symbolik des immerwährenden Werdens und Vergehens im Kreislauf der Natur, womöglich pantheistisch inspiriert, legt eine Urnenbeisetzung in einem Bestattungswald nahe, vielleicht auch das Ausbringen der Asche, wo dies rechtlich möglich ist. Oder man entscheidet sehr pragmatisch: Liegt der Friedhof weit entfernt am Rande der Großstadt, während die einstige Pfarrkirche in der Nähe inzwischen zur Bestattungskirche mit Kolumbarium wurde, wird die leichte Erreichbarkeit für die Hinterbliebenen vielleicht ein Hauptargument – neben finanziellen Erwägungen, denn die Urnenbeisetzung ist in der Regel ein wenig günstiger als die Erdbestattung. Hinzu kommt der zeitliche Aspekt: Zwischen Tod und Urnenbeisetzung darf deutlich mehr Zeit verstreichen als bei einer Beisetzung im Sarg – bei unerwarteten Todesfällen durchaus ein Vorteil für die Organisatoren.

Und nicht zuletzt sei an eine überraschende Entwicklung innerhalb der neueren Friedhofskultur erinnert: Gemeinschaftsgräber oder Grabfelder, in der Regel für

Bestattungsgarten auf dem Friedhof Melaten, Köln

Urnenbeisetzungen bestimmt, oft ohne die Pflicht zur Pflege, aber mit Namenszeichen und damit als Alternative zu den ebenfalls in Mode gekommenen anonymen Beisetzungen. Hier ruht der oder die Einzelne in einer Gemeinschaft, die sich zufällig ergeben haben mag – oder die sich bewusst gefunden hat –, man denke an Grabfelder für die Mitglieder eines bestimmten Fußballvereins oder für andere Interessensgemeinschaften. Anlagen dieser Art in Form abgegrenzter Teilbereiche auf Friedhöfen (vgl. auch S. 129ff) sieht man inzwischen immer häufiger – als eine Art Fortsetzung der althergebrachten, aber heute kaum noch neu angelegten Familiengräber.

Träumen VII

Ich wollt, sie hätten statt der Wiege
mir einen kleinen Sarg gemacht,
dann wär mir besser wohl, dann schwiege
die Lippe längst in feuchter Nacht.

Dann hätte nie ein wilder Wille
die bange Brust durchzittert, – dann
wärs in dem kleinen Körper stille,
so still wie's niemand denken kann.

Nur eine Kinderseele stiege
zum Himmel hoch so sacht, – ganz sacht…
Was haben sie mir statt der Wiege
nicht einen kleinen Sarg gemacht?

Rainer Maria Rilke (1875–1926)
Dichter

Nicht unterschätzt werden sollte allerdings auch, dass inzwischen – unter ganz anderen Vorzeichen – eingetreten ist, was aus klassenkämpferischer Perspektive in den 1920er Jahren skizziert wurde und, je nach Standpunkt, damals geradezu als dystopische Drohung aufgefasst werden konnte: «Es gibt für Proletarier keine Familiengräber mehr – die Jugend wird in alle Welt zerstreut. Der Sohn erbt nicht mehr Haus und Wirtschaft von seinem handwerkenden Vater – nur auf dem Lande und beim Kleinbürgertum ist das noch der Fall –, niemand ist mehr da, um in treuer Liebe das Grab der Angehörigen zu pflegen. Deshalb entspricht es unserer Klassenlage und der modernen Lebensweise überhaupt, die Toten zu verbrennen und ihre Asche zu zerstreuen.»[23] Den «Proletarier» kann man inzwischen getrost streichen, von der «Klassenlage» redet kaum noch jemand – doch die angedeutete Bindungslosigkeit hat, getarnt als Forderungen nach

«Flexibilität» und «Mobilität», dennoch mehr denn je Einzug in die moderne Arbeitswelt gehalten. Wenn feste Familienbindungen an einen ursprünglichen Heimatort fehlen und Angehörige fern und weit verstreut voneinander leben, verliert das klassische Grab seine Funktionen: Es ist dann kein Ort der Trauer mehr und kein Ort des Gedenkens; es ist ja niemand mehr da, der in der Pflege des Grabes einen letzten Dienst am Verstorbenen versehen könnte, im Gegenteil: Die friedhofssatzungsgemäße Pflicht zur Grabpflege wird zur Belastung. Und so fallen Entscheidungen betagter Eltern zugunsten einer Feuerbestattung womöglich häufig nicht aufgrund innerer Überzeugung, sondern aus vorauseilender Rücksichtnahme auf die Kinder, die man nicht mit der Last einer klassischen Grabpflege behelligen möchte.

Und da sei dann doch eine kritische Frage gestattet: Ist das zitierte Bild einer vollkommen disparaten und bindungslosen Gesellschaft tatsächlich schon Realität, oder befördert die Auflösung aller Bindungen, wer der eigenen Familie nicht einmal mehr das elterliche Grab zumuten möchte? Dann trüge man – sparsam, bescheiden, auf wenig Mühe für die Nachkommen bedacht – am Ende selbst mit dazu bei, das eigene Andenken zu beschädigen und zu schmälern. Dann trüge man bei zur beklagten «Entzauberung» des Todes und zu einem sachlichen, nahezu industriellen Abschied von einem Leben. Dann wird die Beisetzung eine reine Dienstleistung – eine unter so vielen.

Um Missverständnissen vorzubeugen: Erde oder Feuer – man kann sich aus vielen guten Gründen für den einen oder den anderen Weg entscheiden; die einzig richtige Form gibt es nicht. Es sollte aber der *eigene* Weg sein – einer, der einem nicht widerstrebt. Einzig den Hinterbliebenen zuliebe in die schnellstmögliche und rationellste Beseitigung des eigenen Leibes einzuwilligen, führt womöglich genau in die falsche Richtung. Bei dieser allerletzten Entscheidung des Lebens sollte es nicht um andere Zwecke und Rücksichten gehen, sondern einzig um das, was die Verstorbenen als für sich selbst wünschenswert *empfunden* haben.

«erhalten, bewahren, weitergeben …»

Herbert J. Steinnus

Gespräch mit Herbert J. Steinnus

Steinmetz

Herr Steinnus, Sie gehören einer Steinmetzfamilie in Köln an, die sich seit Jahrhunderten mit Grabgestaltungen beschäftigt, sind also der langen Tradition einer ganzen Steinmetzdynastie gegenüber verpflichtet. Empfinden Sie das als Verantwortung?

Bis 1709 ist der Beruf des Steinmetzes in unserer Familie über alle Generationen zurückzuverfolgen. Allerdings ist meine Familie erst ab 1850 dauerhaft in Köln ansässig, davor arbeitete sie hauptsächlich in der Eifel: in Bassenheim oder Bad Münstereifel. Ich selbst übe diesen Beruf also bereits in sechster Generation aus, und mein Sohn arbeitet mittlerweile auch in unserem Betrieb. Eine Verantwortung gegenüber der Familientradition verspüre ich schon, aber nicht nur rückblickend. Auch gegenüber den zukünftigen Generationen. Deshalb habe ich über die Jahre eine Art Lebensmotto entwickelt: erhalten, bewahren, weitergeben. Ich habe viel Wissenswertes über die Steinbildhauerei und über den Friedhof im Allgemeinen von meinem Großvater und Vater erhalten und gebe diese Informationen an meinen Sohn weiter, binde ihn also mit in die lange Tradition ein. Bei dem Beruf ist es nicht anders als im übrigen Leben. Man übernimmt Kenntnisse aus der Vergangenheit, bewahrt das davon, was man als richtig erkannt hat, ergänzt es um zusätzliches, neues Wissen und vermittelt das Ganze den Kindern.

Zu Ihnen kommen vornehmlich trauernde Menschen in einer sehr emotionalen Situation, um sich von Ihnen für einen verstorbenen Angehörigen dessen letzten Ruheort gestalten zu lassen. Wie gehen Sie damit um?

Natürlich sind unsere Kunden meistens Angehörige von Verstorbenen und befinden sich in einer sehr traurigen Lebensphase. Allerdings hat der Tod viele Facetten, und die Trauerphase hängt tendenziell von dem Alter ab, in dem jemand verstorben ist. Alte Menschen, die ihren Lebenspartner nach 60 gemeinsamen Jahren verlieren, können damit meistens besser umgehen als Hinterbliebene von Menschen, die aus der Mitte ihres Lebens herausgerissen wurden. Trauer braucht ihre Zeit ebenso wie die komplexe Aufgabe einer passenden Grabsteingestaltung. Dafür grundlegend ist sicher die Beziehung der Angehörigen zum Verstorbenen. Deshalb sollte man sich bis zur Bestellung eines Grabsteins ein halbes Jahr nach der Beisetzung Zeit lassen, um das gemeinsame Leben Revue passieren zu lassen, die Gefühle zu klären oder auch in Vergebung zu kommen. Viele Hinterbliebene möchten mit dem Grabstein «alles gut machen». Zwei Drittel der Kunden kommen ohne eine genaue Vorstellung, so dass man sich mit ihnen in Gesprächen der Persönlichkeit des Verstorbenen annähert. Was war der Verstorbene für ein Mensch? Welche Vorlieben, Hobbys, Eigenschaften hatte er? Alles das sollte in eine gelungene Grabsituation, in das Denkmal einfließen. Dieser Findungsprozess kann sich über mehrere gemeinsame Termine erstrecken, bis sich die Angehörigen und vor allem den Verstorbenen in dem Äußeren der Grabgestaltung wiederfinden. Übrigens kommen nicht nur Angehörige von Verstorbenen.

Wie meinen Sie das?

Es gibt durchaus Menschen, die sich bereits zu Lebzeiten Gedanken über ihre letzte Ruhestätte machen. So wie jemand verfügt, dass er anonym begraben werden möchte oder eine Seebestattung für sich als stimmig empfindet, möchten andere Menschen ihr Erdgrab gestaltet sehen. Es kamen schon Künstler mit konkreten Entwürfen, die wir umgesetzt haben, andere Menschen sind ganz offen und lassen sich gerne beraten. Ich habe den Eindruck, dass durch Corona etlichen Menschen die Bedeutung von Heimat und

Zusammengehörigkeit viel bewusster geworden ist. Und so gibt es Familien, deren Kinder in der Welt verstreut leben, die sich nun auf Melaten [Zentralfriedhof von Köln] eine mehrstellige Grabstelle gepachtet haben, auf der sie alle beigesetzt werden möchten. Es hat doch etwas Beruhigendes, zu wissen, wo man hingehört. Man kommt dann nach Hause – im Leben wie im Tod.

Sie sagen das so überzeugt. Gilt das auch für Sie?
Ja, ich kenne schon jetzt meinen Platz in unserer Familiengruft neben meinem Groß- und Urgroßvater. Und mein Sohn wird mich einmauern.

Wenn man über Friedhöfe geht, hat man den Eindruck, dass auch die Grabmalgestaltung Moden oder zumindest Geschmacksveränderungen unterworfen ist. Welche Veränderungen sehen Sie in den letzten Jahren?
Natürlich kommt es immer wieder zu Veränderungen oder Anpassungen in der Grabsteingestaltung, weil sich Neues entwickelt oder sich gesellschaftliche Situationen wandeln – und das in zusehends kürzeren Abständen. So hatte die Darstellung von christlichen Zeichen auf Grabsteinen in den 1990er Jahren einen deutlichen Höhepunkt, ist danach aber ausgelaufen. Heute wählen lediglich sehr überzeugte Katholiken dezente christliche Hinweise. Selten sind noch figürliche Madonnen gefragt, man merkt, dass die Marienverehrung stark nachgelassen hat. Stattdessen kommt es zu gestalterischen Einflüssen aus anderen Kulturen. So gibt es mittlerweile auch in Deutschland immer mehr aufgesetzte Porzellanfotos, die man früher fast nur auf italienischen Grabsteinen sah. Neu ist auch die Verwendung von QR-Codes auf Grabsteinen, allerdings spielen sie auf Melaten bisher keine große Rolle, mir sind nur ganz wenige bekannt. Negativ empfinde ich eine Veränderung, die vielleicht auf den ersten Blick nicht auffällt: eine Vereinheitlichung der Schriftzüge auf den Steinen. Früher hatte jeder Steinmetz seine eigenen Schrifttypen, die er in die Grabsteine meißelte – seine eigene

Handschrift eben. Heute benutzen Steinmetze häufig zur Erleichterung vorgegebene Schrifttypen aus dem Computerprogramm, die mit Hilfe von ausgestanzten Folien und Sandstrahl auf den Stein übertragen werden. Da mir bei dem Verfahren das Persönliche des Handwerks fehlt, bleiben wir in unserer Werkstatt bei der traditionellen Methode: Zunächst wird mit dem Fettstift der Schriftzug auf den Stein geschrieben, anschließend mit dem Diamant angerissen und dann eingehauen. Gerade die kleinen Abweichungen trotz aller handwerklicher Präzision machen für mich den Reiz einer schönen individuellen Schrift aus. Und leider muss man sagen, dass zugunsten der Vereinheitlichung viel Wissen verlorengeht. Aber natürlich ist trotz der geschmacklichen Anpassungen ein Naturstein kein Wegwerfprodukt. Angesichts unserer schnelllebigen Zeit fertigen wir Grabsteine fast schon für die Ewigkeit, zumindest für einen sehr, sehr langen Zeitraum, der bei Gemeinschaftsgräbern 50 Jahre betragen kann.

Bei einem derart aufwendigen Herstellungsverfahren wäre doch eine Wiederverwendung sinnvoll.
Stimmt. Das kommt – wenn auch selten – vor. Ansonsten werden die Grabsteine nach Ablauf der Ruhezeiten geschreddert. Anders verhält es sich bei historischen Grabmalen, die in Patenschaft von neuen Nutzern übernommen werden können und die wir in Verbindung mit dem Amt für Denkmalschutz restaurieren. Eine sehr schöne Aufgabe.

Noch eine letzte Frage: Immer wieder werden in den Medien soziale und ökologische Probleme in den Lieferketten von Natursteinen angesprochen, die durch Zertifizierung der Steine zumindest eingeschränkt werden sollen. Wie gehen Sie mit diesem Thema um?
Das Thema betrifft uns weniger. Wir verarbeiten europäische Materialien wie belgischen Granit und vorrangig deutsche Natursteine: Sandsteine und Basalt aus der Eifel, Aachener Blaustein, Muschelkalk und Jura aus Süddeutschland, roten

und grünen Granit aus dem Odenwald … Sie sehen, in Deutschland gibt es hervorragende Steine, so dass man keine langen Transportwege oder menschenunwürdige Arbeitsbedingungen in Kauf nehmen muss. Selten verwenden wir auch zertifiziertes Rohmaterial aus Indien, allerdings weiß man natürlich nicht, ob die Zertifizierung hält, was sie verspricht. Weiterverarbeitete Steine aus China, deren Produktion ein großes Problem darstellen, benutzen wir überhaupt nicht. Außer Naturstein verarbeiten wir übrigens ebenfalls Holz und Eisen.

Herzlichen Dank!

Herbert J. Steinnus arbeitet als Steinmetzmeister in seiner traditionsreichen Werkstatt in Köln am Friedhof Melaten, wo er bereits 1989 bis 1992 seine Lehre gemacht hat.

Epilog

Unser Grab erwärmt der Ruhm.
Thorenworte! Narrenthum!
Eine beßre Wärme giebt
Eine Kuhmagd, die verliebt
Uns mit dicken Lippen küßt
Und beträchtlich riecht nach Mist.
Gleichfalls eine beßre Wärme
Wärmt dem Menschen die Gedärme,
Wenn er Glühwein trinkt und Punsch
Oder Grog nach Herzenswunsch
In den niedrigsten Spelunken,
Unter Dieben und Hallunken,
Die dem Galgen sind entlaufen,
Aber leben, athmen, schnaufen,
Und beneidenswerther sind
Als der Thetis großes Kind –
Der Pelide sprach mit Recht:
Leben wie der ärmste Knecht
In der Oberwelt ist besser,
Als am stygischen Gewässer
Schattenführer sein, ein Heros,
Den besungen selbst Homeros.

Heinrich Heine (1797–1856)
Dichter, Schriftsteller, Journalist

Antikisierendes Familiengrabmal: Hochrelief mit älterem Mann und Jungen, eingefasst von Säulen eines tempelartigen Baus, 1919, Südfriedhof, Köln

Inseparables

Unzertrennliches, ach vom Tod getrenntes,
Zartverschwistertes, durch Geburt und Neigung
Für einander geschaffnes Vogelpärchen!
O du Brüderchen, an der Schwester hangend,
O du Schwesterchen, nicht vom Bruder lassend!
In dem sonnigen Käfig, eurem Stübchen,
Auf dem Stängelchen, eurem Stuhle, sitzend,
Immer nebeneinander, aneinander.
Saß das Brüderchen auf der rechten Seite,
Und das Schwesterchen links, so ließ sein Köpfchen
Links das Brüderchen hangen, und sein Köpfchen
Rechts das Schwesterchen, also daß die beiden
Köpfchen leise sich ohne Druck berührten.
Saß das Brüderchen aber auf der linken,
Und das Schwesterchen auf der rechten Seite,
Denn sie pflegten in diesem Stück zu wechseln,
War das Hängen der Köpfchen auch gewechselt,
Daß sie gegeneinander wieder neigten.
So war euere Neigung gegenseitig,
So war euere Liebe wechselwirkend,
Ohne Wechsel als den der äußern Stellung.
Was ihr aßet, das aßet ihr zusammen,
Und ihr tranket zusammen, was ihr tranket;
Was ihr spieltet und scherztet, sangt und spranget,
Was ihr lebtet, das lebtet ihr zusammen.
Und so seid ihr zusammen auch gestorben.
(…)
Und nun laßt uns zusammen sie begraben,
Unter Thränen, am Fuß des Lebensbaumes,
Wo wir klagen um sie im dunkeln Schatten.
Doch sie selber entschwingen sich geflügelt
Auf die sonnigen Wipfel hin und singen,
Goldfrucht pickend und Nektarkelche nippend,
Auf den Zweigen des Lebens schaukelnd, eines
Nächst am andern, wie einst auf ihrem Stängchen;
Hangen lassen sie nur nicht mehr die Köpfchen,
Sondern heben sie freudig gen einander.
Wohl gefall' es dir dort, und wohl ergeh dir's,
Im Genügen der Liebe, nicht vermissend
Die dich Missenden hier, mein Vogelpärchen,
Unzertrennliches, nicht vom Tod getrenntes!

Friedrich Rückert (1788–1866)
Dichter, Sprachgelehrter und Orientalist
Aus: «Kindertodtenlieder»

Vereint bis in den Tod – und darüber hinaus

Vom Gemeinschaftsgrab zur Grabgemeinschaft

Der Mensch ist ein soziales Wesen und lebt in verschiedenen Gemeinschaften: Familie, Freundeskreisen, Nachbarschaften, Wahlfamilie, Vereinen oder WhatsApp-Gruppen und Facebook-Communities … All diese Verbindungen basieren auf Zuneigung, gemeinsamen Interessen oder auch Zwängen und können selbstverständlich ebenso zweckorientiert genutzt werden. Und was im Leben funktioniert, muss im Tod nicht falsch sein. Aus diesem Grund lassen sich beim Gang über einen Friedhof nicht nur Einzelreihengräber finden, sondern ebenfalls solche, in denen mehrere Verstorbene beigesetzt sind, oder zu Gruppen arrangierte Gräber.

Vor diesem Hintergrund verwundert es nicht weiter, dass die Anlage eines vor allem historischen Friedhofs häufig der einer städtischen Bebauung ähnelt – mit prachtvollen Hauptalleen und engeren Nebenwegen, verschlungenen Pfaden, weiträumigen Plätzen und separierten Siedlungsbereichen in verschiedenen Gestaltungsstilen. Vor allem deshalb nicht, weil Friedhofsplanung häufig zum Betätigungsfeld von Städteplanern gehörte. Hier wie dort spiegeln die räumlichen Arrangements Strukturen der sozialen Vernetzung: Der Friedhof wird zum Abbild des menschlichen Miteinanders.

Imposante Familiengrabanlagen oder Grüfte der ortsbekannten Honoratioren sind vor allem auf älteren Friedhöfen meistens an den Mittelachsen oder anderen repräsentativen Bereichen platziert, wie etwa auf Kirchhöfen gerne in der Nähe der Kirchenmauern – alle ähnlich den bevorzugten Lagen ihrer imposanten Villen zu Lebzeiten. Die

Familiengräber an den abzweigenden Wegen werden häufig kleiner, ihre Gestaltungen weniger monumental. Dies entspricht der ehemaligen Lebensweise der hier Bestatteten – bis hin zur Kleinteiligkeit von Reihenhaussiedlungen. Auch für sozial Schwache ohne Familienanschluss wird gesorgt, wenn sie vom Ordnungsamt auf einem gemeinsamen Feld bestattet werden.

Das Familiengrab als sicherer Hafen?

Als bisher grundlegende Lebensform unserer Gesellschaft findet besonders die Gemeinschaft der Familie auf dem Friedhof ihr Pendant: Familiengräber – im Fachjargon zwei- oder mehrstellige Wahlgräber genannt – in unterschiedlichen Größen und Ausführungen sprechen für sich. Angesichts der generationsübergreifend aufgelisteten Mitglieder, die anscheinend so friedlich in einem Grab versammelt sind, manifestiert sich hier geradezu das traditionelle Familienbild als Keimzelle allen Glücks. Anspruch und Wirklichkeit – vielleicht rumort es doch ein wenig hinter den Mauern oder unter der Erde? Oder wie erklären sich sonst die mahnenden Worte auf einer großen Gruft des Kölner Südfriedhofs:

IN DER FAMILIE ALLEIN
WURZELN DIE KRAFT UND DAS GLÜCK
FÜR EINEN UND ALLE
DARUM SEI HEILIG UND HOCH
JEDEM VON UNS DAS VIERTE GEBOT.
A. M.

Für diejenigen, denen das vierte Gebot nicht direkt präsent ist: «Du sollst deinen Vater und deine Mutter ehren, auf dass es dir wohlergehe und du lange lebst auf Erden.»

Allen Familiengräbern gemein ist die familiäre Kennzeichnung der jeweiligen Grabanlage auf meist stehenden

Grabstein auf dem Friedhof Melaten, Köln

Grabsteinen, zum Teil sogar mit Ausrichtung auf einen «Patriarchen», unter dessen Namen die gesamte Familienschar subsumiert wird. Wer verbirgt sich also hinter «Familie Max Mustermann»? Vor allem welche Frau? Erst der Blick auf die einzelnen Liege- oder Pultsteine in der Grabfläche entschlüsselt in der Regel alle hier bestatteten Mitglieder. Und das im Unterschied zu Klingelschildern an einer Wohn- oder Haustür, auf denen meistens lediglich der Familienname – oder aktueller formuliert Zu- oder Nachname – als Hinweis auf die gesamte Bewohnergruppe dient. Aber auch Grabsteine mit ausschließlicher Nennung des Familiennamens unter Verzicht auf individuelle Ergänzungssteine sind zu finden. Offensichtlich ist hier der Einzelne in Obhut der familiären Gesamtheit nicht weiter nennenswert. Eine Vorstufe zu anonymen Beisetzungen?

Die in der Regel vorhandenen Informationen machen bei Grabgemeinschaften mit zahlreichen Angehörigen deren Familiengeschichte – vermeintlich – ablesbar. Dieselben oder unterschiedliche Nachnamen und die ins Verhältnis gesetzten Lebensdaten scheinen die familiäre Entwicklung aufzuzeigen. Bedrückende Schicksale lassen sich erahnen, besonders bei jung Verstorbenen oder bei Geschwistern, die in kurzen Abständen bestattet wurden.

Aufgeführte Berufsangaben oder sonstige Hinweise auf den Lebenslauf beflügeln zusätzlich die Fantasie bei der Enträtselung der verwandtschaftlichen Bezüge. Manchmal werden im Krieg verstorbene Söhne oder Väter auf Gedenktafeln in die Familiengräber miteinbezogen. Im «Normalfall» steht die Belegung des Grabs derart fest, dass ab und zu sogar bereits vor dem Eintritt des Sterbefalls ein Vorname mit Geburts- und logischerweise ohne Sterbedatum auf dem Grabstein aufgeführt ist. In solchen Fällen wissen die Familienmitglieder unerschütterlich, wo ihre letzte Reise endet. Ein deutlicher Ausdruck der Zusammengehörigkeit. Und der Liebe – besonders bei Paaren.

Ein Blick auf historische Grabsteine mit mindestens drei verstorbenen Generationen verrät meistens noch mehr: Hier fehlen bei männlichen Verstorbenen weder Berufsbezeichnungen, wie zum Beispiel «Ziegeleibesitzer» oder «Schlossermeister», noch Ortsangaben, die gelegentlich durch ein schlichtes «von hier» ersetzt werden. Verheiratete Frauen finden vorzugsweise als Gattinnen, etwa «Gasthofsbesitzersgattin», oder Witwen wie «Privatierswitwe» Erwähnung. Information über eine eigenständige Berufstätigkeit bei weiblichen Verstorbenen ist eine absolute Rarität. Weitere verwandtschaftliche Grade, beispielsweise «Bäckermeisterssohn», «Kirchenrats-» und «Kaminkehrermeisterstochter» oder allgemeiner gehalten Sohn und Enkelin erleichtern die Klärung der Familienverbindungen. Und wenn ausschließlich der Verwandtschaftsbezug eingraviert ist – was sehr selten geschieht –, erscheint die Person in ihrer Bedeutung eben nur wichtig in Bezug auf den Familienverbund.

Immer wieder fallen zwei oder sogar mehrere Gräber in direkter Nachbarschaft zueinander auf, deren Grabsteine denselben Nachnamen tragen. Bei den hier Bestatteten handelt es sich um eine größere Familie, deren Mitglieder nach dem Tod auf ihre gelebte Nähe nicht verzichten möchten. Nicht anders lässt sich beispielsweise der dichte räumliche Zusammenhang der besonders monumental angelegten und aufwendig dekorierten Grüfte von Sinti- und Roma-Familien erklären, etwa auf dem Friedhof in Bonn-Beuel. Gerade bei Minderheiten, die über Jahrhunderte eine extreme Ausgrenzung erfahren haben – so durften Roma und Sinti nicht auf christlichen Friedhöfen bestattet werden –, bedeutet die feste Struktur der Familie oder des Clans ein Stück Heimat.

Aber nicht immer sind die familiären Beziehungen eindeutig, da neben Eltern und Kindern ebenso Menschen mit anderen Verwandtschaftsgraden in einem Grab bestattet sein können. Vielleicht auch die zweite Ehefrau? Wie verhält es sich mit unverheirateten Geschwistern? Oder gibt es möglicherweise einen Verzicht auf Beisetzung im Doppelgrab mit dem Ehepartner zugunsten der Grabstätte der Herkunftsfamilie? Man weiß es nicht …

Da stellt sich die Frage, wer sich denn überhaupt ein Familiengrab teilen darf. Grundsätzlich entscheidet darüber der Nutzungsberechtigte, der das Wahlgrab gepachtet hat. Allerdings existieren immer noch Friedhofsordnungen, die die Nutzung auf unmittelbar Verwandte oder Ehepartner beschränken.

Allein diese Überlegungen lassen vermuten, dass die Belegung eines mehrere Generationen umfassenden Familiengrabes durchaus mit

Historisches Familiengrab, Alter Nördlicher Friedhof, München

diffizilen Entscheidungsprozessen verbunden sein kann. Es mag aber auch sein, dass die Manifestation der familiären Zusammengehörigkeit über den Tod hinaus von einigen Mitgliedern nicht nur als Angebot, sondern als Verpflichtung begriffen wird: Man sucht sich seine Familie eben nicht aus. Aber wie bereits beschrieben, kann diese Gemeinschaft Sicherheit vermitteln. Beispielsweise wenn früh verstorbene Kinder oder Enkel im Familiengrab aufgenommen werden und nicht allein im Bereich der Kindergräber bestattet werden müssen.

So hätte es sich sicher der Dichter, Übersetzer und Begründer der deutschen Orientalistik Friedrich Rückert für seine Kinder gewünscht. Das diesem Kapitel vorangestellte Gedicht «Inseparables» beklagt als eines von Hunderten «Kindertodtenliedern» den Tod seiner jüngsten an Scharlach erkrankten Kinder Ernst (1829–1834) und Luise (1830–1833). In dieser Zeit arbeitete Rückert als Professor für Orientalistik an der Erlanger Universität und ließ die Kinder auf dem dortigen Neustädter Friedhof beisetzen: in keinem Familiengrab, aber dicht beieinander, wie der Dichter es so eindrücklich darstellt. Rückert selbst ist neben seiner Frau Luise, die 1857 verstarb, 1866 in direkter Nähe zur Dorfkirche von Neuses im Doppelgrab beerdigt worden und bestimmte dazu in einem Gedicht kurz vor seinem Tod:[1]

> (…)
> *Wobei ich will, die ich den Kindern anbefohlen,*
> *Auch unsre Grabschrift wiederholen:*
> *Hier ruhn in Frieden,*
> *Im Tode wie im Leben ungeschieden –*
> *Mit dieser Grabschrift einzuweihn*
> *Ist ein einfacher Doppelstein,*
> *Du drunter links gebettet,*
> *Ich rechts an dich gekettet.*[2]
> *L.* *Fr.*

Nicht immer jedoch enden gemeinsame familiäre Lebensläufe so friedlich und einvernehmlich. Günstig wäre es sehr wohl, denn Gemeinschaftsgräber haben für die Hinterbliebenen gegenüber Einzelgräbern einen nicht zu verachtenden praktischen Vorteil: Der konzentrierte Pflegeaufwand für eine Grabeinheit ist sicherlich eine Erleichterung, nicht nur finanziell.

Familiengrabstätte auf dem Friedhof Melaten, Köln

Herkunftsfamilie ist nicht alles: Vorzug der Wahlfamilie

Längst scheint sich das groß angelegte Familiengrab vor allem in urbanen Regionen ein wenig überlebt zu haben. Gab es früher einen gewissen Automatismus zur Beisetzung im familiären Verbund, so wird heute individuell entschieden. Je mehr Risse das traditionelle Familienbild in den letzten Jahrzehnten bekommen hat, umso häufiger wird auf die gemeinsame Ruhestätte verzichtet. Gründe dafür gibt es genug: Auflösung von traditionellen Familienstrukturen durch Abnahme von Eheschließungen, gestiegene Scheidungsrate und Wegzug der Kinder, grundsätzlich verstärkte Mobilität und vor allem ein wachsendes Angebot neuer Bestattungsarten und Bevorzugung anderer Grabgemeinschaften.

Besonders die wachsende Zahl von Urnenbestattungen hat neue, flexiblere Formen von Gemeinschaftsruhestätten geschaffen: Man wählt aus, wie und mit wem und in wessen Nähe die Beisetzung erfolgen soll. Statt der Herkunftsfamilie können andere Lebensverbindungen wie Wohn-, Haus- oder Interessensgemeinschaften bevorzugt werden. Bekanntes Beispiel einer solchen Wahlfamilie ist die legendäre Düsseldorfer Punkband «Die Toten Hosen» um den Sänger Campino alias Andreas Frege, die bereits 2001 ein Grabfeld auf dem Düsseldorfer Südfriedhof gekauft hat – eine für eine Punkband erstaunlich traditionelle Bestattungsart und zudem ausgesprochen weitsichtig. Siebzehn Grabstellen auf einer Grabfläche stehen für die Band-Gemeinschaft zur Verfügung – geschmückt mit dem fünfzackigen Stern der Anarchie aus Buchsbaum, dem Symbol der Unsterblichkeit oder auch der Liebe über den Tod hinaus. Ein ähnlich intensives Gefühl der Zusammengehörigkeit dürfte ebenfalls die «taz-Familie», Mitarbeitende der überregional tätigen Tageszeitung mit einer kritisch-links-alternativen Ausrichtung, bewogen haben, eine gemeinsame Grabstelle zu pachten. So können seit 2023 auf dem Alten St.-Matthäus-Kirchhof in Berlin-Schöneberg 28 verstorbene Kollegen vereint ihre letzte Ruhe finden – vom Zeitungsverkäufer bis zum Kulturredakteur.

Auch andere Gemeinschaften bieten ihren Mitgliedern einen solchen sicheren Ort der Zusammengehörigkeit. Die Vereine des Kölner Karnevals etwa, allen voran die seit Jahrhunderten bestehenden Traditionsgesellschaften, sehen sich mit ihren ordnenden Hierarchien und Reglements nicht nur als fröhliche Brauchtumsbewahrer, sondern als nahezu lebensbegleitende Einrichtungen, in denen gesellschaftliche Werte wie Verantwortung und Verlässlichkeit großgeschrieben werden. Deren festgelegte Bräuche geben ihren Mitgliedern, wie bei Ritualen eben üblich, durch die fortwährende Wiederholung Sicherheit. So ist es nicht verwunderlich, dass sich das gelebte Bedürfnis nach einer fast familiären Struktur einiger Gesellschaften ebenso auf die Zeit nach dem Tod erstreckt: durch eine gemeinsame Grabstätte.

Derart große mehrstellige Wahlgräber sind nach der Kölner Friedhofssatzung nicht üblich, und sogenannte Gemeinschaftsgräber stehen nur klerikalen Gruppen zu – aber dazu an späterer Stelle mehr. Dennoch müssen verstorbene Mitglieder beispielsweise der Gesellschaft «Kölsche Funke rut-wieß vun 1823 e. V.» seit 2019 nicht mehr auf eine Beisetzung im Gemeinschaftsgrab verzichten. Quasi durch die Hintertür eröffnete sich die Option. Die Patenschaftsübernahme einer historischen

Patenschafts-Grabstätte der Kölsche Funke rut-wieß vun 1823 e. V., Friedhof Melaten

Gruft aus dem 19. Jahrhundert auf dem Friedhof Melaten und deren aufwendige Sanierung machten es möglich. Und auch diejenigen roten Funken, die ihre letzte Ruhe nicht in dieser Stätte finden, bleiben unvergessen. Denn die Auflistung aller verstorbenen Gesellschafts-Mitglieder auf Gedenktafeln in der Grabanlage samt Spitznamen und karnevalistischer Funktionen betont zusätzlich den Zusammenhalt der Funkenfamilie – auch nach dem Tod. Und so ist es eine Ehrenpflicht für alle roten Funken, zu Allerheiligen am Gemeinschaftsgrab der Verstorbenen zu gedenken. Tröstlich bereits für die Lebenden.

Vom Schicksal zusammengeführt

Jeder Friedhof besitzt wie jede Stadt seinen eigenen, ganz typischen Charakter. Und ebenso wie die städtebauliche Struktur nicht ausschließlich aus sozial gegliederter Wohnbebauung besteht, sondern unterbrochen wird durch andere Orte der gesellschaftlichen, ökonomischen, emotionalen, spirituellen oder ideologischen Zusammengehörigkeit, so befinden sich auch auf dem Mikrokosmos Friedhof zwischen

Familien- und Einzelgräbern verschiedene gemeinschaftliche Ruhestätten. Vor allem in größeren Städten engagieren sich immer mehr Initiativen, Gruppierungen oder Berufsverbände für die Entstehung spezieller Gräbergemeinschaften, oft in eigens abgefriedeten Bereichen.

Auf dem Ohlsdorfer Friedhof in Hamburg gibt es mittlerweile über 100 verschiedene Grabgemeinschaften, die in ihrer Vielfalt die Heterogenität der modernen Gesellschaft abbilden. Man darf nicht vergessen, dass in der weltoffenen Hafenstadt Hamburg schon früher als in anderen Städten Menschen aus vielen unterschiedlichen Kulturen lebten und bestattet werden mussten. Heute setzen die separierten Grabfelder ein Zeichen der Solidarität mit Menschen, die entweder schwere Schicksale zu ertragen hatten oder aus anderen Gründen nach dem Tod verbunden sein möchten.

Mag der Ohlsdorfer Friedhof ein außergewöhnliches Beispiel für das breite Spektrum von Gräbergemeinschaften sein, so sind solche festgelegten Bereiche mittlerweile nahezu auf jedem größeren Friedhof zu finden: etwa für die Beisetzung von sogenannten Sternenkindern, auch Schmetterlings- oder Engelkinder genannt, die vor, während oder direkt nach der Geburt gestorben sind. Etwa jede sechste Schwangerschaft endet aktuell frühzeitig mit einer Fehlgeburt, in knapp einem von 250 Fällen kommt das Baby mit mehr als 500 g Körpergewicht oder nach der 22. Schwangerschaftswoche tot zur Welt.[3] Seit 2013 ist es aufgrund des Engagements der Initiative REGENBOGEN – Glücklose Schwangerschaft e. V. für alle Totgeburten möglich, einen Eintrag im Personenstandsregister des Standesamtes zu erhalten, was davor nur Kindern mit einem höheren Körpergewicht als 500 g vorbehalten war. Bis heute besteht ausschließlich für diese eine Bestattungspflicht. Die Beisetzung kann sowohl im eigenen Kindergrab, im Familiengrab als auch in einem speziellen Gemeinschaftsgrab für Sternenkinder erfolgen. Auf den häufig von den jeweiligen Krankenhäusern angemieteten Flächen finden mehrmals jährlich Sammelbestattungen statt. Das Gemeinschaftsgefühl verstärken die verwaisten Eltern durch weitere Veranstaltungen, beispielsweise kollektive Kerzentage.

das Verstreuen von Totenasche auf Friedhöfen als Form der Beisetzung fortbesteht, während sich Berlin, Bremen und Nordrhein-Westfalen erst später anschlossen. In allen anderen Bundesländern ist es weiterhin nicht erlaubt.

Christliche Idee der Gemeinschaft und Ausgrenzung als deren Kehrseite

So ganz neu ist das Gefühl von Zusammengehörigkeit in Verbindung mit Friedhöfen nicht, beruht seine Ursprungsidee doch auf der christlichen Glaubensgemeinschaft. Schon im Frühchristentum bis 500 n. Chr. war die Bestattung Aufgabe der christlichen Gemeinde, da sie zu den sieben «Werken der Barmherzigkeit» zählt. Auch später blieb es für das Seelenheil jedes Christen wichtig, mit den anderen Mitgliedern seiner ehemaligen Lebensgemeinschaft im geweihten Bezirk eines innerörtlichen Kirchhofs oder in einer Kirche beigesetzt zu werden. Die Regeln hierfür waren bis ins 18. Jahrhundert recht streng. Besaß jemand nicht die erforderlichen Voraussetzungen, wurde ihm die Bestattung innerhalb der Gemeinde verweigert. Das betraf Ungetaufte – hier vor allem Kinder –, Exkommunizierte, Ketzer, Kriminelle, Selbstmörder, Ehebrecher, Andersgläubige, Bettler, der Hexerei Verdächtige oder Angehörige «zweifelhafter» Berufsgruppen wie Gaukler oder Schauspieler. Das Gleiche galt für bestimmte «unehrliche» – gemeint sind «ehrlose» – Berufe wie Scharfrichter, Abdecker, Totengräber, Abortentleerer. Die Liste der Ausgrenzungen war lang …

Bis zur Reformation brachte diese religiös motivierte Regelung besonders Eltern ungetauft verstorbener Kinder in große seelische Bedrängnis, da auch die Kinderleichname ohne christliche Rituale nur außerhalb des Friedhofs begraben werden durften – alternativ auf der Grenze zwischen geweihtem und weltlichem Boden. Laut katholischer Lehrmeinung waren die kleinen Seelen dazu verdammt, auf alle Ewigkeit im Limbus infantium, der Vorhölle für ungetaufte

Kinder, verharren zu müssen. Damit war jede Hoffnung auf ein Wiedersehen mit der Familie im himmlischen Paradies zerschlagen. Findige suchten deshalb mit verschiedenen Praktiken, das Taufsakrament auf Umwegen zu erlangen: von Nottaufen «in utero» bis zu Wallfahrten mit kurzzeitiger «Wiederbelebung» zur Durchführung einer ansonsten irregulären Taufe. Als weitere Problemlösungen fanden ebenso Beerdigungen der Kinderleichen unter den Dachtraufen von Kirchen statt, da nach Vorstellung des Volksglaubens das vom Kirchendach herabrieselnde Regenwasser eine allmähliche Taufe vollzog und so die Erlösung der Kinder doch noch stattfinden konnte.[8] Erst 2007 erklärten die Theologen des Vatikans offiziell das Ende des Limbus infantium, und seitdem steht den ungetauft verstorbenen Kindern auch offiziell der direkte Weg ins Paradies offen.

Eine andere von Ausgrenzung betroffene Gruppe soll an dieser Stelle nicht unerwähnt bleiben. Ertrunkene und nicht mehr identifizierbare Seeleute, angeschwemmt an den ostfriesischen Küsten, wurden auf den deutschen Nordseeinseln seit dem 18. Jahrhundert auf speziellen Friedhöfen, den sogenannten Friedhöfen der Heimatlosen, unter ihresgleichen beigesetzt. Da ihre Taufe nicht vorausgesetzt werden konnte, versagten die kirchlichen Regeln ihnen eine Bestattung auf dem jeweiligen örtlichen Friedhof. Welche Bedeutung der Beisetzung innerhalb der christlichen Gemeinschaft allerdings beigemessen wurde, zeigt ein kleines Schmuckstück: Um dem Schicksal des Heimatlosen-Friedhofs zu entgehen, trugen viele Seemänner einen goldenen Ohrring mit eingearbeiteten Initialen – quasi

als Sterbeversicherung. Dieser sollte nicht nur im Unglücksfall als Ausweis für die Taufe gelten, sondern auch die Kosten eines christlichen Begräbnisses decken. Gleiches traf übrigens ebenso auf Zimmermänner während der Walz zu. In Anbetracht der heutigen Bestattungspreise undenkbar.

Diese Ausgrenzungen von Konfessionslosen oder Andersgläubigen auf kommunalen wie kirchlichen Friedhöfen gehören mittlerweile grundsätzlich der Vergangenheit an. Nicht nur, weil sich die deutsche Mehrheitsgesellschaft in der Regel immer weniger als eine christliche Glaubensgemeinschaft empfindet, die den Friedhof als Ort der Zusammengehörigkeit reklamiert. Sondern auch, weil jeder Verstorbene, auch der ehemals Ausgegrenzte, das Recht auf eine würdige Beisetzung hat, mehr noch: Diese ist sogar verpflichtend.

Angesichts der zunehmenden Pluralität in der Gesellschaft besonders durch den Zuzug von Menschen verschiedener Kulturen, Ethnien und Religionen in den vergangenen Jahrzehnten gilt es, Wege zu finden, mit den unterschiedlichen Bestattungsformen angemessen umzugehen und damit zu einer gelingenden Integration beizutragen. Noch sind gerade bei muslimischen Verstorbenen Rückführungen in die Heimat üblich. Aber immer mehr Einwanderer leben nicht nur in Deutschland, sondern möchten hier auch ihre letzte Ruhe finden. Aufgrund der großen Vielfalt der kulturellen Gruppen scheint es unmöglich, allen nicht-christlichen Gemeinschaften oder speziellen christlichen Glaubensgruppen eigene Friedhöfe anzubieten.

Jüdische Gemeinden verwalten zwar seit dem Mittelalter ihre Friedhöfe selbst, für andere religiöse Minderheiten werden zunehmend separierte Areale unter Berücksichtigung der jeweiligen Bestattungsvorgaben auf bestehenden kommunalen Friedhöfen eingerichtet. Beispielsweise besitzt der Bonner Nordfriedhof seit 2018 ein spezielles Grabfeld für Yeziden mit 130 Plätzen, die entsprechend deren Glaubensregeln alle gen Sonnenaufgang gerichtet sind. Auch Friedhöfe in konfessioneller Trägerschaft öffnen sich: So konnten 2024 beispielsweise auf dem evangelischen Friedhof Norrenberg in Wuppertal die ersten muslimischen Mitbürger in einem eigenen Grabfeld, ausgestattet mit der notwendigen Infrastruktur, beigesetzt werden.

Dieses Modell des «Friedhofs im Friedhof», wie es Reiner Sörries nennt[9], bietet Migranten die Möglichkeit, ihre eigenen Rituale an einem festgelegten Ort zu praktizieren. Die eigenständigen Bereiche werden weniger als Einrichtungen der Ausgrenzung oder Absonderung begriffen, sondern vielmehr als Anerkennung der speziellen kulturellen Bedürfnisse. Zugewanderte wertschätzen sie als Räume der Zusammengehörigkeit und der Identifikation in der Fremde, ähnlich den jeweiligen Stadtteilen zu Lebzeiten. «Migranten teilen mit ihren Schicksalsgenossen wohl das Gefühl der Fremde, doch bleiben sie auf ihren Friedhöfen zumindest mit ihnen vereint. Friedhöfe bilden ein Stück Heimat in der Fremde».[10]

Und trotz aller Unterschiedlichkeit in Herkunft und Religion haben alle auf einem kommunalen Friedhof Bestatteten wiederum meist einen gemeinschaftlichen Hintergrund: Gemäß fast aller Friedhofssatzungen vereint dieser Platz der letzten Ruhe ausschließlich Ortsansässige.

Auch wenn es auf kommunalen Friedhöfen mittlerweile keine Beschränkungen für Konfessionslose und Andersgläubige mehr gibt, bleiben die christlichen Wurzeln des Ortes in der entsprechenden dominierenden Ikonografie auf den Grabsteinen bisher noch sichtbar. Nur nebenbei bemerkt: Nach wie vor kennzeichnen meist eine Anhäufung kleiner Kreuze Friedhöfe als kartografische Signatur auf Landkarten und Stadtplänen.

Der Begriff des Gemeinschaftsgrabes ist zudem noch immer mit seinen religiösen Wurzeln verbunden, wenn etwa der § 22 der Kölner Friedhofssatzung zu Gemeinschaftsgrabstätten erklärt: «Auf Friedhöfen können im Rahmen der vorhandenen Möglichkeiten Gemeinschaftsgrabstätten mit mindestens zehn Einzelgrabstätten eingerichtet und religiösen oder karitativen Gemeinschaften mit gemeinsamem Hausstand zugewiesen werden.»[11] Solche Einschränkungen oder Spezialisierungen sind mittlerweile aus anderen Friedhofsverordnungen gestrichen worden.

Ruhestätte der Schwestern vom Guten Hirten, Friedhof Melaten, Köln

Allerdings lassen sich Gemeinschaftsgräber für religiöse Vereinigungen, besonders die von verschiedenen Schwesternorden, heute noch auf etlichen Friedhöfen finden. Untergebracht in einem abgegrenzten Bezirk, gruppieren sich die Gräber um ein herausragendes Kreuz. Auf einheitlichen einfachen Grabzeichen sind sowohl die Ordens- wie die weltlichen Namen der Verstorbenen mit den Lebensdaten zu lesen. Vom 19. bis ins 20. Jahrhundert bildeten speziell diese Verbindungen unverheirateter Frauen eine tragende Säule in sozialen Diensten wie Kindergarten- und Schulbetreuung und natürlich der Krankenpflege. Es ist naheliegend, dass Menschen, die ihr erwachsenes Leben nach den Regeln einer spirituellen Gemeinschaft ausrichten, ebenso in räumlicher Nähe – einem Familiengrab nicht unähnlich – bestattet werden möchten. Eine entsprechende Separierung weisen auch die Gräber örtlicher Pfarrer auf, allerdings üblicherweise mit deutlich mehr individuellen Informationen und Danksagungen der kirchlichen Gemeinde.

Die Wahl des Bestattungsortes wird zum Bekenntnis

Obwohl Grabgemeinschaften eine lange Tradition haben, war die Gründung des Vereins MEMENTO e.V. 1995 in Hamburg für die neuere Entwicklung von großer Bedeutung.

Bis heute ist es dem Verein ein Anliegen, an AIDS Verstorbenen eine würdige Ruhestätte in Gemeinschaftsgrabstätten anzubieten. Was anfangs stärker vom Gefühl des Gedenkens an die Verstorbenen geleitet war, zeigt sich gegenwärtig als ein klares Bekenntnis zur Zusammengehörigkeit auch der Lebenden. Seit 2021 sind die Grabstätten für Menschen der LSBTIQ*-Community und alle anderen geöffnet, die sich diesen beiden Gruppen in besonderer Weise verbunden fühlen, sowie Partnern und Partnerinnen oder leiblichen Verwandten der beigesetzten Personen.[12]

Ein ähnliches Beispiel bildet der «Garten der Frauen», ebenfalls angesiedelt auf dem Ohlsdorfer Friedhof in Hamburg. Zunächst war es das Bestreben des Vereins Garten der Frauen e. V., an bedeutende Frauen der Hansestadt zu erinnern und ihre Leistungen für die Hansestadt zu würdigen.[13] Hierzu wurde 2001 ein etwa 1700 m² großes Gelände mit 86 historischen Grabsteinen eröffnet. Daneben stehen aktuell 402 Grabstellen für die weiblichen Mitglieder des Vereins zur Verfügung, die sich jeweils ausgerichtet auf einen historischen Grabstein beisetzen lassen können.

> *«Denn wenn etwas uns fortgenommen wird, womit wir tief und wunderbar zusammenhängen, so ist viel von uns selber mit fortgenommen. Gott aber will, daß wir uns wiederfinden, reicher um alles Verlorene und vermehrt um jeden unendlichen Schmerz.»*
>
> **Rainer Maria Rilke** in einem Brief an die Prinzessin von Schönaich-Carolath, Paris, 7. Mai 1908

Ein Statement für die eigenen Belange formuliert die Gemeinschaftsanlage für lesbischen Frauen auf dem historischen Friedhof Georgen-Parochial I in Berlin am Prenzlauer Berg mit etwa 80 Grabplätzen sowohl für Urnen- wie für Sargbestattungen. Diese Anlage ist ebenfalls von der Absicht geleitet, passende Formen einer Friedhofskultur für Lesben zu entwickeln. In allen genannten Beispielen geht es besonders um das Eintreten der Gruppenmitglieder füreinander und für gesellschaftliche Rechte. Gerade in der Abgrenzung betonen Gleichgesinnte ihre Gemeinschaft und das starke Gefühl der Verbundenheit, das sich auf dem Friedhof in der gegenseitigen finanziellen und emotionalen Fürsorge ausdrückt, wie etwa in der Übernahme der Grabpflege oder vergünstigten Bestattungskosten.

Nur der Tod ist umsonst

Bestattungen waren schon immer mit Kosten verbunden: So sorgten sich bereits die Menschen in der Antike um eine standesgemäße Beisetzung in einer Grabanlage. Zahlungen in die Sterbekasse «Collegia funeratica» stellten hierfür eine Absicherung dar.

Das hat sich über die Jahrhunderte prinzipiell nicht geändert. Je vermögender ein Verstorbener war, umso aufwendiger gestaltete sich die Bestattung und später die Grabausstattung. Arme Familien waren dagegen häufig auf die Hilfe von Stiftungen angewiesen. Falls niemand zur Kostenübernahme bereit war, wurde so mancher Tote zum heimlichen Vergraben ohne christlichen Segen vor die Stadt gebracht.

Wie wir wissen, galt allerdings für das christliche Seelenheil eine würdige Beerdigung in geweihter Erde als unumgänglich. Aus diesem Grunde entwickelten sich verschiedene Möglichkeiten der Toten- und Bestattungsfürsorge, die von Region zu Region unterschiedlich ausfallen konnte. Seit dem Mittelalter sorgten vor allem im ländlichen Umfeld Nachbarschaften für eine ordnungsgemäße Beisetzung. Falls man nicht berufsbedingt einer Zunft angehörte, war in den Städten der Beitritt in eine Bruderschaft mit eigener Totenfürsorge und eigenen Grabplätzen vorteilhaft und üblich. So sind gegen Ende des 15. Jahrhunderts für Köln 119 dieser Genossenschaften nachweisbar, für Hamburg 100.[14] Wie bei Handwerkerzünften entstammten die «Brüder» häufig einem ähnlichen Berufszweig. Noch heute befindet sich auf dem Ohlsdorfer Friedhof in Hamburg eine Grabstätte der Schiffergesellschaft «Kasse von Achten», deren Ursprung bis in das Jahr 1492 zurückreicht.[15]

Diese Zusammenschlüsse von Laien übernahmen neben karitativen Aufgaben vor allem den Dienst der Fürbitten und garantierten ihren Mitgliedern ein ehrliches Begräbnis mit den notwendigen Zeremonien. Als Sterbekassen, auch Totenladen[16] genannt, kamen sie für die Bestattungskosten, die Infrastruktur der Beerdigung und die Pflege der gemeinsamen Grabstätte ihrer Mitglieder auf. Teilweise kauften sie zusätzlich für Arme eigene Begräbnisstätten an.

Obwohl sich durch die Reformation die religiöse Bedeutung dieser Solidargemeinschaften in einigen Gegenden verringerte, überdauerten sie vor allem in ihrer Funktion als Totenladen zum Teil bis zum Ende des 19. Jahrhunderts. Nach ihrer Auflösung erwies sich die Idee der genossenschaftlichen Sterbevorsorge mit Gemeinschaftsgrab weiterhin als tragbares Konzept. So setzten zahlreiche der anschließend neu gegründeten Sterbekassen – in Pirmasens 1864 «Leichengeldanstalt» genannt – ihre Tätigkeit als Selbsthilfeeinrichtungen fort. Ähnliches galt für Berufsgenossenschaften oder Stiftungen aus dem karitativen Umfeld. Bis auch diese von den aufkommenden Sterbegeld- und Krankenversicherungen allmählich abgelöst wurden.

Im geschichtlichen Vergleich hat die gesellschaftliche oder genossenschaftliche Bestattungsfürsorge aktuell stark abgenommen und wird üblicherweise eher noch durch das familiäre Umfeld ersetzt. Selbst wenn es heute andere Vorsorgemöglichkeiten wie eben Sterbegeldversicherungen gibt, spielen die Aspekte der Kosten und der Grabpflege nach wie vor eine sicher nicht unerhebliche Rolle – vor allem nach dem Wegfall des Sterbegeldes der gesetzlichen Krankenversicherung 2004. Und an dieser Stelle setzen die neu entwickelten sogenannten Themengärten an.

Rosenhaine, Auengarten oder Lichtung der Farben – neue Grabgemeinschaften locken

Während Familiengräber seit Jahren einen Bedeutungsverlust erleiden, ist ein zunehmender Trend zu besonderen Gräbergemeinschaften als Reaktion auf die sich ändernden Bestattungswünsche zu verzeichnen. Von Friedhofsverwaltungen in Kooperation mit friedhofsbezogenen Berufsgruppen wie Steinmetzen und Friedhofsgärtnern initiiert, scheinen sie einen Nerv der Zeit getroffen zu haben.

Egal, ob diese Gemeinschaftsanlagen Memoriam-[17], Bestattungs- oder Ruhegärten heißen – sie bilden kleine einheitliche Grabinseln inmitten von traditionellen Reihen- und Familiengräbern mit bis zu höchstens 40 Einzelgrabstellen. Die durchschnittliche Anzahl liegt allerdings weit darunter. Die seit einigen Jahren deutlich bevorzugten Urnenbeisetzungen mit ihrem geringeren Flächenbedarf begünstigen diese Entwicklung, obwohl es – wenn auch eher selten – Angebote für Sargbeisetzungen in derartigen Gemeinschaftsanlagen gibt.

Diesen alternativen Weg der Bestattung markierte zu Beginn des neuen Jahrtausends der Karlsruher Hauptfriedhof als einer der ersten mit dem Landschaftsgräberfeld «Mein letzter Garten», in dem auf einer Fläche von etwa 5000 m² neue Grabstätten dezent in eine Landschaft mit altem Baumbestand eingefügt wurden.[18] Wichtig war den Mitgliedern des initiierenden Vereins zur Pflege der Friedhofs- und Bestattungskultur e. V. in Karlsruhe der ruhige, harmonische Gesamteindruck mit nahezu meditativem Charakter. In der Zwischenzeit erweitern die Grabfelder «Vier Jahreszeiten» oder «Der Kerzenhain» die Themenauswahl.

Zwanzig Jahre später hat sich diese Idee bundesweit auf vielen Friedhöfen durchgesetzt. Gemein ist ihnen allen zunächst einmal eine überschaubare Größe und eine einheitliche Gestaltung, die sich häufig an einem meist poetischen Motto orientiert: Schmetterlings- oder Bauerngarten, Rosenhain oder Spuren der Erinnerung. Einige der Angebote beziehen ausdrücklich ökologische Aspekte durch eine insektenfreundliche Bepflanzung ein. Die angestrebte harmonische Atmosphäre ergibt sich durch eine bewusste Homogenität der bildhauerisch angemessenen und gärtnerisch sehr gepflegten Gesamtanlagen, die teilweise mit passenden Sitzgelegenheiten oder sogar Bücherschränken

Bestattungsgarten auf dem Südfriedhof, Köln

ausgestattet sind. Eine freundliche, friedliche Stimmung in einem angenehmen Umfeld sehen die Organisatoren als wichtige Voraussetzung für eine gelingende Trauer- und Erinnerungskultur an. Und damit dieses so bleibt, ist die Pflege beim Kauf einer Grabstelle in einer Gemeinschaftsanlage inklusive, auch wenn manchmal kleine Arbeiten am Grab nach Absprache individuell durchgeführt werden können. Quasi eine Rundumbetreuung, die an die Situation in Eigentumswohnanlagen mit Gärtner und Reinigungspersonal erinnert.

Diese Grabanlagen stehen allen Menschen ohne Vereins- oder Genossenschaftsbindung offen, so dass sich die immer wieder angesprochene Gemeinschaft durch Zufall konstituiert, da die Bestatteten zu Lebzeiten in keiner Verbindung zueinander stehen mussten. Das Zusammengehörende ergibt sich allein aus den Vorlieben der Verstorbenen, nach denen diese selbst oder ihre Angehörigen die Gemeinschaftsgrabanlage thematisch oder ästhetisch als Beisetzungsort auswählen.

Die Strukturen aller Gemeinschaftsgärten ähneln sich. Entweder sind sie auf ein zentrales Grabzeichen hin orientiert, an dem das halbanonyme Anbringen von Namensplaketten vorgesehen ist, oder die kleinen Grabstätten mit Einzelgrabsteinen ordnen sich in Reihen. In seltenen Fällen sind sogar anonyme Begräbnisse möglich. Auf Wunsch können diese im Beisein der Angehörigen durchgeführt werden, die dann den genauen Ruheort des Verstorbenen erfahren – im Gegensatz zu einer namen- und zeichenlosen Rasenfeldbestattung.

Der Wunsch, eine attraktive Alternative zu ebensolchen anonymen Beisetzungen zu schaffen, führte zur Entwicklung dieses Gräbertyps, der aktuell mit eingängigen Slogans wie «Gemeinsam statt einsam»[19] beworben wird. Vermutlich zielt der Spruch auf das Verbindende zwischen dem Verstorbenen und seinen Angehörigen oder soll vielleicht auch daran erinnern, dass durch das Namensschild der Verstorbene im öffentlichen Gedächtnis der Gemeinschaft bleibt. Dass sich das Gemeinsame auf die Zusammengehörigkeit der zufällig nebeneinander Bestatteten bezöge, darf wohl ausgeschlossen werden.

Viel Raum für Eigenes bleibt indes nicht: Fast alles ist festgelegt und vorgeschrieben. Nach der persönlichen Wahl eines der angebotenen Themen beschränkt sich das Individuelle meist auf die Gestaltung des Namensschriftzugs oder die Höhe oder Form des Grabsteins. Platz für Grabbeigaben oder Blumenschmuck ist – wenn überhaupt – nur teilweise gegeben, manchmal an zentraler Stelle vorgesehen.

Das mag die Kehrseite eines Bestattungsmodells sein, das sicher eine gute Option zwischen einem pflege- und kostenintensiven Familiengrab und einem anonymen Aschefeld oder Baumgrab darstellt. Denn immerhin befinden sich diese «Gemeinschaftsgräber» auf Friedhöfen, meist in der Nähe der Hinterbliebenen – für viele gerade ältere Angehörige ein triftiges Argument. Ein weiterer Nachtteil könnte in der bisher kaum verlängerbaren Belegungsdauer bestehen.

Die Idee, dass es sich besser unter gleichgesinnten Menschen oder solchen mit einer ähnlichen Vergangenheit oder einem gemeinsamen Geschmack liegen lässt, hat Friedhofsbetreiber zu weiteren speziellen Angeboten angespornt, die sich an besonderen Bedürfnissen von Menschen ausrichten. Und ähnlich beworben werden.

Zu den neuen Friedhofsformaten gehören etwa in Hamburg oder Gelsenkirchen sogenannte Fußballfriedhöfe.

Natürlich sind Fußballfans bekanntermaßen mit Leib und Seele ihrem Lieblingsclub verbunden, so dass diese Liebe nicht unweigerlich mit dem Tod aufhört. Und deshalb erscheint die Entstehung eines Gräberfeldes eigens für die Anhänger des Fußballclubs HSV in Hamburg 2008 nur folgerichtig – als erste große Gemeinschaftsanlage dieser Art in Europa. Sie liegt in der Nähe des Volksparkstadions auf dem Hauptfriedhof in Hamburg-Altona, ist in der Form einer Fankurve gestaltet, mit entsprechenden Fußballaccessoires ausgestattet und selbstverständlich in den Vereinsfarben Blau, Weiß und Schwarz gehalten.

Ein ähnliches Ideal des «You'll never walk alone» beglückt seit 2012 die Fans in Gelsenkirchen. Das «Schalke FanFeld» auf dem Friedhof in Beckhausen-Sutum ganz in der Nähe zur Veltins-Arena ist eine in den Vereinsfarben Blau-Weiß gestaltete Anlage für Urnen- und Reihengräber, die sich an der Form eines Stadions orientiert. Sie richtet sich an alle Schalke-Fans und deren Angehörige. Wie bei Gemeinschaftsanlagen üblich, sind auch hier Pflege und Gestaltung während der gesamten Belegungsdauer sichergestellt.

Vorbilder gibt es gleich mehrere in Europa: In Amsterdam findet sich auf dem kommunalen Friedhof in Westgaarde eine Fläche in der Größe eines Strafraumes mit Rasenstücken aus dem Stadion von Ajax Amsterdam, auf die die Asche der verstorbenen Fans ausgestreut werden kann. In Großbritannien geht man beim Bristol City FC, beim Everton FC aus Liverpool, beim FC Chelsea oder bei West Ham United einen Schritt weiter und begräbt die Fan-Asche direkt unter dem Rasen der Spielfelder. Nicht nur symbolisch bereiten die Fans ihren Spielern also den Boden für künftige Erfolge.

Neben lebensbegleitenden Hobbies werden beim Themenangebot für Grabfelder ebenso spezielle Berufsgruppen bedacht. Zu den Berufszweigen mit einem besonderen Ethos gehörte sicher der Kohlebergbau. Trotz fortschreitender technischer Modernisierungen blieben Vertrauen und Verlässlichkeit bei der Ausübung dieser gefährlichen Tätigkeit unter

Tage seit jeher eine absolute Notwendigkeit, die zu einem großen Zusammenhalt der Bergleute geführt hat. Aktuell in Bau befindet sich auf dem Ostfriedhof in Bottrop ein Bergmann-Gräberfeld sowohl für Urnen wie für Särge, das neben Einzelgräbern bis zu 320 Partnergräber umfassen soll. Das Areal ist nicht nur zum Andenken an verstorbene Bergleute gedacht, sondern soll auch an die prägende Kohletradition des Ruhrgebiets erinnern. Unterstreichen wird diese Intention eine Metall-Feuer-Säule, die anlässlich der Schließung des letzten deutschen Steinkohlebergwerks, der Bottroper Zeche «Prosper-Haniel», angefertigt worden ist. Überdies sind für das Gräberfeld Informationstafeln geplant, die auf die ehemaligen Zechen verweisen – mit entsprechenden Entfernungsangaben zu den Gräbern der Bergleute.

Dass Menschen nach dem Tod nicht nur die Nähe von ihresgleichen suchen, zeigen Gemeinschaftsgrabanlagen, in denen sie mit ihrem treuen Weggefährten, dem geliebten Haustier, beigesetzt werden können. Einige Friedhofssatzungen erlauben bereits die Bestattung in einem gemeinsamen Grab, allerdings ist ein Hinweis auf das Tier dort bisher ausgeschlossen.[20] Der Hamburger Friedhof in Ohlsdorf wirbt nun mit einem speziellen Gemeinschaftsgarten für Mensch und Tier, in dem an beide gleichberechtigt auf Grabsteinen erinnert wird. Das eingeäscherte Tier gilt zwar immer noch offiziell als Grabbeigabe, kann aber bereits vor dem Ableben seines Besitzers in der Grabstelle vergraben werden. Passend fällt übrigens die Wahl der Bepflanzung aus: Hundsrose und Katzenminze. Dass ein Mensch mit seiner den Tod überdauernden Tierliebe in erlauchter Gesellschaft ist, belegt ein Blick in die Geschichte. Auch Preußens König Friedrich II., der Große oder «Alter Fritz» genannt, wünschte die eigene Bestattung in direkter Nähe zu seinen geliebten Windhunden. Allerdings musste er 205 Jahre darauf warten, bis er endlich 1991 nach einer Umbettung aus der Potsdamer Garnisonskirche in einer Gruft unter der Terrasse von Schloss Sanssouci neben seinen Hunden die ersehnte letzte Ruhestätte fand.

Das Bestattungsspektrum ist heute so groß und individuell wie nie zuvor. Die vorgestellten Beispiele lassen sich mühelos um ein Vielfaches erweitern. Darauf soll hier verzichtet werden; und doch darf ein weiterer gemeinschaftlicher Beisetzungsort nicht unerwähnt bleiben. Sicher kann man ihn nicht direkt den Grabgemeinschaften zurechnen, aber auch er bildet wie die Themengärten eine kleine Einheit im Mikrokosmos Friedhof: das Kolumbarium. Wegen der Ähnlichkeit mit einem Taubenschlag diente dieser schon in der Antike als Namensgeber für die Nischenwände mit übereinander gereihten Grabkammern. Zeitgemäßer wäre heute eine sprachliche Annäherung an Schließfächer, wie man sie in Bahnhöfen oder Schwimmbädern findet. Kolumbarien entstehen zunehmend auf zahlreichen Friedhöfen zur Aufnahme der wachsenden Anzahl von Urnen, werden in südlichen Ländern aber ebenso zur Sargbestattung genutzt. So ganz neu ist ihre Einrichtung in Deutschland nicht. Nach dem Bau des ersten Krematoriums in Gotha 1878 wurden auf Friedhöfen einiger größerer Städte um die Jahrhundertwende bereits eigenständige Urnengebäude geschaffen. Gegenwärtig werden solche Elemente meist als verschließbare Schrankeinheiten im Freigelände von Friedhöfen neu aufgestellt, oder es kommt zu ihrem Einbau in ausgedienten Trauerhallen oder Friedhofskapellen. Auch außerhalb von Friedhöfen integrieren seit 2004[21] immer häufiger christliche Gemeinden diese Urnenwände in ihre Kirchen, so dass die spirituelle Gemeinschaft der Lebenden und der Toten eine räumliche Entsprechung erhält – selbst wenn nach katholischem Kirchenrecht Beisetzungen und Gottesdienste in getrennten Raumeinheiten stattfinden sollen. Letztendlich haben Bestattungen in Kirchen aber eine lange Tradition, die hier eine moderne Fortsetzung findet. Je nach Gestaltungsstil sind die Namen und Lebensdaten der Verstorbenen auf den Nischentüren oder in der Nähe angebracht. Wie bei den Themengärten erfolgt ihre Belegung mit Urnen zufällig, so dass sich die Gemeinsamkeit der Verstorbenen auf die kollektive Nutzung dieser baulichen Einrichtung begrenzt. Der

Kolumbarium mit Urnenkammer in der 2024 umgestalteten alten Trauerhallte, Friedhof Melaten, Köln

Entscheidung für diesen Ruheort können sowohl praktische wie ästhetische oder emotionale Vorstellungen zugrunde liegen. Und natürlich last not least finanzielle.

Nachklang

Der Mensch ist ein Herdentier. Trotz aller Individualisierungsbestrebungen rund um den Tod bleibt er in der Gemeinschaft beheimatet. Die erwähnten gemeinschaftlich genutzten Gräber oder Grabfelder sind Beispiele für sein kollektives Bedürfnis. Waren die Gemeinschaften der deutschen Mehrheitsgesellschaft bis ins 20. Jahrhundert von einem übergeordneten religiösen Regelwerk geprägt, so orientieren sich Menschen bei der Auswahl ihrer Grabstellen zurzeit stärker an eigenen Wünschen, Vorlieben und Bedürfnissen. Hobbies, Berufe, Ideologien, sexuelle Identitäten und Geschmack bestimmen ihren Platz in der After-Life-Gemeinschaft.

Anders verhält es sich mit Menschen aus anderen Kulturen, für die der gemeinsame Glaube, gesellschaftliche Regeln und Bräuche häufig eine deutlich wichtigere Rolle spielen. Diese vertrauten Strukturen vermitteln ihnen in der Fremde ein Stück Heimat, die sich wiederum in der friedhöflichen Gemeinschaft spiegelt.

Dass der Mensch auch auf dem Friedhof zur Gruppenbildung neigt, zeigt sich nicht zuletzt sogar in Arealen mit freien Gestaltungsmöglichkeiten. Nur so lässt es sich erklären, dass bestimmte Dekorationselemente in manchen Nachbarschaften geballt auftreten: Leuchttürme ziehen Leuchttürme an, so wie Schiffe und Tonkugeln selten ohne ähnliche Motive auf Gräbern in der Umgebung auskommen. Selbst Kiesgräber laden recht bald zur Nachahmung ein. Um das anfängliche Bild der Stadtgemeinschaft noch einmal aufzugreifen: Hier lassen Vorgärten aus Vorstadt-Reihenhaussiedlungen grüßen. Warum sollte es auf einem Friedhof anders sein? Manchmal liegen eben das vermeintlich Individuelle und das Serielle gar nicht weit auseinander.

Gemeinschaft hat eben etwas Tröstliches – egal ob familiär oder nicht. Und sollte deshalb gepflegt werden.

O lieb', solang du lieben kannst!

O lieb', so lang du lieben kannst!
O lieb', so lang du lieben magst!
Die Stunde kommt, die Stunde kommt,
Wo du an Gräbern stehst und klagst!

Und sorge, daß dein Herze glüht
Und Liebe hegt und Liebe trägt,
Solang ihm noch ein ander Herz
In Liebe warm entgegenschlägt!

Und wer dir seine Brust erschließt,
O thu ihm, was du kannst, zu lieb!
Und mach' ihm jede Stunde froh,
Und mach' ihm keine Stunde trüb!

Und hüte deine Zunge wohl,
Bald ist ein böses Wort gesagt!
O Gott, es war nicht bös gemeint, –
Der Andre aber geht und klagt.

O lieb', so lang du lieben kannst!
O lieb', so lang du lieben magst!
Die Stunde kommt, die Stunde kommt,
Wo du an Gräbern stehst und klagst!

Dann kniest du nieder an der Gruft
Und birgst die Augen, trüb und naß,
– Sie sehn den Andern nimmermehr –
Ins lange, feuchte Kirchhofsgras.

Und sprichst: O schau' auf mich herab,
Der hier an deinem Grabe weint!
Vergib, daß ich gekränkt dich hab'!
O Gott, es war nicht bös gemeint!

Er aber sieht und hört dich nicht,
Kommt nicht, daß du ihn froh umfängst;
Der Mund, der oft dich küßte, spricht
Nie wieder: Ich vergab dir längst!

Er that's, vergab dir lange schon,
Doch manche heiße Träne fiel
Um dich und um dein herbes Wort –
Doch still – er ruht, er ist am Ziel!

O lieb', so lang du lieben kannst!
O lieb', so lang du lieben magst!
Die Stunde kommt, die Stunde kommt,
Wo du an Gräbern stehst und klagst!

Ferdinand Freiligrath (1810–1876)
Lyriker und Schriftsteller

«Denkmalschutz und Denkmalpflege haben erkannt, dass Friedhöfe nicht (mehr) nur nach ortsgeschichtlichen oder künstlerischen Gesichtspunkten behandelt werden dürfen. Sie werden auch als Zeugnisse kultureller und gesellschaftlicher Entwicklungen erforscht und bewertet – als Ort der Trauer und des Gedenkens, aber auch als wichtiger Ort für die Lebenden.»

Marion Grams-Thieme

Gespräch mit Dr. Marion Grams-Thieme

Stellvertretende Stadtkonservatorin Köln i. R.

Friedhöfe, so wie wir sie kennen, sind gute 200 Jahre alt. In dieser Zeit hat sich das gesellschaftliche Verhältnis ihnen gegenüber und auch ihre Gestaltung durchaus verändert, besonders wenn man an die Friedhofsreform aus den 1920er Jahren denkt. Seit 2020 zählt die deutsche Friedhofskultur zudem zum immateriellen UNESCO-Kulturerbe. Welche Aufgaben und welches Interesse verfolgen in diesem Zusammenhang der Denkmalschutz bzw. die Denkmalpflege?
Friedhöfe sind wichtige Kulturzeugnisse, und es besteht zweifellos Einigkeit über die gesellschaftliche Verpflichtung, Friedhöfe als Gedenkorte zu erhalten und zu pflegen. Doch wirkt sich der Wandel in der Bestattungs-, Sepulkral- und Religionskultur vor Ort zunehmend sichtbar aus: Wenn die Lücken in ehemals homogenen Gräberfeldern vermehrt durch alternative Bestattungsformen geschlossen werden, verändert dies den Gesamteindruck und somit auch den Denkmalcharakter der Anlagen. Wenn historisch bedeutende Grabanlagen nicht weiterbelegt und in der Folge aufgegeben werden, ist auch Denkmalsubstanz gefährdet.

Die Abkehr von traditionellen Bestattungsformen und Hinwendung zu einem offeneren Umgang mit Friedhofs- und Bestattungskultur hat auch unter denkmalpflegerischen Gesichtspunkten zu einer Weitung des Blicks geführt.

Was verstehen Sie im Einzelnen darunter?
Das betrifft verschiedene Aspekte, die ich gerne kurz umreißen möchte. So werden Friedhöfe mittlerweile als

interdisziplinär zu erforschendes Thema betrachtet. Mit ihrer Vielzahl an künstlerischen Elementen, architektonischen und gärtnerischen Gestaltungen gehören sie als Dokumente für die Entwicklung der Bau-, Grabmal- und Gartenkunst sowohl in den Aufgabenbereich von Gartendenkmalpflege als auch in den des Baudenkmalschutzes bzw. der Baudenkmalpflege.

Des Weiteren ist ihr Stellenwert als Geschichtszeugnis unverzichtbar, denn sie geben anhand der dort beigesetzten Zeitzeugen auch eine Vorstellung von der jeweiligen Orts- oder Stadtgeschichte. Friedhöfe leisten ebenso einen Beitrag zur Integration, indem Mitbürgern anderer Kulturen auf eigenen Bestattungsfeldern Raum für die Ausübung ihrer Religion und ihrer Bestattungsriten gewährt wird.

Als oftmals einzige größere zusammenhängende Grünanlage in einem Stadtviertel tragen sie außerdem zur Verbesserung des Klimas bei und liefern als Lebensraum für Flora und Fauna einen wichtigen ökologischen und klimatologischen Beitrag im Bereich des Natur- und Artenschutzes. Schlussendlich bieten sie, besonders beruhigt und befriedet im Vergleich zu sonstigen Grün- und Parkanlagen, einen enormen Erholungswert für die Bevölkerung.

Sie sehen, wie umfangreich auch aus Sicht der Denkmalpflege die zu berücksichtigenden Faktoren sind.

Eine Möglichkeit des Denkmalschutzes, konkret zur Erhaltung von Friedhöfen beizutragen, besteht in deren Unterschutzstellung. In welcher Form und nach welchen Kriterien erfolgt eine solche Maßnahme?
Der erste Schritt zu einer Unterschutzstellung ist die Überprüfung des Denkmalwertes. Diese erfolgt von Amts wegen oder – im konkreten Fall – auf Anregung bzw. Antrag einer an einer Erhaltung und gegebenenfalls auch Nutzung einer Grabstätte interessierten Bürgerin oder eines Bürgers. Wenn diesem Antrag entsprochen werden kann, erfolgt die Aufnahme in die städtische Denkmalliste, und der Bürger erhält einen entsprechenden Bescheid. Da fast alle Kölner

Friedhofsanlagen als Gesamtensembles bereits seit Längerem unter Denkmalschutz stehen, ist die Prüfung von Amts wegen in der Regel nicht mehr erforderlich.

Geschützt wird immer die gesamte Fläche eines Friedhofes – mit allen Hochbauten (Trauerhallen, Kapellen, Verwaltungsgebäude usw.) sowie weiteren denkmalrelevanten Details wie etwa Einfriedungen, Wasserpumpen, Hochkreuzen, Skulpturen, Kriegerdenkmälern. Größere Gräberfelder für die Gefallenen der beiden Weltkriege – sowohl für die deutschen als auch ausländische Soldaten – sind ebenfalls Bestandteil des Denkmalumfangs. Schließlich werden sämtliche qualitätvollen Grabstätten und Grabdenkmäler aufgelistet und dem Unterschutzstellungstext als Anlage beigefügt. Eine solche Liste ist niemals abgeschlossen und kann stets auf der Grundlage weiterer Erkenntnisse und/oder Objekte fortgeschrieben werden.

Die Finanzierung von Friedhöfen wird zunehmend herausfordernder. Das gilt sicher auch für die Sanierung von kunsthistorisch bedeutenden Gräbern. Was kann helfen, die meist aufwendig gestalteten Denkmäler zu erhalten?

Pflege und Erhalt von Friedhöfen unterstehen dem Eigentümer, wobei es sich vorwiegend um Städte und Gemeinden handelt. Diese Pflege- und Erhaltungsverpflichtung bezieht sich nicht nur auf den Grünschnitt, sondern auch auf die Erhaltung aller denkmalgeschützten Grabanlagen und Sicherung der dazu gehörigen Denkmäler ohne Nutzer bzw. Nutzungsrecht. Zur Reduzierung dieser recht hohen Kosten hat die ehemalige Kölner Stadtkonservatorin Hiltrud Kier bereits im Jahr 1981, also schon ein Jahr nach Inkrafttreten des Denkmalschutzgesetz NRW (01.07.1980), auf dem Friedhof Melaten das Modell der Patenschaften eingeführt. Es wurde im Lauf der Jahre nicht nur auf die anderen Kölner Friedhöfe übertragen, sondern auch von vielen Städten übernommen: Personen oder Vereine können mit Zustimmung des Denkmalamtes Pate einer denkmalgeschützten Grabanlage werden. Sie erhalten damit das Recht, auf einer Grabstätte, für die kein Nutzungsrecht mehr besteht, selbst beigesetzt zu werden.

Nutzungsgebühren fallen erst bei einer Bestattung an. Im Gegenzug dazu besteht die Verpflichtung, die Anlage mit Übernahme der Patenschaft in Abstimmung mit dem Denkmalamt instand zu setzen und zu unterhalten. Ziel ist es, den Aussagewert der Grabstätte zu bewahren. Dazu gehört der Erhalt der Originalsubstanz aller denkmalrelevanten Bestandteile bzw. deren behutsame Restaurierung unter Wahrung des Ortes, der Materialität und auch der sichtbaren Erhaltung der originalen Inschriften. Neue Beisetzungen werden zum Beispiel in Form einer Liegeplatte oder einer Inschrift, die die historische nicht beeinträchtigt, gekennzeichnet.

Für die jeweilige Nutzungsdauer sind die Vorgaben im Bundesgebiet unterschiedlich. Für Köln gilt für diese Grabstätten beispielsweise eine Nutzungsfrist von 25 bzw. 30 Jahren. Die Frist kann auf Antrag auch verlängert werden.

Die Nutzungsdauer endet, wenn die Patenschaft zurückgegeben wird oder – was leider ebenfalls vorkommt – der Pate verstirbt und niemand die weitere Pflege der Grabstätte übernehmen möchte. Die Instandhaltung bzw. Sicherung der Anlage erfolgt dann wieder durch die Stadt, bis ein neuer Nutzer sein Interesse anmeldet.

Auffallend ist auf Friedhöfen die wachsende Gestaltungs- und Materialvielfalt bei der Herstellung von Grabmalen. Kann sich die Denkmalpflege bereits heute für ihre zukünftige Arbeit darauf einstellen?

Auf Friedhöfen beschränkte sich der Forschungsschwerpunkt vorwiegend auf die älteren Gattungen, deren besonderer Zeugniswert aufgrund ihres Alters, der Gestaltung und hochwertigen Materialien sowie der umfangreichen Inschriften überzeugte.

Während man im Bereich der öffentlichen Bauten und der Kunst im öffentlichen Raum bezüglich der letzten

Jahrzehnte auf einem guten Weg ist, wurden Friedhöfe in Bezug auf die Sichtung der neueren Epochen leider eher stiefmütterlich behandelt. Hier stand nicht das Einzel(grab-)denkmal, sondern die Charakteristik der Gesamtanlage im Vordergrund.

Gerade die modernen Beispiele, die auch mit neuen Formen und Materialien experimentieren, bereichern aber die Vielfalt der Friedhofsanlagen und setzen Akzente in einem manchmal recht uniform historistisch geprägten Umfeld. Sie bedürfen dringend einer intensiven Prüfung und Erforschung, was die Behörden personalbedingt leider nicht leisten können. Gut ist es dann, wenn ein Bürger- oder Förderverein wertvolle Anregungen und Unterstützung anbieten kann. Dennoch würde ich mir wünschen, dass hier auch von amtlicher Seite mehr unternommen wird.

Die Umsetzung des Denkmalschutzes stellt man sich im Allgemeinen als recht nüchterne Angelegenheit mit Bestandsaufnahme und Katalogisierung der schützenswerten Objekte vor. Haben Sie denn schon einmal in diesem Zusammenhang ungewöhnliche Situationen auf dem Friedhof erlebt?
Da denke ich beispielweise an Begegnungen mit «speziellem» Grabschmuck oder Grabbeigaben wie etwa die pinkfarbene Bank am Grab eines bekannten Kölner Comedians, Grabdenkmäler von Karnevalisten oder Erinnerungsstätten der Kölner Traditionscorps mit nahezu lebensecht in ihren charakteristischen Uniformen ausgeführten Darstellungen, den Schal des Lieblingsfußballvereins oder ein Fläschchen des Lieblingslikörs als Urnenbeigabe. Als «Amtsmensch», der sich in seinem Berufsleben eher mit Fragen der «reinen» Denkmallehre beschäftigt, ist man anfangs ein wenig verwundert.

Man sollte sich aber bewusst machen, dass mit jedem Grabstein einem Menschen ein «Denkmal» gesetzt wurde. In seiner Art und Gestaltung soll es oftmals etwas vom Wesen der Person und von ihren Besonder- oder Eigenheiten widerspiegeln. Die auf diese Weise zum Ausdruck gebrachte Wertschätzung sollte man nicht hinterfragen oder gar belächeln, sondern als Bereicherung erkennen.

Herzlichen Dank!

Dr. Marion Grams-Thieme schloss ihr Studium der Kunstgeschichte in Köln mit einer Dissertation über «Lebendige Steine – Studien zur niederländischen Grisaillemalerei des 15. und frühen 16. Jahrhunderts» ab. Von 1989 bis 2021 arbeitete sie beim Amt für Denkmalschutz und Denkmalpflege der Stadt Köln, zunächst als Gebietsreferentin und ab 2013 als stellvertretende Stadtkonservatorin. Während dieser Berufstätigkeit betreute sie zahlreiche namhafte Denkmalschutzprojekte wie die Sanierungen des Gürzenichs, des Historischen Rathauses und des Spanischen Baus. Aktuell beschäftigt sie sich u. a. ehrenamtlich mit der Erforschung und dem Erhalt von Friedhöfen und engagiert sich im Vorstand eines Friedhofs-Fördervereins.

Familiengrab Walk: Stele «Alle Zeit ist nun Gegenwart», 1954
Bildhauer: Anno Walk, Friedhof Melaten, Köln

ALLE
ZEIT
IST NUN
GEGEN-
WART

Und ich sah einen neuen Himmel und eine neue Erde; denn der erste Himmel und die erste Erde sind vergangen, und das Meer ist nicht mehr. (…) Und Gott wird abwischen alle Tränen von ihren Augen, und der Tod wird nicht mehr sein, noch Leid noch Geschrei noch Schmerz wird mehr sein; denn das Erste ist vergangen. Und der auf dem Thron saß, sprach: Siehe, ich mache alles neu!

Offenbarung 21,1-5[1]

Friedhöfe und der Trost des Glaubens

Wohin gehen wir, wenn unser Leben sich dem Ende entgegenneigt? Diese Grundfrage der menschlichen Existenz fällt von jeher ins Ressort der Religionen – in Mitteleuropa ist dies seit anderthalb Jahrtausenden das Christentum, institutionell vertreten vor allem durch die römisch-katholische Kirche, durch die orthodoxen und seit der Reformation auch durch die verschiedenen protestantischen Kirchen. Wie die Antworten auf diese Frage ausfallen, spiegelt sich naturgemäß auch auf den Friedhöfen wider.

Doch wie hält man es eigentlich heute mit der Religion? Auf Gretchens klassische Frage gibt es mittlerweile viele Antworten, und wir sind da noch gar nicht bei den Antworten, die wir uns von den Religionen selbst erhoffen. Wer in katholisch-ländlichen Regionen die Zeiten einer vom Vaticanum inspirierten Volkskirche erlebt hat oder in protestantisch geprägten Gegenden wohnt, empfindet den Bedeutungsverlust seiner Kirche, der sich momentan in atemberaubendem Tempo vor aller Augen vollzieht, womöglich als schmerzliches Symptom eines großen Niedergangs. Eine immer größere Zahl von Menschen verbindet nämlich inzwischen nichts mehr mit den christlichen Kirchen und ihren Ritualen. Vielleicht glaubt man noch ein wenig an etwas Übernatürlich-Göttliches oder findet Gefallen an der Vorstellung von Wiedergeburt und stellt sich also seine ganz persönlichen Überzeugungen zusammen; oder man schiebt Glaubenssätze kurzerhand als nicht verifizierbaren Humbug beiseite.[2] Eventuell noch versetzt mit dem milden Spott einer Bemerkung wie «Glauben heißt nicht wissen», die freilich nur ein grundsätzliches Dilemma offenbart: Die Fundamente des Christentums oder jeder anderen Religion anzuerkennen, ist eben tatsächlich eine Frage des Glaubens und entzieht sich

Beweisführungen wie Widerlegungen. Und selbst wenn man die Grundannahmen teilt, ist ja keineswegs sicher, ob die jeweiligen Schriftauslegungen und Dogmen nicht in die Irre führen oder ob man wirklich bereit ist, der eigenen Religion als einziger den Besitz einer absoluten Wahrheit zuzubilligen. Wer Religionen dagegen gänzlich verwirft, tut dies mit einer ähnlichen Glaubensgewissheit, ohne die Existenz einer Sphäre jenseits des Empirischen zwingend ausschließen zu können: Gläubige und Atheisten, im *Glauben* an die je eigenen Wahrheiten vereint.

Vielleicht auch deshalb leben wir längst in Zeiten einer friedlichen Koexistenz: Der antireligiöse und vor allem antiklerikale Furor der Freidenkerbewegung scheint weitgehend erloschen, und auf kirchlicher Seite spielen, zumindest hierzulande, missionarische Bestrebungen im Umgang mit Andersgläubigen keine erkennbare Rolle mehr. Dass die Lehren der großen Glaubensgemeinschaften zahllosen Menschen Trost zu spenden vermochten und das auch bis heute tun, darf dennoch als gesichert gelten. Doch welche Bedeutung kommt den Verheißungen des Christentums in unseren Tagen tatsächlich noch zu, in einer zusehends säkularer werdenden Welt? Und wie genau finden religiöse Überzeugungen und Hoffnungen gegebenenfalls auf dem Friedhof ihren Ausdruck?

Die vorhandenen Zahlen sprechen jedenfalls eine klare Sprache, was die gesellschaftliche Relevanz der Kirchen betrifft: Klammern wir die politisch forcierte Entwicklung in der DDR einmal aus, gehörten 1956 noch 96 % der westdeutschen Bevölkerung einer der beiden großen christlichen Kirchen an; 2018 lag dieser Wert bundesweit nur noch bei 53 %.[3] Im Jahr 2023 war die Zahl der Christen bereits auf

50 % gesunken[4], inzwischen sind die Angehörigen der beiden großen christlichen Konfessionen in Deutschland tatsächlich in der Minderheit. Die größte Gruppe stellen heute die Konfessionslosen mit 43 %; es folgen die Mitglieder der römisch-katholischen Kirche mit 24 % und die der evangelischen Kirche in Deutschland mit 22 %. Schätzungsweise 6 % der Bevölkerung sind Muslime; alle anderen Religionsgemeinschaften liegen vom Anteil her bei jeweils unter einem Prozent.[5] Dass auch der Anteil kirchlicher Beisetzungen stark rückläufig ist und 2020 nur noch 49 % betrug[6], verwundert angesichts dieser Befunde nicht. Wie viele der christlich Bestatteten oder ihrer Angehörigen dabei den Tröstungen ihrer Kirchen zutiefst vertrauen, lässt sich ebenso wenig ermitteln wie die Anzahl derjenigen, die ihren Kirchen den Rücken gekehrt und womöglich am Lebensende zum Glauben ihrer Kindheit zurückgefunden haben. Am Sterbebett endet eben auch die Welt der Statistiker und Meinungsforscher.

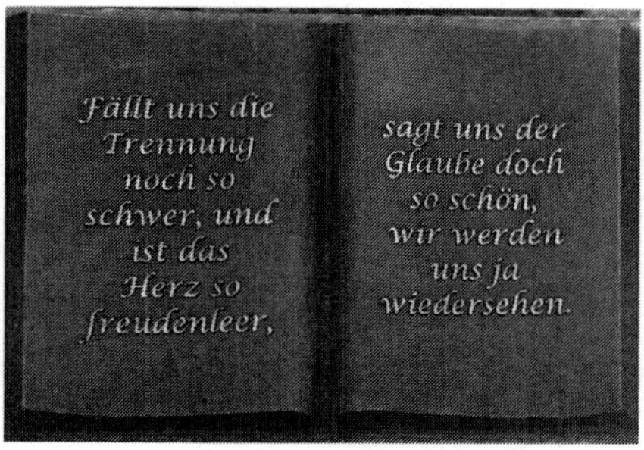

Die Auferstehung der Toten in christlicher Sicht

«Bis wir uns wiedersehen» – gelegentlich liest man diesen Wunsch auf Grabsteinen, und er zählt zu jenen sogenannten Sprüchen, die auf einschlägigen Websites gern empfohlen werden, in durchaus christlichem Sinne. Aber liegt denn wirklich genau darin der Kern christlicher Hoffnungen?

In der theologischen Diskussion wie in der Lehre der christlichen Kirchen ist die Auferstehung der Toten in der Tat von zentraler Bedeutung, ausgehend vom Alten Testament, das allerdings in dieser Frage eine Entwicklung hin zum Glauben an eine individuelle Rettung erkennen lässt.[7]

Eng verbunden ist dieser Glaube mit der Sehnsucht nach ausgleichender Gerechtigkeit und einer Kompensation für erlittenes Unrecht und Unglück zumindest in einer Welt jenseits des Todes. Einschlägige Spekulationen widmen sich beispielsweise der Frage, inwieweit eine individuelle Auferstehung mit einer Identität der Person einhergeht. Ist man, vereinfacht gesagt, im Jenseits noch die gleiche Person mit allen irdischen Erinnerungen, mit allen Stärken und Schwächen?

Eine weitere Problematik ergibt sich aus dem griechisch-platonischen Dualismus von Leib und Seele, der der jüdischen Welt fremd war: Nach dieser platonischen Sicht ist die Identität der Person an eben jene unsterbliche Seele geknüpft.[8] Und genau von dieser immateriellen Seele, die nach populärer Auffassung im Augenblick des Todes aus dem Leib entweicht und fortbesteht, während der Leib ja offensichtlich zu Staub zerfällt, ist gemeinhin die Rede, wenn im christlichen Sinne von Tod, Auferstehung und ewigem Leben gesprochen wird. Biblisch ist eine solche Einengung auf die «Seele» allerdings nicht, und sie entspricht beispielsweise nicht der Lehre der katholischen Kirche: Diese «gipfelt in der Verkündigung, daß die Toten am Ende der Zeiten auferstehen und daß es ein ewiges Leben gibt».[9] Die Auferstehung derer, die sich zu Christus bekannt haben, vollzieht sich in Analogie zur Auferstehung

Was dann?

Wo wird es bleiben,
Was mit dem letzten Hauch entweicht?
Wie Winde werden wir treiben –
Vielleicht!?

Werden wir reinigend wehen?
Und kennen jedes Menschen Gesicht,
Und jeder darf durch uns gehen,
Erkennt aber uns nicht.

Wir werden drohen und mahnen
Als Sturm,
Und lenken die Wetterfahnen
Auf jedem Turm.

Ach, sehen wir die dann wieder,
Die vor uns gestorben sind?
Wir, dann ungreifbarer Wind?
Richten wir auf und nieder
Die andern, die nach uns leben?

Wie weit wohl Gottes Gnade reicht.
Uns alles zu vergeben?
Vielleicht? – Vielleicht!

Joachim Ringelnatz (1883–1934)
Schriftsteller, Kabarettist und Maler

Christi als «Auferstehung des Fleisches», was bedeutet, «daß nach dem Tod nicht nur die unsterbliche Seele weiterlebt, sondern daß auch unsere ‹sterblichen Leiber› wieder lebendig werden».[10] Die Äußerungen zur Auferstehung der Toten sind damit ein Kern katholischer Lehre. Die allerdings heute auf allzu konkrete Bilder verzichtet, wie man sie aus mittelalterlichen Darstellungen kennt: Vielmehr lehrt diese Kirche, dass jeder Mensch schon im Tode in die Situation des Gerichts gestellt ist, das sein Leben im Hinblick auf Christus bewertet: Bereits dort fällt die Entscheidung über «Himmel» oder «Hölle» – wobei der Himmel heute nicht als Ort gedacht wird, sondern als ein «Zustand höchsten, endgültigen Glücks»[11] in der Schau Gottes *(visio beatifica)*, die nicht nach irdischen Raum- und Zeitkategorien gemessen werden kann. Auch die Hölle wird nicht mehr als Ort gesehen, an dem körperliche Schmerzen zugefügt werden;[12] diese äußerste Strafe besteht vielmehr nach heutiger Lehre der katholischen Kirche im «Zustand der endgültigen Selbstausschließung aus der Gemeinschaft mit Gott und den Seligen».[13] Wobei man sich mittlerweile ohnehin ein wenig schwertut mit dem Konzept der Hölle, unabhängig von jenen alten Bildern, auf denen Teufel die entblößten Leiber der Verdammten mit Feuer und Lanzen traktieren: Denn der strafende Richter passt so gar nicht ins sympathische Bild des liebenden, gnädigen und gütigen Gottes, doch ist wohl der gütige nicht ohne den strafenden zu denken: Hölle und Himmel bedingen einander.

Kirchengeschichtlich interessant und bis heute nachwirkend, nicht zuletzt als Scheidelinie zwischen den christlichen Konfessionen, ist jedoch vor allem ein dritter Ort: das Purgatorium, im Deutschen als Fegefeuer geläufig, ein zur Läuterung bestimmter Schwebe- und Zwischenzustand. In der mittelalterlichen Theologie und in der damaligen liturgischen Praxis war diese Vorstellung von weitreichender Bedeutung. Vorgesehen war das Fegefeuer für all jene Seelen, die im Gericht nicht zu den Verworfenen gezählt wurden und deshalb mit der Aufnahme in den Himmel rechnen durften – allerdings wegen nicht abgebüßter irdischer Sünden nach einer zeitlich recht exakt bestimmbaren Wartezeit zunächst in eben jenem Zwischenzustand. Wobei unterstellt wurde, dass man sich die Seligkeit des Himmels nicht nur zu Lebzeiten durch Buße oder Taten der Nächstenliebe verdienen konnte, sondern dass dies noch postmortal möglich sei: Was man im Leben an Bußübungen und guten Werken versäumt hatte, ohne freilich Todsünden auf sich geladen zu haben, konnte durch Bußzeiten im Purgatorium abgegolten werden – und die Hinterbliebenen konnten den Sündern dabei stellvertretend behilflich sein. Zunächst in Form von Fürbitten für die Toten und das Verlesen ihrer Namen im Gottesdienst – wobei Wohlhabende zu diesem Zweck gern Stiftungen einrichteten, um die Nennung des eigenen Namens im Rahmen der Liturgie für einen langen Zeitraum sicherzustellen. Neben diesen bezahlten «Seelenmessen» ergänzten Almosen und Gebete die organisierte Seelsorge für die Verstorbenen, die dafür bereits zu Lebzeiten beispielsweise Kirchen und Klöstern Immobilien überschrieben oder Reliquien gestiftet hatten. Nicht um individuelle Reue ging es in diesem raffinierten System, sondern um exakt bemessene Leistungen mit unmittelbarer Wirkung auf die Verweildauer der jeweiligen Seele im Purgatorium. Theologen entwickelten Umrechnungstabellen, um Bußfasten, Almosen und Gottesdienste rechnerisch auf einen Nenner zu bringen, wobei die Tarife teilweise sogar nach den finanziellen Möglichkeiten des Stifters gestaffelt wurden.[14] Diese Quantifizierung führte zu einem System, in welchem die göttliche Gnade der Anzahl an Messen mit bestimmter Intention entsprach. Von der Bibel war diese Praxis natürlich in keiner Weise gedeckt. Es mutet aus heutiger Sicht geradezu skurril an, wie die schöne, aber eben sehr deutungsoffene Bildhaftigkeit jener Verheißung von einem neuen Himmel und einer neuen Erde ohne Trauer und Schmerz[15] nach exakten menschlichen Maßen gewogen und zugeteilt wurde.

Die Reformation entzündete sich nicht zuletzt an dieser behaupteten Verfügungsgewalt der römischen Kirche über das individuelle Seelenheil. Die Anhänger der kirchlichen Erneuerungsbewegung bestritten die Existenz des Purgatoriums, sahen den Zugang zur ewigen Seligkeit aufgrund des Glaubens und der Lebensführung im Zeitpunkt des Todes entschieden und lehnten jeden Einfluss der Lebenden auf das Schicksal der Verstorbenen kategorisch ab.[16] Heute meidet die katholische Kirche im deutschsprachigen Raum den Begriff des Fegefeuers; am Konzept des läuternden Purgatoriums hält man freilich fest, auch Gebete oder «Bußwerke zugunsten der Verstorbenen»[17] bleiben empfohlen.

In Begräbnisfragen verläuft genau hier eine wichtige Trennlinie zwischen katholischen und evangelischen Beerdigungen. Aus katholischer Sicht ist das Begräbnis eine Verabschiedung der Verstorbenen mit dem Segen der Kirche: als Ausdruck der Gemeinschaft der Lebenden mit den Toten und im Hinblick auf die Auferstehung, wie sie aus Sicht der Kirche in der österlichen Auferstehung Jesu vorgeprägt wurde. Diese Hoffnung steht im Zentrum katholischer Begräbnisse; ausdrücklich betont der Katechismus sogar, die Predigt möge deshalb «die literarische Gattung der Grabrede meiden».[18] Die Namensnennungen in der Liturgie gibt es übrigens bis heute, an den traditionellen Gedenktagen, dem Sechswochen- und Jahresamt, aber auch, wann immer Angehörige um Namensnennung und Gebet im Gottesdienst bitten. Dass Messen «bestellt» und gewissermaßen nach Tarif «bezahlt» werden, ist in katholischen Gegenden Deutschlands zwar durchaus noch Praxis, doch handelt es sich dann formal um freiwillige Spenden.

Grabschrift

Im Schatten dieser Weide ruht
Ein armer Mensch, nicht schlimm noch gut.
Er hat gefühlt mehr als gedacht,
Hat mehr geweint als er gelacht;

Er hat geliebt und viel gelitten,
Hat schwer gekämpft und – nichts erstritten.
Nun liegt er endlich sanft gestreckt,
Wünscht nicht zu werden auferweckt.

Wollt Gott an ihm das Wunder tun,
Er bäte: Herr, o laß mich ruhn!

Freifrau Marie von Ebner-Eschenbach
(1830–1916)
Schriftstellerin und Dichterin

Die Fürbitte für Verstorbene ist der evangelischen Kirche fremd; die Auferstehungshoffnung unterscheidet sich im Kern aber nicht vom Glauben der Katholiken. Allerdings gibt es graduelle Unterschiede: So hatte Luther in Bezug auf die eigenständige Existenz der vom Körper getrennten Seele lieber von einer Art Todesschlaf bis zur Auferstehung gesprochen und einen Zwischenzustand, etwa im Purgatorium, bestritten.[19] Sehr weit ging der evangelische Theologe Rudolf Bultmann (1884–1976), als er die Auferstehung zu den Mythen rechnete; in der heutigen evangelischen Theologie und Praxis scheint sein Einfluss aber nur noch gering zu sein.

Von einem Jüngsten Gericht geht auch die evangelische Lehre nach wie vor aus, gedeutet allerdings eher als persönliche Gottesbegegnung, in der das Leben am Ende seine Abrundung und Sinngebung erfährt. Entsprechend der sogenannten Allversöhnungslehre wird die christliche Hoffnung allen Menschen zuteil; selbst Nichtgläubige können durch die allumfassende Liebe eines gütigen und gnädigen Gottes zur Erlösung bestimmt sein. Einer anderen evangelischen Lehrmeinung zufolge bleibt im Fall einer freien Entscheidung gegen Gott die ewige Verdammnis durchaus möglich – ein ähnliches Dilemma wie auf katholischer Seite. Spekulationen zum «Ablauf» der Auferstehung in den Kategorien von Raum und Zeit stellt die evangelische Kirche nicht an, der Auferstehungsglaube selbst bleibt aber von zentraler Bedeutung.

Was evangelische Beisetzungen angeht, sind Bittgebete für die Verstorbenen logischerweise unnötig; ein wesentlicher Zweck der Trauerfeier besteht deshalb in der Verkündigung der Auferstehung und im Trost der Hinterbliebenen. Genau dieser Aufgabe dienen die ausführlichen Lebensbeschreibungen und Würdigungen der Betrauerten, wie sie charakteristisch sind für Predigten im Rahmen evangelischer Beerdigungen; im Kern protestantisch ist also genau jene «literarische Gattung der Grabrede», auf welche die katholische Kirche eigentlich verzichten möchte.

«Bis wir uns wiedersehen» – wie verhält es sich denn aber nun mit diesem «frommen Wunsch»? In den Lehrsätzen und theologischen Überlegungen beider christlicher Konfessionen spielt dieser Aspekt im Grunde keine Rolle. Man bemüht sich um Ausdeutungen der Bilder von Himmel, Hölle und ewiger Seligkeit in einer Form, wie sie auch dem modernen Menschen zumindest plausibel sein könnte – doch Fragen des Wiedersehens, des sozialen Miteinanders oder familiärer Bindungen am Ende der Zeiten liegen in einem Feld, auf dem halbwegs seriöse Spekulationen nicht möglich sind.

Kreuz mit biblischen Szenen als Grabstein,
Friedhof Melaten, Köln

Wo man enden kann, wenn man seine Interpretationen der biblischen Texte bis in diesen Bezirk hineintreibt, verdeutlichen Aussagen von Zeugen Jehovas im Rahmen ihres sogenannten Predigtdienstes: Die bereits begonnene «Endzeit» führt in ihrer Bibelinterpretation dazu, dass exakt 144 000 Auserwählte gemeinsam mit Jesus die Herrschaft über die Erde antreten; die Mehrzahl der Gläubigen lebt dann in irdischer Glückseligkeit unter einer gerechten Führung. Nun bestehe wegen der zu erwartenden Auferstehung der Toten allerdings die Gefahr irdischer Enge und Überfüllung. Auch sei die Mehrzahl der Auferstandenen ja in keiner Weise mit dem irdischen Leben der Gegenwart vertraut. Daher müsse

man sich die Auferstehung in Teilschritten vorstellen, wobei die Aufgabe der beim Weltenende noch Lebenden darin bestehen werde, ihren nach und nach wiedererweckten Angehörigen immer fernerer Generationen die technischen Errungenschaften des (voraussichtlich) 21. Jahrhunderts nahezubringen. Ein ewiges Leben also mit Auto, Fernseher und Internet?

Frömmigkeit auf dem Friedhof

Was Grabgestaltungen angeht, lässt sich derzeit ein starkes und schnelles Verblassen christlicher Traditionen konstatieren – und eine damit einhergehende große Unsicherheit, hat doch der Glaube lange Zeit auch in diesen eher gestalterischen Fragen Orientierung geboten. Relativ gut zu deuten sind die Inschriften: Eine Bibelstelle, vielleicht noch mit Quellenangabe, spricht zumindest für einen gläubigen Menschen. Werden Psalmen zitiert, ist die Wahrscheinlichkeit für ein protestantisches Begräbnis etwas größer. Beim formulierten Wunsch nach einem Wiedersehen im Jenseits kann es sich bereits um einen jener säkularisierten, von kirchlichen Lehren abgelösten Glaubenssätze handeln, die womöglich christlich gemeint sind, aber schon zum Religiösen in einem nur noch sehr allgemeinen Sinne tendieren – oder nur noch als Floskel dort stehen. Die Bitte um einen gnädigen Richter am Jüngsten Tag hingegen weist auf eine starke Verankerung im Glauben hin – ist aber auf heutigen Gräbern außerordentlich selten geworden.

Unter den Grabzeichen ist das Kreuz das christlich markanteste; jedenfalls sind nicht-religiös bzw. atheistisch gemeinte Kreuzesdarstellungen schwer vorstellbar. Ein Kreuz mit Korpus kennzeichnet tendenziell ein katholisches Grab, während die Darstellung eines leeren Kreuzes eher auf ein evangelisches hinweist, da nach protestantischer Tradition weniger das Leid Christi als die bereits vollzogene Auferstehung thematisiert wird. Das Motiv der betenden Hände, angelehnt an eine Zeichnung des Malers Albrecht Dürer von 1508, lässt sich in Kombination mit einem aufgeschlagenen Buch als Ausdruck der Frömmigkeit und Bibelbezogenheit deuten, übrigens häufig auf Ruhestätten evangelischer Verstorbener; eine Statue der Gottesmutter Maria oder andere Heiligenfiguren beziehen sich dagegen ausschließlich auf einen katholischen Glaubenshintergrund. Auch das Entzünden von Grablichtern ist ein katholischer Brauch, und so verraten entsprechende Vorrichtungen an einer Grabstätte bereits die Konfession der hier Beigesetzten.

Die christliche Ikonografie auf Friedhöfen geht noch weiter: Auf Eucharistie bzw. Abendmahl – und damit direkt auf den Auferstehungsglauben – verweisen Brot und Wein, oft repräsentiert durch Ähren und Trauben. Beide Motive finden sich häufiger auf traditionellen Grabsteinen – abhängig von der jeweiligen Region. Es ist denkbar, dass die Ähren wegen ihres Alltagsbezugs in bäuerlich geprägten Regionen besonders gern gesehen sind – vergleichbar den Trauben in Weinanbaugebieten. Der Palmzweig als bereits antikes Zeichen für Sieg, Wiedergeburt und Unsterblichkeit schmückt in christlicher Ausdeutung ebenfalls so manchen Grabstein. Ein Anker symbolisiert seit frühchristlicher Zeit die Hoffnung auf den ewigen Frieden, oft verbunden mit dem Zeichen des Fisches; ein Schiff steht für die Kirche als Gemeinschaft mit dem Mast als Hinweis auf das Kreuz.

Unter den sonstigen Symbolen sind Alpha und Omega nach der Offenbarung des Johannes[20] sowie das Christusmonogramm (aus den übereinander gelegten griechischen Buchstaben Chi [X] und Rho [P]) christlich gemeint, ebenso der Fisch als Erkennungszeichen.

Von den Gleichnissen des Neuen Testaments sind zwei häufiger auf traditionellen Grabsteinen oder sogar als Statuen zu finden: Christus als guter Hirte mit seinen Schafen und der Säman, der die Saat des Glaubens ausstreut. Letzterer möglicherweise auch besonders oft im ländlichen Raum, weil das Bild der bäuerlichen Berufspraxis entstammt. Reliefs vornehmlich aus dem 19. Jahrhundert zeigen oft biblische Szenen: die Kreuzigung oder die Grablegung, außerdem die beiden biblischen Auferweckungsszenen – die des Lazarus und die des Jünglings zu Naïn. Eine der bis heute eindrücklichsten Figurengruppen überhaupt – egal ob vollplastisch oder als Relief – ist ebenfalls biblisch: die Pietà – Maria, die ihren toten Sohn auf dem Schoß hält: ein archetypisches Bild des Schmerzes, das wohl in allen Zeiten unmittelbar verstanden wird, auch ohne einen Glaubensbezug.

Denn jeder einzelne
Mensch ist schon eine
Welt, die mit ihm geboren
wird und mit ihm stirbt.
Unter jedem Grabstein
liegt eine Weltgeschichte.

Heinrich Heine
«Reise von München
nach Genua», 1828

Bei einer Reihe anderer Bildsymbole dürfte der christliche Gehalt weniger ausgeprägt sein: Die Rose wird in der Tradition häufig mit Maria assoziiert, ist aber vielfältig interpretierbar (etwa als «Schönheit nicht ohne Schmerz»). Die

Taube steht ikonografisch für den Heiligen Geist, sie kann auch auf Noah und das Ende der Sintflut verweisen; heute ist sie freilich eher als Picassos säkulare Friedenstaube geradezu universell präsent. Raupe und Schmetterling symbolisieren ebenfalls den Weg durch den (vermeintlichen) Tod (der Verpuppung) zu neuem und schönerem Leben; spezifisch christlich ist dieses Symbol einer Verwandlung allerdings nicht. Und die auf heutigen Friedhöfen fast unvermeidlichen Engelfiguren haben mittlerweile ihre christlichen Ursprünge weit hinter sich gelassen und die Rolle säkularer Trostspender angenommen.

Riten und Überzeugungen nichtchristlicher Gemeinschaften

Da die nichtchristlichen Glaubensgemeinschaften zwar an Bedeutung gewinnen, im heutigen Deutschland aber bei weitem nicht so stark verankert sind, wie es das Christentum trotz allem immer noch ist, soll an dieser Stelle eine stark verkürzte Darstellung genügen.[21]

Eng mit dem Christentum verwandt ist das Judentum. Beide Religionen teilen gemeinsame Traditionen; so bildet die jüdische Thora als «Fünf Bücher Mose»[22] einen Teil des christlichen Alten Testaments. Und selbstverständlich war Jesus selbst Jude und bezog sich in seinen Lehren auf jüdische Überlieferungen. Nur die Sicht auf Jesus verrät unterschiedliche Standpunkte: Sehen Christen Jesus als «Sohn Gottes» und verheißenen Messias, akzeptieren Juden (und Muslime) ihn lediglich als religiösen Lehrer und Propheten. Was die Auferstehung betrifft, fehlte in der jüdischen Tradition des ersten vorchristlichen Jahrtausends zunächst noch die Vorstellung von einem individuellen Weiterleben nach dem irdischen Tod; stattdessen stand die weitere Existenz der Familie oder des Volkes im Mittelpunkt. Erst in den letzten Jahrhunderten vor der Zeitenwende nahm der Glaube an eine leibliche Auferstehung Formen an. Bei einer jüdischen

Grabsteine des 19. Jahrhunderts auf dem jüdischen Friedhof Heiliger Sand in Worms

Beisetzung ist der Gedanke wichtig, dass der Mensch aus Erde genommen wurde und zur Erde zurückkehrt – eine Formel, die auch bei evangelischen und katholischen Beerdigungen gesprochen wird. Für orthodoxe Juden ist eine Feuerbestattung deshalb tabu. Beerdigt wird auf eigenen Friedhöfen – mit den Bezeichnungen Bet Hachajim (Ort des Lebens) oder Bet Haolam (Ort der Ewigkeit). Das ewige Ruherecht gewährt jedem Menschen einen ungestörten Raum, der diesem bis zur unversehrten Auferstehung zusteht. Die Grabstellen sind traditionell nach Osten, nach Jerusalem oder zum Haupteingang eines Friedhofs ausgerichtet – in der Erwartung des Messias am Tag des Jüngsten Gerichts.[23]

Bei den vielfältigen Ritualen der Trauer und des Totengedenkens nimmt das «Heilungs»-Gebet Kaddisch, eines der zentralen jüdischen Gebete, eine besondere Rolle ein. Auf die Beerdigung folgen eine siebentägige Trauerphase («Schiwa»), anschließend eine weitere Periode bis zum 30. Tag nach der Beisetzung («Schloschim»); in einigen Gemeinden wird dann bereits der Grabstein gesetzt. Nur beim Tod der Eltern gilt für die Kinder eine ganzjährige Trauerphase.

Mittlerweile zeigt sich auch auf jüdischen Friedhöfen die allgemeine gesellschaftliche Tendenz zu einem stärkeren Individualismus und einer latenten Angleichung an Bräuche auf kommunalen Friedhöfen: Grabsteine mit persönlicher Symbolik statt in überlieferter einfacher und gleichförmiger Gestaltung oder Blumen und Grablichter in Ergänzung zu den bisher ausschließlich üblichen Steinen, die Besucher als Zeichen der Ehrerbietung auf dem Grabstein zurücklassen.

Da es sich beim Judentum insgesamt um eine eher diesseitig ausgerichtete Religion handelt, werden nach der vorgegebenen Trauerzeit von den Angehörigen keine regelmäßigen Friedhofsbesuche oder intensive Grabpflege erwartet – vom Todestag des Verstorbenen, der «Jahrzeit» einmal abgesehen. In jüdischen Gemeinden in Deutschland ist es Brauch («Minhag»), das Grab eines Verstorbenen erstmals am ersten Jahrzeittag zu besuchen.

Im Reformjudentum wird inzwischen auch die Feuerbestattung akzeptiert, was in der jüdischen Diaspora relativ unproblematisch vonstatten gehen kann. In Israel selbst sorgt die Frage für hitzige Debatten; so wurde das 2004 eröffnete erste israelische Krematorium 2007 bei einem Brandanschlag zerstört. Nicht vergessen werden darf bei diesem Thema natürlich, dass unabhängig von religiösen Überzeugungen Feuerbestattungen an ein historisches Tabu rühren: Schwer vorstellbar jedenfalls, dass jüdische Gemeinschaften in den ersten Jahrzehnten nach dem Grauen der Schoah völlig unbefangen eine Feuerbestattung im Krematorium in Erwägung ziehen konnten.

Die dritte der drei großen Buchreligionen, auch sie mit ihren beiden Vorgängern eng verwandt, ist der Islam, nach dem Christentum heute die größte Religionsgemeinschaft in Deutschland. Auch Muslime glauben an eine Fortexistenz im Paradies oder in der Hölle; verkündet wird das jeweilige Urteil am Jüngsten Tag in einem göttlichen Gericht. Auch im Islam wird auf die Erschaffung des Menschen aus Erde bzw. Lehm verwiesen, ein Argument gegen die Feuerbestattung. Muslimische Verstorbene werden nach Möglichkeit binnen eines Tages und sarglos in der Erde beigesetzt, wobei Muslime, ähnlich wie die Juden, das Konzept des ewigen Grabes vertreten. Innerhalb der islamischen Welt wird aber inzwischen mancherorts aus pragmatischen Gründen davon abgesehen.

Muslimische Gräber sind so ausgerichtet dass der Leichnam, auf der rechten Seite liegend, nach Mekka blickt. Gebete für die Verstorbenen sind üblich; ein regelmäßiger Besuch der

Gräber wird empfohlen und soll den Gläubigen die eigene Vergänglichkeit vor Augen führen. Gräber werden durchaus gepflegt, doch gibt es angesichts unterschiedlicher Lehrmeinungen innerhalb des Islam keine einheitliche Friedhofskultur. Idealerweise bevorzugen Muslime eine Beisetzung in möglichst unberührter Erde im Kreise von Menschen gleichen Glaubens, also auf eigenen Friedhöfen, behelfsweise auch auf separaten Grabfeldern überkonfessioneller Friedhöfe.

Weil deutsche Friedhofsgesetze muslimischen Anforderungen lange Zeit entgegenstanden, hat sich eine deutsch-muslimische Friedhofstradition bisher nicht wirklich herausbilden können. Stattdessen war die Überführung der Verstorbenen in die einstige Heimat nahezu der Regelfall. Inzwischen ermöglichen die Bestattungsgesetze fast aller Bundesländer Beisetzungen nach den Regeln des Islam, und von muslimischer Seite gelten Neubelegungen von Gräbern nach Ablauf der Ruhezeiten als akzeptabel. In Nordrhein-Westfalen ist aktuell sogar ein eigener Friedhof in Planung.[24]

Der Hinduismus ist die drittgrößte Weltreligion; er lehrt einen Kreislauf des Lebens, des Sterbens und des Wiedergeboren-Werdens. Das Verhalten im jeweiligen Leben beeinflusst die darauffolgende Reinkarnation. Ziel ist ein Zustand der Bedürfnislosigkeit, der zu einem Ende des immer wiederkehrenden Ablaufs führt. Als Hindu wird man geboren; man kann also nicht zum klassischen Hinduismus konvertieren – auch wenn einzelne hinduistische Glaubensgemeinschaften das anders handhaben.

Der hinduistische Bestattungsritus sieht ein Verbrennen des Leichnams auf einem Scheiterhaufen und ein Ausstreuen der Asche in einem Fluss vor. Demzufolge gibt es in Indien kaum Friedhöfe. In der westlichen Welt müssen Hindus aus naheliegenden Gründen Kompromisse eingehen; Feuerbestattungen sind im Westen ja ausschließlich in Krematorien möglich, und ein Ausstreuen der Asche in Flüssen ist in manchen Ländern legal, in Deutschland aber beispielsweise nicht. 2015 wurde in Hamm das erste deutsche Grabfeld für Hindus eingeweiht; es sieht eine Feuerbestattung mit Beisetzung der

Urnen in der Erde vor. Die eigentlich vorgeschriebenen Rituale wurden entsprechend modifiziert.

Ebenfalls aus Asien stammt die viertgrößte Religionsgemeinschaft der Welt, der Buddhismus. Anhänger dieser Lehre kennen keine Götter, sondern folgen grundlegenden Wahrheiten; Buddhist kann jeder sein, der diesen Regeln folgt.

Ähnlich wie der verwandte Hinduismus lehrt der Buddhismus die Wiedergeburt; auch im Buddhismus liegt das letzte Ziel im Erreichen einer vollständigen Bedürfnislosigkeit. Erst mit dem Erlangen dieses Zustands endet der Zyklus der Reinkarnationen. An diesem Ende steht das Nirwana – zusammen mit seinen Bedürfnissen erlischt auch das Individuum. Strafen, Sünden und Gericht gibt es in diesem Weltbild nicht. Bei den Bestattungen gilt es, bestimmte Riten einzuhalten, die Bestattungsarten selbst sind aber nicht entscheidend – Buddhisten sind in Sachen letzter Ruhe anpassungsfähig. Auf Gräbern können Buddhafiguren oder Darstellungen von Lotusblüten, Früchten oder Räucherstäbchen auf eine buddhistische Beisetzung hinweisen.

Bleiben schließlich noch die Konfessionslosen, deren Zahl in Deutschland derzeit stark ansteigt. Der Verzicht auf christliche Beisetzungen geht häufig mit einer Bevorzugung der Feuerbestattung einher – was nicht verwundert, war die Kremation doch seit Mitte des 19. Jahrhunderts eine Kernforderung der oppositionellen Freidenker und Freireligiösen, die sich vor allem in der Ablehnung des Auferstehungsglaubens einig waren.[25] Mittlerweile spielen sicher pragmatische und finanzielle Gründe eine mindestens ebenso bedeutende Rolle. Für eine solche Beisetzung außerhalb aller Jenseitshoffnungen der Religionen existieren noch keine festen Formen und Rituale, doch gibt es hier – je nach Bereitwilligkeit der Bestatter – einen großen Gestaltungsspielraum. Zum Einsatz kommen jedenfalls in der Regel weltliche Trauerredner, die sich im Gespräch mit den Hinterbliebenen ein Bild zu machen versuchen, um dann ein ihnen unbekanntes Leben zu würdigen – in der Art, wie es am ehesten wohl der evangelischen Leichenpredigt entspricht. Möglich sind heute aber auch Beerdigungen ganz ohne Trauerfeier, ohne Verabschiedung, als «stille Beisetzung», auf Wunsch sogar anonym – und im äußersten Fall ohne die Anwesenheit einer Trauergemeinde oder auch nur eines einzigen Angehörigen. Die absolute Formlosigkeit also, ohne die Riten und Gebete der Religionen, ohne Lebensrückblick, ohne Worte.

Wohin gehen wir – und welche Antworten mögen die Friedhöfe künftig auf diese Frage geben? Wenn die Entwicklungen der letzten zwei Jahrzehnte anhalten, dürfte die christliche Jenseitshoffnung innerhalb der Gesellschaft weiter an Bedeutung verlieren – und damit auch ihre Repräsentation auf den Grabzeichen. Gleichzeitig werden die Friedhöfe sich vermutlich für andere Glaubensgemeinschaften öffnen, etwa für Muslime oder für die Verstorbenen religiöser Minderheiten, so dass neue Formen konfessioneller Prägung in Erscheinung treten. Mehrheitlich aber dürften die Gräber im Vergleich zu früheren Jahren von der primären Gestaltung her karger, nüchterner und sachlicher werden – unabhängig davon, ob mit christlichem Hintergrund oder nicht. Vielfach wird diese Tendenz zu einer klaren Ästhetik aber anscheinend als unbefriedigend empfunden, vielleicht schafft sie sogar ein Gefühl der Leere, so dass eine Art «sekundärer Gestaltung» sich darüberlegt: die auf jungen Gräbern omnipräsenten Engelfiguren, die kleinen Steine mit frommen oder weltlichen Sinnsprüchen, Fotos, Mitbringsel aus Kinderhand oder gar sehr persönliche Bekenntnisse, die nicht selten eine diffuse Hoffnung auf irgendeine Art von Wiedersehen bekunden. Denn das Verschwinden der Religionen aus Teilen des öffentlichen Raums spiegelt ja zuallererst Zweifel an den Kirchen als Institutionen oder an einigen ihrer Repräsentanten wider; manche Glaubenshoffnungen aber dürften sehr präsent bleiben, abgelöst von den Verkündigungen der «Amtskirchen» und ganz privat auf vielerlei Weise neu gedacht.

«Entkirchlichung» führt nicht zwangsläufig zum allgemeinen Atheismus, sondern mitunter auch in die bunte Welt der Privatreligionen, in der Art eines Puzzles zusammengesetzt aus vielerlei Glaubensresten. Und schließlich werden wohl auch die christlichen Kirchen mit ihrer Verkündigung und ihren Glaubenshoffnungen überdauern, es wird auch weiterhin christliche Beerdigungen geben. Aber die Zeit der überragenden kulturellen und gesellschaftlichen Prägekraft der beiden großen Kirchen dürfte wohl unwiederbringlich vergangen sein.

Glaubensoffenbarung

Du häßliche Raupe, die am Blatt sich wiegt:
Das Bild meines Glaubens, der endlich siegt!

Wie einst deiner Hülle, wann sie einmal bricht,
Ein Falter, so herrlich, entschwebt zum Licht;

So wird auch mein Körper, von Fesseln gedrückt,
Dem Grab entschweben, von Freiheit beglückt.

Du häßliche Larve, wie deutlich und klar
Machst du meinen Glauben mir offenbar!

Karl Friedrich Mezger (1880–1911)
Philologe und Dichter

«Friedhofsentwicklungsplanungen sind eine große Chance, die örtliche Gemeinschaft für den Wert ihrer Friedhöfe zu sensibilisieren, zu begeistern und sich über deren zukünftige Nutzung auszutauschen.»

Martin Venne

Gespräch mit Dr.-Ing. Martin Venne

Landschaftsarchitekt

Herr Dr. Venne, Sie engagieren sich seit Jahrzehnten für den Kulturraum Friedhof, und zwar besonders im Bereich der nachfrageorientierten Friedhofsentwicklungsplanung. Deutliche Veränderungen im Bestattungswesen – wachsende Konfessionslosigkeit und Abkehr von christlichen Ritualen, zunehmende Individualisierung und Mobilität, Rückgabe über Generationen genutzter Familiengräber, ein wahrer Bestattungspluralismus hinterlassen Spuren. Kurz: Der traditionelle Friedhof hat Konkurrenz bekommen. Welche Folgen hat das für Friedhöfe?
Die verschiedenen angesprochenen Aspekte werden schon seit Jahrzehnten beobachtet, und es ist nicht anzunehmen, dass es sich dabei um eine umkehrbare Entwicklung handelt. Besonders problematisch ist die Zunahme von Urnengräbern – Feuerbestattungen machen mittlerweile etwa 78 % der Gesamtbeisetzungen aus; hierdurch nimmt die Anzahl ungenutzter Grabflächen zu, die dann kleinteilig zu pflegen sind. Da die Friedhöfe auf Sargbestattungen ausgelegt waren, ergeben sich Friedhofsüberhangflächen, die über Bestattungsgebühren kaum mehr zu finanzieren sind.

Immer mehr Leerflächen zwischen einzelnen Gräbern fallen beim Besuch von Friedhöfen zunehmend deutlich auf. Wie lässt sich mittelfristig eine kompakte Belegung steuern, um ein einheitliches Bild zu erhalten?
Die Art und die Lage der frei werdenden Areale auf Friedhöfen ist bei der Planung von entscheidender Bedeutung. Einige Friedhofsträger haben in Randzonen Flächen für zukünftige Friedhofserweiterungen ausgewiesen, auf denen bisher noch

keine Bestattungen stattgefunden haben. Wenn diese Flächen nicht benötigt werden, können sie durch Umwidmung relativ problemlos der Stadtentwicklungsplanung für andere Nutzungen zugeführt werden. Interessanter ist die Planung für Bestattungsbereiche, in denen sich der Grabstättenbestand langsam ausdünnt und wo bereits freie Flächen nach Ablauf der Ruhefristen ohne Nachbelegung entstanden sind oder absehbar entstehen werden. Diese Areale werden weiterhin Friedhofsflächen bleiben. Für sie muss in jedem Einzelfall eine angemessene Gestaltung und Nutzung entwickelt werden – in einem Kommunikationsprozess mit den betroffenen Politikerinnen und Politikern sowie den Beteiligten vor Ort. Ökologische Aspekte wie beispielsweise die Bepflanzung mit Vogelschutzhecken und das Thema Naherholung kommen hier auch zum Tragen. Freie Flächen auf Friedhöfen mit altem Baumbestand sind geradezu ein Geschenk, vor allem in den hochverdichteten Städten. In den Kernflächen der Friedhöfe müssen zusammenhängende Bereiche für die Neuvergabe von Grabstätten ausgewiesen werden und die dort zunehmenden Lücken im Bestand durch Neubelegungen wieder gefüllt werden. Hierdurch bleibt dieser Teil der Friedhöfe langfristig als aktiver Bestattungsplatz erhalten und erfahrbar. Die Größe des Friedhofsflächenbedarfs ist für die Zukunft anhand verschiedener Faktoren zu prognostizieren.

Kosten sind ein Thema, das die Angehörigen eines Verstorbenen durchaus bewegt. Sie sind ebenso ein grundlegendes Thema bei der Unterhaltung von Friedhöfen. Welche Probleme stehen bei den Trägern im Vordergrund?
Friedhöfe sind nicht mit öffentlichen Parkanlagen vergleichbar, denn sie werden hauptsächlich über Friedhofsgebühren finanziert, die von den Nutzern mit Abschluss eines Grabnutzungsvertrages zu zahlen sind. Diese Gebühren können von Stadt zu Stadt erheblich variieren. Die von den Friedhofsträgern anzustrebende kostendeckende Gebührenfinanzierung (gemäß der Kommunalabgabengesetze der einzelnen Bundesländer) kann immer weniger gelingen, so dass auch

öffentliche Gelder für die Friedhofsunterhaltung eingesetzt werden müssen – was auch richtig ist. Friedhöfe erbringen über ihren eigentlichen Zweck als private Bestattungs- und Trauerstätte hinaus öffentliche Leistungen für die Naherholung, das Stadtklima und den Denkmalschutz. Aufgrund ihrer kleinteiligen Grünstrukturen sind Friedhöfe ausgesprochen wertvoll für die Tier- und Pflanzenvielfalt. Für diese öffentlichen Leistungen und Funktionen der Friedhöfe hat eine Kommune einen angemessenen Kostenanteil zu tragen.

Bei der Nutzung von Friedhöfen denkt man zuerst an die Gräberwahl und eventuell an deren Pflege. Aber wie ist es um Trauerhallen und die restliche Infrastruktur bestellt?
Trauerhallen aus den 1960er Jahren sind häufig architektonische Kleinode, energetisch betrachtet allerdings Vollkatastrophen. Auch ihre medialen Ausstattungen sind meist nicht auf dem neuesten Stand. Die notwendigen Sanierungskosten sind kaum mehr über die Nutzungsgebühren zu decken, ohne dass Trauerfeiern für die meisten Menschen unbezahlbar würden. Solche Gebühren sind schlicht nicht mehr marktfähig. Schon jetzt nehmen die stillen Abschiede ohne Feier, ohne Trauerredner und ohne Musik zu, obwohl eine angemessene Verabschiedung zur Trauerbewältigung für Hinterbliebene wichtig ist. Deshalb sind Kommunen gut beraten, einen Teil der gebührenfähigen Gebäudekosten als strukturelles Defizit auszuweisen und über öffentliche Gelder aufzufangen.

Auf den meisten Friedhöfen regeln strenge Verbotskataloge das Verhalten. Wie können sich Friedhöfe öffnen und attraktiver werden, dabei aber Konflikte zwischen den unterschiedlichen Nutzungswünschen vermeiden?
Das Nebeneinander verschiedener Nutzerinteressen braucht Rücksichtnahme und Toleranz, wie überall im Leben. Kinder, angeleinte Hunde und Radfahrer auf dem Friedhof stellen keine Probleme dar, wenn alle einen guten Umgang miteinander pflegen. Sicher gibt es gegenwärtig noch Unsicherheiten bezüglich der Pietät, hier entsteht regelmäßig

Klärungsbedarf. Friedhofsmitarbeiterinnen und -mitarbeiter können unterstützen, heikle Situationen zu vermeiden, wenn sie hierfür ausgebildet werden. Und sicher wäre es auch hilfreich, wenn statt der heute durchaus noch üblichen Verbotsschilder am Friedhofseingang Gebotsschilder mit Begrüßung und Hinweisen auf den Wert dieser besonderen Anlagen und den gewünschten Umgang damit aufgestellt würden.

Wie sieht Ihre Zukunftsvision für Friedhöfe aus – auch in Anbetracht digitaler Technologien?
Ich bin Planer und nicht Visionär *(schmunzelt)*. Friedhöfe werden in sehr, sehr langen Zeiträumen gedacht und müssen vielen Ansprüchen sowie einer Vielfalt von Trauerriten genügen. Wir wollen hierzu Räume schaffen, worin vieles stattfinden kann, wo die unterschiedlichen emotionalen und religiösen Wünsche aufgenommen werden können. Schon jetzt muss man zum Beispiel vordenken, wo zukünftig muslimische oder andere religiös gebundene Grabfelder angeboten werden und wo naturnahe Erholungsflächen entstehen sollen. Auch wenn es seit Jahrzehnten bereits virtuelle Friedhöfe oder Gedenkseiten gibt, ist der reale Friedhof als begehbarer Raum nicht ersetzbar – gerade weil der Tod so unfassbar, so unbegreiflich ist, benötigen viele Menschen einen konkreten Ort für die Verarbeitung ihrer Trauer.

Herzlichen Dank!

Der Landschaftsarchitekt **Dr.-Ing. Martin Venne** ist als Geschäftsführer des Planungs- und Beratungsbüros PLANRAT VENNE in Kassel tätig. Dr. Venne erbringt seit 1997 mit seinem Team Leistungen in den Themenkomplexen Friedhof, Denkmalpflege, Forschung und Entwicklung für kommunale und konfessionelle Friedhofsträger im gesamten Bundesgebiet. Seit 1998 ist er Mitglied der Arbeitsgemeinschaft Friedhof und Denkmal e. V., seit 2023 deren erster Vorsitzender.

Grab mit Engelfigur und Bienenstöcken, Friedhof Melaten, Köln

JACOB

Vor einem Friedhof

Geh' nicht vorbei – es steht die Türe offen,
Tritt still herein und sieh dich freundlich um,
Vielleicht hat morgen dich das Los getroffen
Und du bist so wie diese – kalt und stumm.

Geh' nicht vorbei – es flieh'n die flücht'gen Stunden,
Und selten naht der Frohsinn diesem Haus,
D'rum tritt herein, und was du hier empfunden,
Das nimm mit dir in's Weltgewühl hinaus.

Johann Nepomuk Vogl (1802–1866)
Schriftsteller, Lyriker und Publizist

Friedhof for Future

Gegenwärtige Friedhofssituation mit Ausblick

Dass Friedhöfe eine lange Tradition besitzen, bestreitet niemand – aber wie steht es um ihre Zukunft? Sind sie als Kulturgut überhaupt noch überlebensfähig? Diese Frage drängt sich angesichts der gesellschaftlichen Veränderungen der letzten Jahre geradezu auf.

Eine vorläufige Antwort darauf gab 2020 die UNESCO-Kommission, als sie die deutsche Friedhofskultur in das Verzeichnis des Bundesweiten Immateriellen Kulturerbes aufnahm und damit bestätigte, was für Fachkreise auch vorher schon einhellige Meinung war: Die deutschen Friedhöfe mitsamt ihrer Bestattungstradition sind ebenso schutzbedürftig wie schützenswert. Es ist in erster Linie dem nicht ganz uneigennützigen Engagement der Initiative Kulturerbe Friedhof und dem Bund deutscher Friedhofsgärtner (BdF) zu verdanken, dass diese Einschätzung nun durch die offizielle Auszeichnung untermauert wird.

Nicht nur wegen ihres vielfältigen gesellschaftlichen Gesamtwertes – «kulturell, sozial oder historisch, aber auch in Bezug auf Klima- und Naturschutz, gesellschaftliche Integration oder nationale Identität»[1] – erfolgte die Unterschutzstellung der Friedhofskultur, sondern vor allem ihre lebendigen und zukunftsweisenden Ausdrucksformen erfuhren in der Kommissionsbegründung eine besondere Würdigung. Und dies ist gleichermaßen als Auftrag zu verstehen, sich weiterhin mit den anstehenden Problemen zu beschäftigen und Lösungen zu finden.

Tote sterben niemals aus

Da kann man nicht so sicher sein – zumindest, was den Friedhof als letzte Ruhestätte derselben betrifft. Der augenzwinkernd zitierte Titel des Filmklassikers mit Götz George von 1996 hat einen ernsten Hintergrund. Denn eins ist sicher: Der traditionelle Friedhof verliert mehr und mehr seine Alleinstellung. Bestattungswälder, Kolumbarien in Kirchen und Seebestattungen, privatwirtschaftliche Urnen- und Bestattungshäuser und sogar die Abwanderungen in weniger reglementierende Nachbarländer werden immer häufiger dem Friedhof «vor der Haustür» vorgezogen.

Auch Kremierungen im Ausland mit der Option, die Asche illegal auf den heimischen Kaminsims zu stellen oder legal als beigemischte Erde im Wurzelwerk eines «Tree of Life» in den eigenen Garten zu überführen, entziehen dem Friedhof immer mehr zahlende Nutzer. Ein solches Vorgehen mag zumindest teilweise dem Wunsch der Hinterbliebenen nach einer dauerhaften privaten Verbindung mit dem Verstorbenen außerhalb eines öffentlichen Friedhofs geschuldet sein. Aber auch das eigene Grab ist für etliche Menschen auf einem Friedhof unvorstellbar geworden.

Neben den aufgeführten Alternativen sollen auch zwei extravagante Optionen zur Umgehung eines Friedhofs nicht unerwähnt bleiben. Aussichtsreich, die Sehnsucht nach einer ewigen materiellen Repräsentanz im Diesseits zu stillen, ist sicher die Diamantbestattung.[2] Als persönlichste Bestattungsart beworben, bietet sie die Möglichkeit, den extrahierten Kohlenstoff einer kremierten Leiche in Graphit umzuwandeln. Eine Simulation des natürlichen Prozesses der Diamantentstehung erfolgt unter extremem Druck und hoher Hitze: Das Ergebnis ist ein Erinnerungsdiamant «als Erbstück für die Ewigkeit». Anders als in vielen europäischen Ländern ist in Deutschland eine Diamantbestattung unzulässig, aber mit Umweg über das Ausland möglich.

Auch bei einer Plastination wird der Friedhof nicht zur letzten Ruhestätte. Wer kennt sie nicht, die präparierten posierenden Leichen in der viel diskutierten Ausstellung «Körperwelten» des Gunther von Hagens. Im Anatomischen Institut der Universität Heidelberg hat der Mediziner diese Methode zur Konservierung von Körperteilen oder ganzen Körpern durch Austausch der Zellflüssigkeit gegen reaktive Kunststoffe 1978 bis zur Patentreife entwickelt. Ob nun für die öffentliche Zurschaustellung oder für medizinische Zwecke dauerhaft hergerichtet – die Plastination von Toten gilt nicht als Bestattung. Da dem Körperspender meistens keine Kosten entstehen, kann sich jeder den posthumen Wunsch erfüllen, den eigenen Körper nicht der Verwesung anheimfallen zu lassen, sondern ihn in eine beständige dingliche Präsenz zu überführen und sich damit sein authentisches, analoges Denkmal zu setzen.[3]

«Grabinschrift»

Hier ruht der Plastineur von Hagens
Ganz unversehrt trotz Würmernagens.
Ich lasse, hört man Gunther lachen,
mir meinen Tod nicht madig machen!

Stefan Pölt (geb. 1962)
Autor und Informatiker

Das Ergebnis der individuellen Alternativen: Dem Friedhof gehen langsam die Toten aus, und eine ständig größer werdende Anzahl von Leerstellen auf den bisherigen Orten der Ruhe wird zur – auch wirtschaftlichen – Herausforderung.

Perspektivisch sind weitere Probleme in Sicht. Bereits 2015 fragte der Journalist und Autor Hermann Schreiber, der sich intensiv mit den Themen Tod und Sterben beschäftigte, ob es sein kann, dass der Tod ausstirbt, zumindest nicht mehr in eine Gesellschaft passt, die sich an Fortschritt, Fitness und vor allem Jugendlichkeit orientiert. War die Frage nun provokant gemeint oder weitsichtig? Dass der Tod und das Sterben seit dem letzten Weltkrieg immer mehr zur Privatsache wurden, dass das sepulkrale Themenfeld im Alltag weniger präsent ist, dass die Sterbenden in Krankenhäusern oder Hospizen aus dem öffentlichen Blick verschwunden sind oder Bestattungen durchaus als Lifestyle-Veranstaltungen vermarktet werden, sind nur einige Aspekte dieser Tendenz – auch wenn seit geraumer Zeit eine gegenläufige Entwicklung den Tod wieder gesellschaftsfähig zu machen scheint. Zumindest ist er immer häufiger als Gesprächsthema anzutreffen. In Filmen allemal – sowohl in allabendlichen Fernseh-Krimis wie auch zunehmend in Dokumentationen und Berichterstattungen.

Auch für ein jüngeres Publikum scheinen Tod und Sterben weniger uninteressant zu sein als vermutet, sobald die Präsentationsform stimmt. Die scheint der 2005 geborene Luis Bauer bei TikTok gefunden zu haben. Seit einigen Jahren gibt er in Kurzvideos Einblicke in seine persönliche Tätigkeit als Bestatter und den allgemeinen Umgang mit Verstorbenen. Von normalen Leichentransporten per Auto bis zur Luftfracht, von delikaten Details der Leichenpräparierung bis zu ungewöhnlichen Sarglegungen per Kran – alles erklärt der Influencer locker, verständlich und nie pietätlos. Und ansprechend, ansonsten ließen sich seine 1,3 Mio. Follower nicht erklären.

Vor dem Tod erschrickst du? Du wünschest, unsterblich zu leben?
Leb im Ganzen! Wenn du lange dahin bist, es bleibt.

Friedrich Schiller (1759–1805)
Dichter und Dramatiker

Allerdings handelt es sich hier wie dort immer um den Tod der anderen. Der private Tod wird dagegen in der Gesellschaft geradezu als persönlicher Angriff und Versagen der Medizin gewertet und immer weniger als das vorbestimmte Ende eines natürlichen Prozesses.

Einfluss zu nehmen auf den bisher als unabänderlich geltenden begrenzten Lebensverlauf ist die Grundlage des Longevity-Trends. Dem Streben vieler Menschen nach einem sehr langen und qualitätvollen Leben verdankt er gegenwärtig seinen starken Zulauf. Als einer der führenden Wissenschaftler der Altersforschung verfolgt der Brite Aubrey de Grey das Ziel, Altern zu verlangsamen und letztendlich den Tod zu verhindern. Bekanntester Repräsentant dieser Entwicklung ist der amerikanische Multimillionär Bryan Johnson, der mit einem ganzen Forscher- und Ärzteteam an der Verjüngung seines eigenen biologischen Alters arbeitet. Neben der Änderung von Lebensgewohnheiten entschleunigen die ständige zelluläre Regeneration mit Stammzellkuren, die Einnahme von Spermidin und Nahrungsergänzungsmitteln, Kalorienrestriktion, Bewegung und Stressabbau nachweislich die Zellalterung. In Deutschland haben sich die Anhänger der Longevity-Bewegung als politische «Partei für schulmedizinische Verjüngungsforschung» formiert, um durch eine stärkere Unterstützung des KI-basierten Forschungsansatzes altersbedingten Krankheiten vorzubeugen. Und um irgendwann den Tod (und die Friedhöfe?) abzuschaffen.

Noch sind die medizinischen Verjüngungsprogramme nicht so weit gediehen, Krankheiten vor deren Ausbruch zu verhindern oder sie insgesamt zu besiegen. In der Hoffnung, dass sich dies in der Zukunft ändern wird, wählen einige Menschen ein Überbrückungsverfahren: Kryonik, Kryokonservierung oder auch Kryostase genannt. Unter der Methode versteht man das Einfrieren und Konservieren von Verstorbenen und deren Auftauen in einer Zeit, in der die Todesursache heilbar sein wird. Allerdings ist dieses Vorgehen wissenschaftlich mehr als umstritten.

Erstellung von Friedhofsentwicklungskonzepten

Schwindende Belegungen und veränderte Bestattungsvorstellungen haben die Konkurrenz unter den Friedhofsträgern verschärft. Immer mehr Verantwortliche und Berufsgruppen rund um die Sepulkralkultur wie Friedhofsverwalter, Steinmetze, Friedhofsgärtner, Städteplaner und Landschaftsarchitekten, aber auch entsprechende Berufsverbände und Friedhofsvereine versuchen seit geraumer

Beispiel für nicht wieder belegte Grabflächen

Zeit, der Entwicklung ideenreich und mit neuen Ansätzen vorausschauend zu begegnen und einen notwendigen Bewusstseinswandel mitzutragen, wenn nicht sogar anzustoßen.

Bei der Friedhofsentwicklungsplanung stehen ihnen der Deutsche Städte- und Gemeindebund und der Deutsche Städtetag mit allgemeinen Empfehlungen zur Seite. Auch die Bundesländer, verantwortlich für das jeweilige Friedhofs- und Bestattungsrecht, haben den Bedarf einer gesetzlichen Anpassung an die reale Situation erkannt und darauf teilweise mit der Erstellung von entsprechenden Konzepten reagiert. Doch selbst wenn sich die grundsätzliche Situation für alle Friedhöfe ähnelt, müssen für jeden einzelnen eigene Planungen unter Berücksichtigung der speziellen Voraussetzungen durchgeführt werden. Hier sind es besonders private Planungsbüros, die die kommunalen oder konfessionellen Auftraggeber bei der Findung eines geeigneten Weges für den jeweiligen Friedhof in die Zukunft unterstützen. Bei der Konzepterstellung zum weiteren Bedarf und zur Rolle eines Friedhofs sind verschiedene Faktoren einzubeziehen:[4] voraussichtliche Entwicklung der Stadtgröße, hochgerechnete Todeszahlen, klimatische

Veränderungen, ökologische und soziale Funktionen, historische und denkmalpflegerische Aspekte. Dabei streben die Verantwortlichen bestenfalls neben einer ausgewogenen Wirtschaftlichkeit eine Verbindung der obligatorischen Bestattungsfunktion mit einem stadtplanerischen Vorgehen an, das möglichst viele unterschiedliche Bedürfnisse berücksichtigt.

Erste Maßnahmen, dem veränderten Nutzerverhalten zu begegnen und die Attraktivität von Friedhöfen wieder zu steigern, fruchten bereits: Pflegefreie Gemeinschaftsgrabanlagen (teils sogar in Begleitung mitbestatteter Haustiere), thematisch verortet und gärtnerisch ästhetisch gestaltet, werden zunehmend angeboten und angenommen. Zusätzlich erweitern mögliche Beisetzungen unter Bäumen oder in Kolumbarien das Bestattungsangebot. Auch die Schaffung von Grabfeldern für Angehörige verschiedener Religions- und Glaubensgemeinschaften ist eine Reaktion auf sich wandelnde gesellschaftliche Verhältnisse. Sie verlangen von den Friedhofsträgern eine intensive Kommunikation und Bereitschaft, sich auf fremde Bestattungsriten einzustellen und eine entsprechende Infrastruktur – auch durch Anpassung ihrer rechtlichen Vorschriften – anzubieten. Eine große logistische Herausforderung angesichts wirtschaftlicher Umbrüche.

Trotz aller bisherigen gestalterischen und inhaltlichen Innovationsmaßnahmen nimmt der Bedarf an Friedhofsflächen dennoch weiter ab, und das sogar, obwohl in den nächsten Jahren durch die versterbenden Baby-Boomer mit mehr Todesfällen zu rechnen ist. Die freiwerdenden Areale umfassen nach aktuellen Schätzungen mindestens 150 km^2 – also knapp die Hälfte der gesamten Friedhofsgrundstücke in Deutschland.[5] Komplette Umwidmungen dieser Überhangflächen sind auf einzelnen Friedhöfen meist ebenso wenig gewünscht wie möglich, da sie überwiegend nicht zusammenhängen – auch wenn bereits vereinzelt Verkäufe von aufgelassenen größeren Grabfeldern im Grenzbereich stattgefunden haben.

Erweiterte Nutzungsmöglichkeiten – eine Frage der Würde und der Wirtschaftlichkeit

Was ist zu tun? Friedhöfe als Teile des öffentlichen Raums besitzen naturgemäß eine ganz zentrale Funktion: Sie dienen der Bestattung von Verstorbenen und werden in erster Linie als Stätten der Trauer und Erinnerung aufgesucht. Die strengen Benimmregeln für Besucher sind von den Trägern der Einrichtung vorgegeben: «Jeder hat sich auf den Friedhöfen der Würde des Ortes entsprechend zu verhalten.» So oder ähnlich lautet die Forderung in den meisten Friedhofssatzungen, kombiniert mit der Anordnung: «Die Weisungen des Friedhofspersonals sind zu befolgen.» Auf christlichen Friedhöfen ist zusätzlich oft der Hinweis eingefügt, dass Äußerungen, die den christlichen Glauben verletzen, an diesem Ort zu unterlassen sind. Ebenso wird in den meisten Satzungen die Einhaltung der gebotenen Pietät gegenüber einer Trauergemeinde gefordert, gefolgt von etlichen Verboten solcher Aktivitäten, die nach Einschätzung der Verwaltungen der Würde des Ortes widersprechen: Radfahren, das Mitführen von Tieren, Picknicken, Getränkekonsum, Joggen, Sport, Musik … Selbstverständlich sind diese Einschränkungen nicht einheitlich. Eine weitere allgemeine Vorschrift bezieht sich auf das Alter der Besucher: Gemäß vielen Satzungen ist Kindern unter sieben Jahren ein Friedhofsbesuch nur in Begleitung Volljähriger gestattet, etliche erlauben den alleinigen Aufenthalt sogar erst mit 14 Jahren.[6]

Was viele Besucher als unangemessene Reglementierung oder zumindest als abweisend und unzeitgemäß empfinden, ist zunehmend in etlichen Kommunen und Kirchenverwaltungen Gegenstand von teilweise sehr emotional geführten Diskussionen. Einigkeit herrscht allerdings auch bei Novellierungswilligen immer darüber, dass die Würde des Ortes weiterhin geachtet werden muss. Doch was genau bedeutet das? Was versteht man unter dem etwas antiquiert klingenden

Begriff Pietät, der häufig sogar als Namensbestandteil von Traditions-Bestattungshäusern erscheint? Mit wachsendem Individualismus in einer immer pluraler werdenden Gesellschaft wird es einheitliche Antworten kaum geben. Ist die Mitnahme von – angeleinten – Hunden pietätlos? Verletzt Radfahren das Taktgefühl? Entspricht Sonnenbaden noch den – religiösen – Empfindungen? Die Beantwortung dieser Fragen hängt sicher auch vom Alter und den jeweiligen Erfahrungen mit dem Tod ab. Je unbefangener ein Friedhofsbesucher ist, umso weiter fällt wahrscheinlich die Interpretation der Begriffe Pietät und Würde aus. Aber selbst für intensiv trauernde Menschen kann die Begleitung eines vertrauten Hundes oder die Benutzung eines Rades für den langen Weg zum Grab eine Hilfe sein.

Und wie steht es mit der geforderten Einhaltung der gebotenen Pietät gegenüber einer Trauergemeinde, die selbst nicht die bisherigen Vorgaben von würdigem Verhalten erfüllt? Besonders jüngere Menschen im urbanen Umfeld entwickeln diesbezüglich teilweise etwas andere Vorstellungen: moderne, vielleicht sogar laute Musik, Theater, Tanz oder Sektempfang am offenen Grab – derzeit noch unvereinbar mit den Friedhofssatzungen. Der Bedarf an weniger Vorschriften zeichnet sich ab. Denn schon heute wird eine Verhaltensänderung bei etlichen Beisetzungen offensichtlich, wenn Trauergäste farbige Alltagskleidung der gewohnt schwarzen Trauerkleidung vorziehen – meist explizit auf Wunsch der Verstorbenen.

Ein Blick in die Geschichte zeigt, dass es trotz aller Regulierungen immer auch Neuerungen in der Bestattungskultur gab. So zum Beispiel gegen Ende des 17. Jahrhunderts, als exklusive Nachtbestattungen – zunächst als adeliges Privileg – zum Beginn einer pompösen Trauermode vor allem im protestantischen Sachsen und Brandenburg avancierten. Und das, obwohl über Jahrhunderte eine nächtliche Beerdigung als Akt massivster Entehrung ausschließlich auf Kriminelle, Selbstmörder und teilweise Pestopfer beschränkt war. Die Fragen der Pietät, der kirchlichen Autorität und auch der Kosten stellte sich bei den neuartigen Beisetzungsspektakeln sehr wohl, verhallten allerdings schnell angesichts des zunehmenden Prestigedenkens in der Phase barocker Refeudalisierung.[7]

Auch heute spielt die Wirtschaftlichkeit bei der Erstellung von Zukunftskonzepten keine untergeordnete Rolle. Die Ausgaben für die Friedhofsunterhaltung sinken nicht durch weniger Bestattungen, eher im Gegenteil, da neue Pläne erstellt, die vorhandenen Flächen gärtnerisch betreut und die Bebauung saniert werden müssen – man denke nur an die dringend notwendigen Aktualisierungen der medialen Ausstattung von Trauerhallen. Zurzeit kompensieren die Grabnutzer, die sich noch für eine Friedhofsbeisetzung entscheiden, die geringer werdenden Einnahmen, sprich: Die Bestattungskosten steigen.

Wie gelingt es also, neben dem Generieren zusätzlicher Einnahmen Friedhöfen (wieder) zu einer Verwurzelung in der heutigen Gesellschaft zu verhelfen und sie auf der Basis ihrer sakralen Funktion zu lebensnahen und lebendigen Gemeinschaftsorten zu entwickeln? Verschiedene Untersuchungen belegen die Diskrepanz zwischen dem Bedürfnis von Trauernden nach einem Ort der Ruhe einerseits und einer behutsamen Öffnung auf der anderen Seite. Und hierin besteht das Dilemma: Weniger rigide Verhaltensnormen oder gar ein erweitertes Nutzungsangebot auf Friedhöfen könnte ihre Akzeptanz zwar bei einer breiteren, vor allem jüngeren Bevölkerung vergrößern, harmoniert allerdings nicht mit den überwiegenden Wünschen vieler Inhaber von Grabnutzungsrechten.

Hier sind die Friedhofsträger zukünftig immer mehr gefordert, die tatsächlichen Bedürfnisse der Nutzer zu ermitteln und auf eine Vereinbarkeit hinzuarbeiten, was vor allem große Friedhöfe wie etwa in Hamburg oder Karlsruhe schon seit einigen Jahren erfolgreich praktizieren. Aber auch etliche kleinere Friedhöfe verfügen bereits über attraktive Kulturangebote mit thematischen Bezügen. In Lesungen, Führungen, Vorträgen, überkonfessionellen Gedenkveranstaltungen und sogar in Ausstellungen zum Thema Tod, Sterben und

Bücherschrank auf dem Südfriedhof in Köln

letztendlich Leben erfolgen die Annäherungen. Umfangreiche infrastrukturelle Maßnahmen wie Trauerwege, Trauerstationen, Trauerhaltestellen beschränken sich allerdings auf die sehr großen Einrichtungen und werden dort im Allgemeinen begrüßt. Auf Widerstände stoßen dagegen weitergehende Veränderungen. So scheiden sich spätestens bei dem Thema Spielplätze die Geister – weniger aus Sorge vor einer Überforderung der Kleinen als vielmehr aus der Furcht vor Ruhestörung. Dass es trotzdem funktionieren kann, zeigt der Karlsruher Hauptfriedhof: Hier wird auf die Gefühle von Kindern eingegangen, indem sie seit 2012 mithilfe eines Spielplatzes der besonderen Art pädagogisch an die Themen Tod und Sterben herangeführt werden.

Eine Lösung zur Vereinbarung der verschiedenen Interessen könnte in der Devise «nebeneinander statt gegeneinander» mit einer klaren Unterteilung des Friedhofsareals in einzelne Funktionsbereiche liegen: Landschaftsarchitektonische Elemente wie Hecken, niedrige Bäume oder weite Wiesenflächen ermöglichen die Schaffung von Räumen zur unterschiedlichen Nutzung. Stärker abgrenzte, intime Gräbersituationen gestatten die stille Trauer, während stärker

Bücherstein: Grabstein als Bücherschrank auf dem Evangelischen Friedhof Matzleinsdorf, Wien

belebte Zonen dem gemeinschaftlichen Austausch dienen könnten. Aber selbstverständlich sind solche Ansätze aufwendig und als mittelfristig zu planende Umgestaltungen nicht für jeden Friedhof geeignet. Eins scheint aber sicher: Durch eine behutsame Erweiterung des Angebots mit Cafés und Bücherschränken, selbstverständlich genügend Ruhebänken und gepflegten Sanitäranlagen können entschleunigende Oasen für eine breitere Öffentlichkeit entstehen.

Friedhöfe mit historischen Gräbern haben zudem häufig Probleme, die pompösen Mausoleen oder die mit Skulpturen bekrönten Grüfte denkmalgerecht zu schützen. Nach dem sogenannten Patenschaftsmodell, entwickelt in Köln in den 1980er Jahren, ist es auf einigen Friedhöfen Privatpersonen, Vereinen oder anderen Gruppen gestattet, für verwaiste Großgräber, meist ehemalige Familienruhestätten, eine Fürsorgeverpflichtung einzugehen – inklusive des übertragbaren Beisetzungsanspruchs.[8] Im Gegenzug kommen die neuen Nutzer für eine fachgerechte Restaurierung und die andauernde Grabpflege auf. Eine Win-win-Situation, befinden sich diese Grabstätten doch meist in bevorzugter Lage und sind in ihrer künstlerischen Ausarbeitung ausgesprochen aufwendig, so dass sie dem Wunsch nach einer besonderen Repräsentation entgegenkommen. Auf diese Weise können

Urban Gardening auf dem Evangelischen Friedhof Matzleinsdorf, Wien

ganze historische Friedhofsareale in nahezu ursprünglichem Erscheinungsbild für nächste Generationen bewahrt bleiben. Und so hat denn auch die christliche Symbolik eine gute Chance auf Erhaltung – und sei es als Reminiszenz an vergangene Zeiten, in denen die christlichen Kirchen noch eine sehr bestimmende Funktion im Bestattungswesen ausübten.

Auch Projekte einer außergewöhnlichen friedhöflichen Nutzungserweiterung jenseits der deutschen Grenze sollen nicht unerwähnt bleiben: Ein nahezu legendäres, zumindest spezielles Verhältnis zum Tod besitzen die Wiener – das ist spätestens mit Georg Kreislers Lied aus dem Jahr 1969 verbürgt: «Der Tod, das muss ein Wiener sein». Wie anders könnte es sonst sein, dass der Evangelische Friedhof Matzleinsdorf in Wien seit 2022 einen bisher einmaligen Weg zur Attraktivitätssteigerung erfolgreich beschreitet? Und zwar durch die Funktionsveränderung von geeigneten Nischengrabsteinen auf Gräbern nach beendeter Belegungsfrist: Sie werden zu Schränken für auszuleihende Bücher umgestaltet. Themengerechte Sinnsprüche ersetzen oder ergänzen die Namen der ehemals dort Bestatteten und untermauern die neue Verwendung.

Herr Ribbeck auf Ribbeck im Haveland

Herr von Ribbeck auf Ribbeck im Havelland,
Ein Birnbaum in seinem Garten stand,
Und kam die goldene Herbsteszeit
Und die Birnen leuchteten weit und breit,
Da stopfte, wenn's Mittag vom Turme scholl,
Der von Ribbeck sich beide Taschen voll,
Und kam in Pantinen ein Junge daher,
So rief er: «Junge, wiste 'ne Beer?»
Und kam ein Mädel, so rief er: «Lütt Dirn,
Kumm man röwer, ick hebb 'ne Birn.»

So ging es viel Jahre, bis lobesam
Der von Ribbeck auf Ribbeck zu sterben kam.
Er fühlte sein Ende. 's war Herbsteszeit,
Wieder lachten die Birnen weit und breit;
Da sagte von Ribbeck: «Ich scheide nun ab.
Legt mir eine Birne mit ins Grab.»
Und drei Tage drauf, aus dem Doppeldachhaus,
Trugen von Ribbeck sie hinaus,
Alle Bauern und Büdner mit Feiergesicht
Sangen «Jesus meine Zuversicht»,
Und die Kinder klagten, das Herze schwer:
«He is dod nu. Wer giwt uns nu 'ne Beer?»

So klagten die Kinder. Das war nicht recht –
Ach, sie kannten den alten Ribbeck schlecht;
Der neue freilich, der knausert und spart,
Hält Park und Birnbaum strenge verwahrt.
Aber der alte, vorahnend schon
Und voll Mißtraun gegen den eigenen Sohn,
Der wußte genau, was damals er tat,
Als um eine Birn' ins Grab er bat.
Und im dritten Jahr aus dem stillen Haus
Ein Birnbaumsprößling sproßt heraus.

Und die Jahre gingen wohl auf und ab,
Längst wölbt sich ein Birnbaum über dem Grab,
Und in der goldenen Herbsteszeit
Leuchtet's wieder weit und breit.
Und kommt ein Jung' übern Kirchhof her,
So flüstert's im Baume: «Wiste 'ne Beer?»
Und kommt ein Mädel, so flüstert's: «Lütt Dirn,
Kumm man röwer, ick gew' di 'ne Birn.»
So spendet Segen noch immer die Hand
Des von Ribbeck auf Ribbeck im Havelland.

Theodor Fontane (1819–1898)
Dichter, Schriftsteller und Journalist

Grabstein mit Birnbaumdekor auf dem Kalker Friedhof, Köln

Ist die Transformation von Grabsteinen in sogenannte Büchersteine inhaltlich gut nachvollziehbar, so setzt das Angebot für Urban Gardening auf dem Matzleinsdorfer Friedhof Interessierte mit einer etwas robusteren Natur voraus. Besonders jüngeren Menschen scheint die eigene Ernte von Tomaten und anderem Gemüse auf abgelaufenen Grabflächen zwischen noch existierenden Gräbern eine willkommene Möglichkeit der Selbstversorgung zu bieten, vor allem in Großstädten. Bereits 2018 startete der erste Modellversuch dieser Art der Friedhofsbewirtschaftung in Berlin-Neukölln auf dem Neuen Friedhof St. Jacobi. Bis heute bestellt das Kollektiv Prinzessinnengarten mit Erfolg den noch aktiven Friedhof, auf dem seit 2019 allerdings keine Neubeisetzungen mehr stattfinden. Die freiwerdenden Grabflächen verwandelt die Gruppe in einen großen Gemeinschaftsgarten, während sie zusätzlich die Pflege der noch bestehenden Grabstätten übernimmt. Weitere Urban-Gardening-Projekte sollen nicht nur in Berlin folgen. Aktuell gibt es in vielen deutschen Städten ähnliche Überlegungen, um mithilfe von Vereinen oder auch Privatpersonen eine Lösung für unbelegte Friedhofsareale als Gemüsegärten zu entwickeln. Bedenken der Hygiene sind unbegründet, liegt doch mindestens ein Meter Erde zwischen der ursprünglichen und der neuen Nutzung.

In der Geschichte war ein solcher Gebrauch von Friedhofsflächen so ungewöhnlich nicht. Bis ins 19. Jahrhundert erstritten Totengräber ihr traditionelles Recht, die Friedhofsflächen zum Gemüseanbau oder als Weideflächen zu verwenden – zur Aufbesserung ihrer Einkünfte.[9]

Grüne Lunge Parkfriedhof – in Vergangenheit, Gegenwart und Zukunft

Angesichts der zunehmenden Verdichtung von Städten wird die notwendige Erhaltung von Friedhöfen als Grünflächen gegenwärtig kaum angezweifelt. Besonders Parkfriedhöfe nehmen dabei eine Sonderrolle ein; sie rangieren auf der Beliebtheitsskala von Friedhöfen weit oben, besitzen sie doch in ihrer langen Tradition als Ruheoasen einen beachtlichen Erholungswert in der Hektik und Tristesse so mancher Stadt.

Etliche der um 1900 neu angelegten großen Friedhöfe beweisen noch heute, wie harmonisch sich Gräber und Natur zu attraktiven Parklandschaften ergänzen können. Gräberfelder werden unterbrochen von Baum- oder Wiesenbereichen; sich schlängelnde Wege und kleine Hügel unterstreichen den ästhetischen Gesamtcharakter. «Der Friedhof soll nicht eine Stätte der Todten und der Verwesung sein. Freundlich und lieblich soll alles dem Besucher entgegentreten und dadurch der Ort aus der umgebenden Landschaft herausgehoben und geweiht werden.»[10] Trotz ihrer aktuellen Konnotation ist diese Aussage dem Ohlsdorfer Friedhofsführer von 1897 entnommen. Der für die Gestaltung des Hamburger Vorzeigefriedhofs – der erste seiner Art in Deutschland – zuständige Architekt und langjährige Direktor Wilhelm Cordes hatte in diesem Sinn ein Gesamtwerk aus Natur, Kunst und Technik entstehen lassen, das mit viel Bewunderung und einer Prämierung auf der Pariser Weltausstellung 1900 belohnt wurde. Sogar an die gegenwärtig diskutierte Integration der Friedhofsfläche in ein städtisches Grün- und Erholungsflächenkonzept war bereits gedacht worden.[11]

Der Grundgedanke für diese neuen Gestaltungsprinzipien ist nochmals 100 Jahre älter und beruht auf den Idealen des englischen Landschaftsgartens. In Abgrenzung zu den geometrisch streng gegliederten Barockgärten bevorzugt die Gartenidee abwechslungsreiche, vermeintlich natürliche Landschaftselemente, die dem Lustwandelnden überraschende Blicke auf idyllisch komponierte Naturszenerien frei geben – inspiriert durch die französische Landschaftsmalerei von Nicolas Poussin und Claude Lorrain. Der berühmte Friedhof Père Lachaise in Paris, gegründet 1804, machte als eine der ersten dieser innovativen Anlagen Furore.

Dass in Landschaftsgärten neben imaginären Mausoleen, Ruinen und Trauergebäuden sogar reale Grabstätten

Begrabet mich im Walde

Begrabet mich im Walde,
Fern
Von Rebenhag und Rosenhain;
Es wiegt der Wald,
Der Wald so gern
Die lebensmüden Schläfer ein.

Begrabet mich im Walde,
Fern
Von Erdenschmerz und Lebenspein;
Es schaut durchs Laub,
Durchs Laub der Stern
Aufs Grab mit stillem Trost herein.

Begrabet mich im Walde,
Fern
Von arger List und falschem Schein;
Er ist das Haus,
Das Haus des Herrn,
Drum wohnt der Friede dort allein.

Begrabet mich im Walde,
Fern
Vom Spaten, schürfend nach Gebein,
Daß, wie im Feld,
Im Feld der Kern,
Mein Staub entkeim' zu schönerm
Sein.

Begrabet mich im Walde,
Fern
Von Friedhofsprunk aus Erz und Stein;
Wo ich geruht,
Geruht so gern,
Dort senkt zur letzten Ruh mich ein.

Johann Nepomuk Vogl (1802–1866)
Schriftsteller, Dichter und Publizist

inszeniert wurden, bezeugt die als gelungen empfundene Synthese von Gräbern und Landschaft. So fordert der deutsche Gartentheoretiker und Landschaftsgestalter der Aufklärung Christian Cay Lorenz Hirschfeld (1742–1792) in seinem fünfbändigen Traktat «Theorie der Gartenkunst» als rhetorische Frage: «Was könnte aber indessen leichter und anständiger seyn, als dass ein Gutsbesitzer, wenigstens für seine Familie, in einem Teil seines Parks, oder in irgend einem Walde, einen Begräbnisplatz anlegte, und ihn zur Unterhaltung sittlicher Gefühle einrichtete?»[12]

In einer Zeit, als Beisetzungen auf Kirchhöfen und in Kirchen noch durchaus üblich waren, dokumentiert das ersehnte Grab in der (gestalteten) Natur ein deutlich verändertes Verständnis innerhalb der Sepulkralkultur. Statt Kirchennähe oder geweihtem Boden wurde für Privilegierte die sich immer wieder erneuernde Natur zum angestrebten letzten Ruheort. Wer denkt da nicht an aktuelle Baumbestattungen? Deren Romantikbezug ist unverkennbar.

Waren die ersten Landschaftsgärten vorrangig dem Adel vorbehalten, so dienten die friedhöflichen Parks des beginnenden 20. Jahrhunderts in Ermangelung anderer ausgedehnter Grünanlagen durchaus als öffentliche Erholungsräume – von ihrer eigentlichen Funktion einmal abgesehen. Ganz bewusst setzten die Gartenbauer die landschaftlichen Elemente zur trostspendenden und wohltuenden Wirkung ein. Ihre angestrebte natürliche Harmonie genießen die Besucher bis heute. Dass durch eine stimmige Landschaftsgestaltung Friedhofsbereiche aus dem 19. Jahrhundert mit noch aktiven später angelegten Arealen zu einem gelungenen Gartenensemble zusammenwachsen können, zeigt beispielsweise der eher kleine Evangelische Friedhof Quirlsberg in Bergisch Gladbach. Mithilfe eines engagierten Fördervereins wird gezielt an der Aufenthaltsqualität dieses erinnerungsträchtigen und spirituellen Ruheortes gearbeitet. Besonders die Kombination von Natur und formal vielfältigen Grabplastiken aus unterschiedlichen Zeiten besitzt per se einen ganz eigenen Charme, so dass Friedhöfe bereits als größte Skulpturenparks Deutschlands bezeichnet wurden.[13]

Sollte die Aufhebung eines Friedhofs oder einzelner Teilstücke unumgänglich werden, gibt es für die Umwandlung in eine Parkanlage also durchaus historische Begründungen. Ein gelungenes Beispiel für die Parknutzung einer umgewidmeten Friedhofsfläche ist der Berliner Leise-Park am Prenzlauer Berg. 2012 auf dem Gelände einer 15 900 m^2 großen Teilfläche des ehemaligen Neuen Friedhofs St. Marien-St. Nikolai entstanden, ist er heute eine beliebte Grünanlage mit naturnahen Spielmöglichkeiten und Liegewiesen unter altem Baumbestand, an den der noch aktiv genutzte Bereich des Friedhofs grenzt. Eine weitere umgewidmete Teilfläche wurde zur Wohnbebauung freigegeben. Ganz ähnlich verhält es sich in Osnabrück mit den beiden 1808 außerhalb der Stadtmauern angelegten, unter Denkmalschutz stehenden Friedhöfen Hasefriedhof und Johannisfriedhof, auf denen 1995 die letzte Beisetzung stattfand. Seit Ablauf der Ruhefrist 2015 dienen sie mit einer Gesamtgröße von etwa 17 000 m^2 als Parkanlagen mit Friedhofscharakter.

Werfen wir abschließend noch einen Blick nach Kopenhagen, wo der historische Assistensfriedhof etwa 250 Jahre nach seiner Gründung den gesellschaftlichen Verhältnissen angepasst wurde. Grundlegend war die Aufteilung der 0,2 km² großen Fläche in vier unterschiedliche Bereiche: «in einen Museumsbereich mit historischen Grabstätten aus dem ältesten Teil des Friedhofs, einen ‹Erinnerungspark› (der zugleich der Erholung und der kulturhistorischen Anschauung dient), einer Fläche für aktuelle Belegungen und schließlich einer Parkfläche ausschließlich für Zwecke der Erholung und Freizeit»[14]. Etliche Tausend Gräber aus den Jahren 1805 bis 1998 wurden für die Konzeptumsetzung aufgelöst, 68 historische Gräber mussten mit den Denkmälern und Grabsteinen umgesetzt werden. Allerdings erhielt der Friedhof dafür eine Betriebsgarantie bis 2150. Trotz des Aufwandes ein gelungenes Beispiel dafür, wie der Tod wieder inmitten der Lebenden Platz finden kann.

Alle hier aufgeführten ideenreichen Maßnahmen zur Anpassung an gesellschaftliche Veränderungen sind nicht unbedingt auf andere Friedhofssituationen übertragbar, bieten aber inspirierende Anregungen, das heute noch vielerorts vorhandene abweisende und beklemmende Image von Begräbnisstätten zu verbessern.

Ökologie – ein weites (Grab-)Feld

«Der Friedhof ist auch ein Garten des Lebens, in dem sich die Vielfalt von Gottes Schöpfung und christlicher Verantwortung für die Umwelt zeigen soll.»[15]

Matthias Habel
Friedhofsverwalter Rahlstedter Friedhof, Hamburg

In diesem Sinn sind Friedhöfe nicht nur städtische Oasen für den Menschen, sondern selbstverständlich auch für Tiere. Vor allem innerhalb der stark verdichteten Stadtbebauung haben sie schon immer einen wichtigen ökologischen und klimatischen Beitrag geleistet – wer denkt nicht gern an das intensive Vogelgezwitscher zwischen und über den Gräbern oder die angenehme Frische an heißen Sommertagen?[16]

Seit einigen Jahrzehnten greifen immer mehr Friedhofsmanager das Thema Ökologie auf, um durch gezielte Maßnahmen zur Steigerung der Biodiversität beizutragen. Unterstützung bei dem Engagement für die tierische und pflanzliche Artenvielfalt erhalten sie von verschiedenen Naturschutzverbänden. Zu den häufigsten Aktionen der ökologischen Aufwertung gehört die Entsiegelung von wenig genutzten Nebenwegen und deren Umwandlung in Wiesenflächen. Auf größeren zusammenhängenden Überhangarealen werden Wildblumen ausgesät, regionaltypische Kräuter angepflanzt oder auch Streuobstwiesen angelegt. Hinzu kommen Insekten- und sogar Igelhotels, Nistkästen für Fledermäuse und Bienenstöcke, Vogelschutzhecken: All das trägt zur Schaffung neuer Lebensräume und Rückzugsorte für verschiedene – bedrohte – Tierarten ebenso bei wie die lampenlose nächtliche Dunkelheit im urbanen Umfeld mit hoher Lichtverschmutzung. Die Tatsache, dass Friedhöfe bisher zu den wenigen hundefreien Orten in einer Stadt zählen, fördert den Artenschutz, bietet aber Konfliktpotenzial beim Thema Nutzungserweiterung.

Und es gibt noch weitere Vorteile: Die stärkere Begrünung wirkt sich gerade im urbanen Häusermeer als Lüftungsschneise positiv auf das Stadtklima aus und senkt im Vergleich zur bebauten Umgebung die Temperatur ab. Auch Regenwasser kann im Bereich der unversiegelten Flächen schneller vom Boden aufgenommen werden. Die derzeit entwickelten nachhaltigen Friedhofskonzepte gehen noch weiter, indem der Verzicht auf biologisch nicht abbaubare Produkte im Rahmen von Begräbnissen in den Friedhofssatzungen zunehmend festgeschrieben wird. So soll vermieden werden, dass über Särge oder Urnen, über Textilien der Verstorbenen oder Grabbeigaben Schadstoffe in den Boden gelangen.

Die Bestattungsbranche reagiert auf diese ökologischen Tendenzen ausgesprochen flexibel. Als schadstofffreie Alternativen werden verschiedene Typen von Natursärgen aus geflochtenen Bananenblättern, Pilzgeflecht oder Weidenruten – nachwachsend und fair gehandelt – und natürlich ohne Metallbeschläge angeboten. Das Innere ist entweder mit ungebleichtem Baumwolltuch oder Filz ausgeschlagen. Auch an die leicht abbaubare Kleidung für die Verstorbenen ist gedacht. Nachhaltiges und umweltfreundliches Material ist ebenso für Urnen selbstverständlich. Obwohl sie in der Regel aus gepresster Maisstärke bestehen, sind die Gefäße auch aus Weiden- oder Pilzwurzelgeflecht, Papier oder Holzkohle erhältlich. Der Vorteil dieser Materialien besteht nicht allein in der biologischen Abbaubarkeit, sondern ihre Verwendung verhindert auch den Raubbau von langsam wachsenden Edelhölzern. Das Netzwerk «Grüne Linie» klärt in diesem Sinn über ökologische Aspekte vom Öko-Sarg bis zur regionalen Grabbepflanzung rund um die Bestattung auf und vermittelt zertifizierte Unternehmen.[17]

Ein besonders konsequentes Öko-Konzept mit Schwerpunkt Klimaschutz hat der evangelisch-lutherische Friedhof in Hamburg-Rahlstedt[18] entwickelt und ist damit als erster Friedhof in Deutschland klimaneutral. Der Bezug von Ökostrom, der Bau einer großen Fotovoltaik-Anlage auf dem Dach der Kapelle, die Umstellung sämtlicher Verbrenner-Fahrzeuge auf elektrische Alternativen, die Sanierung der Gebäude unter energetischen Gesichtspunkten und der Einbau einer Ökogasanlage zur Verwendung von Ernteabfällen sind die wichtigsten Maßnahmen, die den CO_2-Ausstoß von 2003 bis 2020 um 95 % sinken ließen. Zusätzlich denken die Verantwortlichen möglichst ressourcenschonend in Kreisläufen. So werden nahezu alle anfallenden Grünabfälle kompostiert und für neue Pflanzungen wiederverwertet. Seit 2011 erhält man zudem das Gießwasser aus einem eigenen Brunnen, so dass nicht mehr aufbereitetes Trinkwasser genutzt werden muss. Trotz bewusster Reduktion des Stromverbrauchs gibt es Grenzen, da der Großteil für die Kühlung der Leichen benötigt wird. Die aus einer besonderen Umweltverantwortung entstandenen Maßnahmen reduzieren mittlerweile sogar die Unterhaltungskosten.

Was im Bereich der nachhaltigen und ökologischen Bewirtschaftung eines Friedhofs schon produktiv umgesetzt werden kann, beschäftigt heute außerdem die Betreiber von Krematorien. Auch hier sucht man nach Lösungen, den Energieaufwand und den CO_2-Ausstoß zu verringern. Ebenso werden Reduktionsmöglichkeiten von Quecksilberemissionen, die bei der Verbrennung von Amalgamfüllungen entstehen,

Grabstein mit Bienenstöcken im Hintergrund, Südfriedhof, Köln

Belastungen durch Medikamentenrückstände oder Strahlendosen und Implantate geprüft. Dennoch haben Feuerbestattungen bisher eine schlechte Klimabilanz. Um die aktuell noch geforderte Betriebstemperatur von 900 bis 1100 °C für eine möglichst rückstandsfreie Verbrennung zu erreichen und für den Verbrennungsvorgang 90 Minuten zu halten, benötigt ein Krematorium in der Regel 17,5 m^3 Erdgas pro Einäscherung und verursacht einen CO_2-Ausstoß von durchschnittlich 67 kg – in Summe kommen somit in Deutschland bei circa 650 000 Kremationen jährlich bis 50 000 t CO_2 zusammen.[19] Andere Schätzungen gehen von weit höheren Emissionswerten bis zu 250 000 t aus. Aber im Einzelnen gibt es andererseits weitaus niedrigere. So hat sich das privat geführte Krematorium von Traunstein vorgenommen, das erste klimaneutrale Krematorium Deutschlands zu werden – und ist 2023 mit einem CO_2-Ausstoß von 2,94 kg pro Einäscherung auf einem guten Weg. Statt Erdgas wird nun Bio-Methangas aus nachwachsenden Rohstoffen zur Beheizung der Öfen genutzt, die Kühlhäuser für die Leichname werden mit Ökostrom versorgt, der vollständig aus Wasserkraft gewonnen wird, und ein Elektrofahrzeug ersetzt den Mehrsargtransporter. Die Abwärme beheizt die angrenzenden Gebäude, und Strom wird mit einer Fotovoltaik-Anlage produziert.[20] Auch andere Krematorien sind sehr um eine Verringerung ihres Energieverbrauchs und Kohlenstoffdioxid-Ausstoßes bemüht, zum Beispiel wenn das Krematorium in Dachsenhausen zwei Öfen im 24-Stunden-Dauerbetrieb einsetzt, um den hohen Energieaufwand beim Hochfahren zu vermeiden.

das Holz der Regenwälder:
für unsere Särge reicht es

Anke Maggauer-Kirsche (geb. 1948)
Lyrikerin und Aphoristikerin

Noch eine kleine Randnotiz zum Thema Ökologie und Friedhof: Nachdem der französische Friedhof von Saint-Joachim im Feuchtgebiet der Loiremündung im Winter immer wieder durch Regenmassen und Hochwasser überflutet worden ist, sollen die Gräber ab 2025 zur Sicherung ein Dach aus Solarpanelen erhalten, die zugleich den Ort mit Öko-Strom versorgen werden. Auch eine Win-win-Situation.

Bestattungen – einmal anders?

Seit einigen Jahren wird die Entwicklung alternativer Bestattungsmethoden, die stärker mit der Natur und dem Klimaschutz in Einklang stehen, immer intensiver verfolgt. Zwei Verfahren der Kompostierung menschlicher Leichname – auch als Humankompostierung oder natürliche organische Reduktion bezeichnet – scheinen einen gangbaren Weg aufzuzeigen. Den bisher kleinsten ökologischen Fußabdruck soll die Technologie der Promession hinterlassen. Dieses Bestattungsverfahren, bestehend aus Gefriertrocknung und anschließendem Kompostieren des entstandenen Granulats, hat die Schwedin Susanne Wigh-Mäsak 1999 zum Patent angemeldet. In Deutschland bisher ohne Erfolg. Lediglich das Bestattungsgesetz von Niedersachsen räumt die Möglichkeit dieser «Tieftemperaturbehandlung mit anschließender Erdbestattung» ein. Dabei wird der menschliche Leichnam im sogenannten Promator zunächst für anderthalb Wochen auf –18 °C vorgekühlt, um anschließend in einem Stickstoffbad bei –196 °C den Großteil des Wassers entzogen zu bekommen. Durch starkes Rütteln zerfällt der Körper zu einem Granulat, das in einer kompostierbaren Urne beigesetzt werden kann. Innerhalb eines Zeitraums von bis zu einem Jahr entsteht aus dem Granulat Humuserde.

Das zweite Zersetzungsverfahren der Reerdierung oder Terramation funktioniert auf der Basis von Sauerstoff, Wärme und Mikroorganismen und wurde 2014 von der Firma Recompose unter der Leitung von Katrina Spade entwickelt. In Deutschland engagiert sich das Start-up-Unternehmen Circulum Vitae unter dem Namen «Meine Erde» in Mölln seit 2022 für die Legalisierung dieser aeroben Verwesungsmethode.[21] Bisher ist ihre Anwendung ausschließlich im Rahmen einer Pilotphase in Schleswig-Holstein erlaubt, allerdings darf der Humus ebenso in Mecklenburg-Vorpommern und Hamburg-Ohlsdorf beigesetzt werden. Das Verfahren selbst scheint einfach: In einem sargähnlichen Behälter, auch Kokon genannt, wird der Leichnam auf eine Schicht aus Stroh, Heu und Blumen gelegt und auch damit bedeckt. Die vorhandenen körpereigenen Mikroben erzeugen selbst eine Temperatur von 70 °C, die laut Anbieter ausreicht, um innerhalb von 40 Tagen den Körper unter Zugabe von Sauerstoff und Stickstoff in sterilen Humus ohne individualtypische DNA zu transformieren. Allein ein gleichmäßiges Wiegen des Behälters ist hierfür zusätzlich erforderlich. Die nicht zersetzten Knochen werden wie nach einer Einäscherung zermahlen und dem Erdsubstrat zugefügt. Um dem deutschen Friedhofszwang zu genügen, muss die fruchtbare Humuserde auf Friedhöfen beigesetzt werden. Dort kann sie in Gräbern zum Träger für Pflanzen werden und nebenbei zur Bodenverbesserung dienen. Da der Humus mehr Platz als eine Urnenbeisetzung benötigt, bestünde hier zudem die Möglichkeit, einige Gräber-Leerstellen wieder zu füllen. Ganz so positiv sehen Kritiker das Verfahren allerdings nicht, da im Unterschied zu Einäscherungen die chemischen Belastungen mancher Verstorbener durchaus in die Erde gelangen könnten. Ohne den Verbrauch fossiler Brennstoffe fällt allerdings die Klimabilanz bei weitem besser aus.[22] Auch im christlichen Sinne dürfte nichts gegen diese Methode der Humankompostierung sprechen, denn eindeutiger als mit ihr kann die liturgische Beisetzungsformel «Erde zu Erde, Asche zu Asche, Staub zu Staub» ja kaum nachvollzogen werden.[23]

Bei der dritten neuartigen Bestattungsmethode handelt es sich um die Resomation oder alkalische Hydrolyse, die auf eine Entwicklung der Schotten Sandy Sullivan und Craig Sinclair im Jahr 2009 zurückgeht. Wegen ihrer energiesparenden Umweltfreundlichkeit trägt sie auch den Beinamen «Öko-Bestattung». Im Vergleich zu einer Feuerbestattung verbraucht sie nur 15 % der Energie und benötigt keine fossilen Brennstoffe. Bei diesem Verfahren wird der Leichnam in einen Edelstahltank, den Resomator, gelegt und mit einer Lösung aus heißem Wasser und Kaliumhydroxid besprüht. Durch die hohe Temperatur von 100 bis 170 °C zersetzt sich der Leichnam innerhalb von bis zu drei Stunden, was auch zu den Bezeichnungen Wasserkremation oder Aquamation geführt hat. Die entstandene rückstandsfreie Flüssigkeit kann über den normalen Abfluss entsorgt werden, sagen die Befürworter. Eventuelle Knochenrückstände werden gemahlen und in einer Urne beigesetzt. Umweltexperten hegen Zweifel und verweisen auf den Einsatz aggressiver Chemikalien und das verschmutzte alkalische Abwasser. Ursprünglich stammt dieses Auflösungsverfahren aus der Tierkadaverbeseitigung, wo es erfolgreich erprobt wurde. Im Humanbereich wird es in Kanada, Australien und einigen Bundesstaaten der USA bereits angewandt. Seit 2023 engagieren sich in Deutschland die Betreiber Sandra und Jochen Lutz des Krematoriums Schwäbisch Hall für eine Zulassung des Verfahrens unter dem Namen Lavation. Die Niederlande und Belgien prüfen aktuell die notwendigen Gesetzesänderungen.

Dass die genannten Methoden gegenüber der Sargbestattung und der Kremation deutlich umweltfreundlicher sind, ist unstrittig. Ob sie mit den ethischen oder religiösen Vorstellungen und den gesetzlichen Vorgaben vereinbar sind, wird sich zeigen.

Selbstverständlich haben auch in der Vergangenheit gesellschaftliche Veränderungen nicht vor der Sepulkralkultur haltgemacht und Utopien genauso befördert wie Realisierungen umsetzbarer Ideen. Gerade die Notwendigkeit, spätestens ab 1800 genug Bestattungsraum innerhalb der schnell wachsenden Großstädte zu schaffen, hat so manche visionäre Architekten beschäftigt. Als einer der bekanntesten unter ihnen plante der Franzose Pierre Giraud 1796 für Paris eine zentrale fabrikartige Bestattungsanlage innerhalb einer Pyramide inmitten eines Landschaftsgartens. Dort sollten mittels des chemischen Verfahrens der Vitrifikation die Gebeine von

Verstorbenen in eine glasartige Substanz umgewandelt und danach gemeinsam bestattet werden. Individuelle Grabmäler entsprachen nicht seiner Idee. Wegen technischer Schwierigkeiten wurde von der Umsetzung abgesehen. Heute fordert genau die umgekehrte Situation der überzähligen Friedhofsflächen die Verantwortlichen heraus.

Digitale Technologien im Sepulkralbereich

Die Gegenwart und Zukunft von Friedhöfen ohne digitale Technologien – undenkbar. Wie fast überall im Leben sind sie auch aus dem Sepulkralbereich nicht mehr wegzudenken, stattdessen eröffnen sie der Bestattungs- und Erinnerungskultur zunehmend neue Möglichkeiten.

Schon immer gab es den Wunsch, dem Tod von Menschen nicht hilflos gegenüberzutreten und das Leben als etwas ausschließlich Flüchtiges zu betrachten. Dauerhaft, für die Ewigkeit sollten Erinnerungen an Verstorbene konserviert werden. Das Internet macht das als ideales Speichermedium möglich.

Digitale Gedenkseiten und virtuelle Friedhöfe sind bereits weit verbreitet als kostengünstige und einfache Möglichkeit für Hinterbliebene, auf den Tod eines Verstorbenen hinzuweisen, ihn zu betrauern und sein Andenken festzuhalten. Mit EternalFlame[24] ging 1995 weltweit der erste Online-Friedhof ans Netz, aber erst 15 Jahre später war in Deutschland ein größeres Interesse für diese Art des Trauerns geweckt. Bald schon wurden weitere Gedenkportale gegründet, von denen nicht alle überlebt haben. Allerdings dürfte deren Auflösung erheblich unkomplizierter vonstattengegangen sein als die eines analogen Pendants. Dennoch ist das virtuelle Angebot heute nicht klein: Mit Trauer.de, InFrieden.de, stayalive.com, doolia.com, gedenkseiten.de oder soulium.de (bis 2017 strassederbesten.de) – um nur die verbreitetsten zu nennen – stehen verschieden gestaltete Websites zur Verfügung. Zudem engagieren sich immer mehr Bestattungsinstitute auf diesem

Gebiet. Die zeitliche und räumliche Begrenzung von Traueranzeigen in Zeitungen hat die großen Verlage veranlasst, zur gedruckten Anzeige zusätzlich eine Online-Variante anzubieten, die bei Bedarf in Gedenkseiten überführt werden kann (Trauer.de). Ähnliches geschieht seit einigen Jahren bei den bekannten Netzwerken Facebook.com und Myspace.com als Reaktion auf das Problem verwaister Profile von verstorbenen Nutzern, indem sie diese in «memorialized profiles» umwandeln – bei Mydeathspace.com unter genauer Angabe der jeweiligen Todesumstände. So bleiben auch nach dem Wechsel auf diese Gedächtnisseiten die Toten der sozialen Gemeinschaft der Lebenden erhalten und können weiterhin in die Kommunikation einbezogen werden.

Vom Aufbau ähneln sich die meisten virtuellen Erinnerungsportale: Nach der Registrierung können individuelle Profilseiten für nahe Verstorbene, aber auch Prominente oder Katastrophenopfer eingerichtet werden. Neben dem Eintrag der persönlichen Grunddaten ist die Veröffentlichung weiterer Informationen wie Fotos, Videos oder Musik vorgesehen. Wer im Übrigen bei der Gestaltung auf Nummer Sicher gehen möchte, organisiert sich eine solche Seite schon zu Lebzeiten und übernimmt selbst die Auswahl des privaten Inputs. Vorteilhaft sind hier sicher Kenntnisse der Selbstdarstellung auf anderen Social-Media-Plattformen.

Ein Traum

Ein Traum, ein Traum ist unser Leben
Auf Erden hier.
Wie Schatten auf den Wogen schweben
Und schwinden wir,
Und messen unsre trägen Tritte
Nach Raum und Zeit:
Und sind (und wissen's nicht) in Mitte
Der Ewigkeit.
[…]

Johann Gottfried von Herder
(1744–1803)
Kulturphilosoph, Theologe, Dichter

Ähnlich wie dort ist der «Freund», Follower oder User auf den speziellen Friedhofs-Gedenkseiten zur aktiven Teilnahme eingeladen, um per Mausklick mit dem Anzünden virtueller Kerzen Anteil zu nehmen. Die angebotenen Kondolenzbücher sind ein wenig herausfordernder, da sie Platz für längere persönliche Trauerbekundungen bieten. Über die Reaktionen auf diesen Seiten erfolgt ein emotionaler Austausch, wie er von Social-Media-Kanälen bekannt und eingeübt ist. Für etliche Angehörige erfüllt die Kondolenzseite noch eine andere wichtige Aufgabe: Sie ermöglicht es ihnen wie auf den Gedächtnisseiten von Facebook und Co., in einen imaginierten Kontakt zum Verstorbenen zu treten. Nicht nur der Schmerz über seinen Verlust wird diesem in direkter Ansprache vermittelt, persönliche Grüße an den Geburts- wie Sterbetagen sind ebenso üblich wie tagebuchähnliche Aufzeichnungen über Alltäglichkeiten, um den Verstorbenen auf dem Laufenden zu halten. Die Bereitschaft zur Präsentation sehr persönlicher Trauermomente in einer potenziell weltweiten Öffentlichkeit steht der privaten, anonymen Eingabesituation am eigenen Rechner konträr entgegen.

Preislich ist die Schaltung eines Profils auf den meisten Portalen moderat, da die Basisversionen häufig kostenlos angeboten werden. Zusätzliche Funktionen oder Aufhebung einer zeitlichen Beschränkung – nach maximal einem Jahr endet meist der unentgeltliche Ewigkeitsanspruch – sind gegen Gebühr erhältlich.

Die Vorteile dieser Einrichtungen liegen auf der Hand: Die virtuellen Trauer- und Gedenkorte stehen jederzeit und überall zur Verfügung. Einzige Voraussetzung ist ein funktionierender Internetzugang. Mithilfe dieser digitalen Verbindung können Menschen zeitlich und räumlich unabhängig voneinander dennoch gemeinsamen trauern. Besonders der wachsenden Mobilität in unserer Gesellschaft und etwaigen körperlichen Einschränkungen tragen die virtuellen Möglichkeiten Rechnung. In diesem Sinne ist die Teilnahme an Bestattungsfeiern per Livestream zu begrüßen, wenn ansonsten eine persönliche Anwesenheit ausgeschlossen wäre.

Trotz der günstigen Voraussetzungen erstaunen die teilweise sehr hohen Besucherzahlen der einzelnen «Gräber» auf den unterschiedlichen Seiten. Mehrere angegebene Tausend bis fast drei Millionen (Gedenkseiten.de) scheinen ein Beleg dafür, dass diese digitalen Stätten von vielen Menschen als adäquate Erinnerungsorte empfunden und genutzt werden. Besonders die Einträge zu jung Verstorbenen oder Kindern weisen häufige Kontakte auf. Das Bedürfnis, an einem leicht zugänglichen Trauerort parallel zum realen Grab aktiv zu werden, ist hier immens.

Einen weitergehenden Ansatz verfolgte das Start-up-Unternehmen farvel, das von 2020 bis 2022 virtuelle Erinnerungsräume anbot. Im Unterschied zu den bestehenden Seiten konnten Trauernde gemeinsam mit erweiterten technischen Möglichkeiten einen virtuellen Raum kreieren, in dem sie die Bestattungszeremonie und Erinnerungselemente nach eigenen Vorstellungen auf den jeweiligen Verstorbenen ausrichteten. Entsprechend der wachsenden Anzahl von analogen Bestattungen, die sich jenseits traditioneller Vorgaben explizit an den Bedürfnissen der Trauergemeinschaft orientieren, erforderte hier der Verzicht auf vorgefertigte Eingabemodule eine intensive Beschäftigung mit dem Toten.

Alles in allem orientieren sich die Gedenkseiten an bisher üblichen Bestattungsbräuchen – aber eben nur virtuell. Sogar in der Gestaltung greift die Plattform soulium.de die tradierten Vorstellungen von traditionellen Friedhöfen auf, wenn ein Online-Grab von den Angehörigen mit animierten Grabbeigaben wie Blumen, Kuscheltieren oder Engeln in Kombination mit Fotos der realen Grabsituation konfiguriert und stimmungsvoll um eine Kapelle oder auch vor einer Bergkulisse angesiedelt werden kann.

Weniger an einem emotionalen Austausch interessiert ist die internationale Website findagrave.com, die sich bewusst nicht ausschließlich an trauernde Hinterbliebene wendet. Die irische Betreibergesellschaft verfolgt vielmehr das Ziel, möglichst viele Gräber zu einem virtuellen Friedhof als «the World's largest gravesite collection» zusammenzutragen und einzelne Ruhestätten weltweit auffindbar zu machen. An dieser Archivierung teilzunehmen, ist die gesamte Internetgemeinschaft eingeladen. Seit 1995 ist man auf einem guten Weg: 238 Mio. Gräber sind bereits erfasst. Und nicht nur das:

Bei etlichen Verstorbenen ergänzen ausführliche Lebensbeschreibungen und Familieneinordnungen mit Fotos die Dokumentation.

Auch in Deutschland veranlasste der Wert von Grabsteininformationen für die Familienforschung den Verein für Computergenealogie e.V. (CompGen), diese seit 2007 zu sammeln und für Auswertungen zur Verfügung zu stellen. Hierfür werden die einzelnen Grabsteine fotografiert und die Inschriften in eine Datenbank übertragen. Mittlerweile sind individuelle Grabmale von über 7000 Friedhöfen dokumentiert.

Um die Gräber berühmter Persönlichkeiten auf mittlerweile 50 Friedhöfen in 33 deutschen Städten in den Fokus zu rücken, wurde die Audio-Guide-App «Wo sie ruhen» 2013 in Trägerschaft der Stiftung Historische Kirchhöfe und Friedhöfe in Berlin-Brandenburg eingerichtet. Die Auswahl erfolgte durch Experten nach der architektonischen und kunsthistorischen Bedeutung, ebenso die textliche Erfassung der etwa 1400 Gräber, deren Geschichten nun auf individuellen Rundgängen erfahrbar werden.

Trennung ist wohl Tod zu nennen,
Denn wer weiß, wohin wir gehn,
Tod ist nur ein kurzes Trennen
Auf ein baldig Wiedersehn.

Joseph von Eichendorff (1788–1857)
Schriftsteller und Dichter

Der Wunsch nach einem öffentlichen Festhalten von Erinnerungen an einen Verstorbenen bezieht sich nicht ausschließlich auf Prominente, sondern natürlich ebenso auf Privatleute, wie die virtuellen Friedhöfe eindrucksvoll bestätigen – ganz im Gegensatz zu dem seit einigen Jahren andauernden Trend zu anonymen Bestattungen. Eine Möglichkeit zur Andenken-Speicherung bietet unter anderem die Verwendung von QR-Codes. Auf den Grabstein geklebt oder – seltener – in ihn gemeißelt oder gesandstrahlt, vermittelt das kleine Quadrat seit mittlerweile gut zehn Jahren weit mehr Informationen über den Toten, als ein Grabzeichen fassen könnte. Lieblingsmusik, Fotos oder auch Videos, eventuell die Grabrede werden beim Scannen des Codes am Grabstein 2.0 für jeden Besucher erfahrbar. Allerdings sind direkte Reaktionen nicht möglich. Es sei denn, der Barcode beinhaltet eine Verlinkung zu einer Gedenkseite, deren Inhalt aufgerufen wird. Dann ist es dem Besucher des realen Grabes möglich, an der digitalen Entsprechung eine Kerze anzuzünden oder Blumen abzulegen – eine spielerische Verbindung zwischen analoger und virtueller Trauer. Mittlerweile sind auf den meisten Friedhöfen QR-Grabsteine mit Genehmigung der Friedhofsträger erlaubt.

Selbstverständlich haben Friedhofsverwaltungen längst die digitalen Arbeitserleichterungen entdeckt: vom digitalen Flächenplan bis zu technologischen Innovationen bei der Grabpflege durch Drohnen und Roboter oder der Beteiligung an der App «Heimatfriedhof.online», dem Portal für das Anzeigen von Sterbefällen in den beteiligten Kommunen.

Im Internet lassen sich allerdings nicht nur Informationen über Gräber oder Menschen sammeln und vermitteln, sondern aktuell wird daran gearbeitet, gleich den Menschen selbst zu erhalten. Und zwar als seinen eigenen Klon. Mit Hilfe von KI-gestützten Technologien ist es möglich, KI-Chatbots herzustellen, die Aussehen, Mimik, Stimme, Denkmuster und Kommunikationsverhalten eines Menschen übernehmen und damit sein digitales Weiterleben nach dem Tod sichern. Die notwendigen Informationen müssen zu Lebzeiten per Videos, Sprachnachrichten, Texten oder Erinnerungsbuch gesammelt werden. Das Zusammenstellen kann man in Vorplanung seines zukünftigen Todes selbst übernehmen oder durch Angehörige ausführen lassen. In Deutschland fehlen bisher noch die Anbieter dieser Digital Afterlife Industry zur Umsetzung, so dass bis jetzt ein Ausweichen in die USA, nach Japan oder Korea unumgänglich ist. Dort wird die Technologie bereits von einigen jungen, allerdings in der Trauerbegleitung unerfahrenen Tech-Unternehmen eingesetzt. Das Ziel ist nicht nur die Herstellung virtueller Simulationen von nahen Verstorbenen, sondern auch von Freunden, Prominenten oder der eigenen Person – vorausgesetzt, es liegen genug Kommunikationsdaten vor.

Zurzeit diskutieren Fachkreise intensiv über den möglichen Einfluss des Weiterlebens toter Menschen als KI-Klone auf Trauerprozesse. Auch der Dokumentarfilm «Eternal you – Vom Ende der Endlichkeit» aus dem Jahr 2024 von Hans Block und Moritz Riesewieck widmet sich ausführlich den therapeutischen Chancen wie auch den Risiken. Kann ein letzter Austausch mit einem plötzlich Verstorbenen im Trauerprozess hilfreich sein, oder hat die Kommunikation mit einem identischen Avatar vielleicht genau die konträre Wirkung, weil das Abschiednehmen dann nur umso schwerer fällt? Aber vielleicht ist ein solches Loslassen gar nicht nötig, weil die Begleitung durch einen virtuellen Partner das Leben dauerhaft erleichtert? Suchtpotenzial bergen derartige Verfahren allemal. Oder was passiert, wenn die ersehnte Reaktion der Versöhnung ausbleibt, da der KI-Klon durch zusätzliche unkontrolliert erworbene Informationen ein Eigenleben entwickelt hat? Für junge Elternteile, die um ihren bevorstehenden Tod wissen, mag die Vorstellung, ihren kleinen Kindern auf diese Weise eine ganz persönliche «lebendige» Erinnerung zu hinterlassen, jedenfalls etwas Tröstliches haben.

So verlockend die Vorstellung sein mag, mit geliebten Verstorbenen in einem audiovisuellen und per Datenhandschuh sogar haptischen Kontakt zu bleiben – gegenwärtig muten diese Gedanken noch irritierend und ungewöhnlich an. Auch die Möglichkeiten dieser Technologie für die eigene Person sind nicht unerheblich. Bei dem einen oder anderen mag es durchaus der Eitelkeit geschuldet sein, sich selbst zumindest als Avatar-Denkmal der Nachwelt erhalten zu wollen – gepaart mit der urmenschlichen Hoffnung auf ein ewiges Leben. Dieser Wunsch kann nun direkt in Erfüllung gehen: Nach Verlust der leiblichen Existenz erfolgt ein sichtbares «Weiterleben» in einer virtuellen Seinsform – auf ewig. Waren es bis vor kurzem die Religionen mit ihren Heilsversprechen, die hierauf ein Monopol beanspruchten, so sind es heute findige Jungunternehmen, die verstärkt diese Rolle übernehmen. «Never Say Goodbye» – so passend wirbt denn auch YOV, ein amerikanisches Start-up, das nach eigener Aussage die weltweit fortschrittlichste KI-Kommunikationsplattform zur authentischen Nachbildung Verstorbener anbietet.[25] Oder stirbt auch der KI-Klon irgendwann den digitalen Tod – und wer entscheidet darüber?

Bei näherer Betrachtung wird jedenfalls eines deutlich: Neue Herausforderungen in Bezug auf Ethik, IT-Sicherheit oder den Datenschutz postmortaler Persönlichkeitsrechte begleiten diese Entwicklung.[26]

Inschrift «Oh, ewig ist so lang» in Mauerstein, 15. Jahrhundert, St. Gertrudenfriedhof, Oldenburg

Wer sich selbst nicht als KI-Simulation in der virtuellen Welt verewigt sehen möchte, sondern auf eine Auferstehung im religiösen Sinne hofft, sollte lieber entsprechend testamentarisch vorsorgen und die Erstellung seines virtuellen Replikats untersagen. Da stellt sich überhaupt die Frage des digitalen Erbes: Was geschieht mit den digitalen Nachlässen, und wer darf sie pflegen? Aber das ist ein anderes Thema.

Was bleibt für die Zukunft? Ewiges Leben scheint möglich. Und ohne Tote keine Friedhöfe.

Noch ist es nicht soweit: Noch eignen sich die virtuellen Gedenkseiten trotz des großen Zuspruchs nicht als Ersatz für den realen Bestattungsort – mit Ausnahme von anonymen Beisetzungen –, aber sie leisten als Ergänzung bei der Trauerverarbeitung für viele Menschen gute Dienste. Und das ganz ohne begrenzende Ruhezeiten, solange der virtuelle Friedhof eben existiert. Zukünftig wird sich das ändern, da ist sich der Soziologe Matthias Meitzler sicher: «In einer zukünftigen Gesellschaft, die fast nur noch aus Digital Natives bestehen wird, dürfte auch der Umgang mit Sterben, Tod, Trauer und Erinnerung vermehrt digital orientiert sein.»[27]

Vielleicht ist diese Zukunft gar nicht mehr so fern, zumal schon in der Vergangenheit einige Bestattungen in Anwesenheit einer KI-gestützten Klon-Version des Verstorbenen stattgefunden haben.

Vielleicht trifft das Szenario, das Norbert Fischer bereits 2002 für die postindustriell-mobile Gesellschaft als realistisch entwarf, schon bald zu: «Eine kostengünstige Rasenbestattung ohne Grabmal auf einem städtischen Friedhof, gleichzeitig eine aufwändig gestaltete Gedenkseite im Internet, die von allen Orten zugänglich ist. Das Totengedächtnis hätte sich damit endgültig von den klassischen Orten der Trauer, von den Friedhöfen und Grabstätten, gelöst: ‹Sollte dieses Szenario Realität werden, haben Friedhöfe wirklich nur noch die Funktion einer Parkanlage, auf der namenlos sterbliche Überreste ‹entsorgt› werden.›»[28] Ähnlich formulierte es 2004 ein Diskussionspapier der evangelischen Kirche: «Es liegt nahe, dass angesichts solcher Digitalisierungstendenzen der tatsächliche Verbleib des Leichnams immer unwichtiger wird.

Bestattungsgärten auf dem Südfriedhof, Köln

Die Entwicklung läuft zu auf einen Abschied vom konkreten Grabmal bei gleichzeitiger ‹Verewigung› der individuellen Biografien in medialer Form.»[29] Dass derartige Vorstellungen nicht unrealistisch sind, zeigt das in Hongkong angesiedelte Start-up iVeneration. Aufgrund des dortigen enormen städtischen Platzmangels plant das Unternehmen einen virtuellen Friedhof mit Gräbern in verschiedensten Ausführungen – gebaut mit Augmented Realitity. Das entsprechende Headset macht die Situation für Benutzer dreidimensional erlebbar. Raumnot ist in hiesigen Breiten nicht das Problem.

Und wie steht es nun um den Fortbestand und die Weiternutzung von Friedhöfen? Reiner Sörries prognostizierte 2016 in seinem launigen Buch «Stirbt der Friedhof? Über das Dahinsiechen traditioneller Begräbniskultur» für die kränkelnde Institution Friedhof durchaus eine Überlebenschance – wenn auch mit deutlichen Einschränkungen und vielen Abstrichen.[30] Dem schließen wir uns optimistisch an – durchaus in dem Wissen um die wachsende Bedeutung von analogen und virtuellen Alternativen. Trotzdem noch augenzwinkernd ein Tipp zum Schluss aus der Schweiz: Vielleicht könnten kostenlose Bestattungen als Maßnahmen staatlicher Daseinsfürsorge die verschiedenen aktuellen Umstrukturierungskonzepte und -maßnahmen zur Friedhofsgesundung unterstützen und den letzten Ruhestätten eine Renaissance bescheren?[31]

Grabfeld mit Überhangflächen auf dem Südfriedhof, Köln

Frau Werner hieß das Tier
(22. Juni 1931)

Mein Hund, den ich einmal an Oertners gab,
Weil sie ihn überlieb gewonnen hatten,
Den mußten sie heute bestatten.
Betteten ihn in ein Hundegrab.

Eine Terrierhündin, die vierzehn Jahr
Alt wurde und Kriegskameradin mir war,
Ist sanft und rührend entschlafen.
Nun weinen die Oertners, die braven.

Mich tröstet traurig: So ging's, so geht's.
Hat Bug wie Heck seine Wellen. –
In meinem besten Erinnern wird stets
Etwas wedeln und etwas bellen.

Joachim Ringelnatz (1883–1934)
Schriftsteller, Kabarettist und Maler

Private Gedenkstätte für einen Hund

FOREVER
DANKE

Jedoch der Hund, des Menschen treuster Freund,
Der stets zuerst beim Gruß und Kampf erscheint,
Deß ehrlich Herz ganz seinem Herrn gehört,
Der für ihn ficht und lebt und sieht und hört,
Geht ungeehrt und ungeschätzt zu Grab,
Man spricht die Seel', die er gezeigt, ihm ab.
Der Mensch jedoch will hochgewürdigt sein
Und einen Himmel für sich ganz allein.

Lord Byron, «Epitaph to a Dog» (1808)
Übersetzung von Adolf Seubert[1]

Friedhöfe für Tiere

«Als du gestern dieses Leben verlassen hast, ist für mich meine Welt zusammengebrochen. Irgendwie kann ich es immer noch nicht richtig fassen. Ich habe wohl noch nie in meinem Leben so viel geweint, so ehrlich geweint, so tieftraurig geweint. (...) Du warst immer ein Kämpfer, du hast immer so viel ausgehalten – so hast du auch dieses Mal gut versteckt, wie schlecht es dir in Wirklichkeit ging. (...) Jetzt weiß ich, dass du dich hier wohl schon von mir verabschieden wolltest, es vielleicht auch still getan hast. (...) Während ich das schreibe, muss ich wieder weinen.»[2]

Der Auszug aus einem mehrseitigen tränenreichen Nachruf liest sich wie ein erschütternder Abschied von einem geliebten Menschen, der womöglich bereits im Koma lag, unfähig, noch auf Worte und Gesten zu reagieren. In Wirklichkeit jedoch findet sich dieser Abschiedsbrief in einer Internet-Gedenkstätte für Tiere – und die Totenklage eines erwachsenen jungen Mannes gilt seinem Kaninchen. Einem verendeten Kaninchen? Oder einem verstorbenen? Mit dieser Frage steht man schon mitten im Brennpunkt einer aktuellen Debatte.

Nach traditioneller – und vermutlich auch heute mehrheitlich vertretener – Ansicht besteht zwischen Mensch und Tier ein fundamentaler Unterschied. Tiere sind keine «Personen», und auch wenn man ihnen einfache Emotionen oder individuelle Wesenszüge nicht absprechen mag, bleibt eine klare Scheidung der Sphären bestehen. Man kann versuchen, sich in ein Tier «einzufühlen», doch schafft der Mensch sich dann womöglich nur ein Tier nach seinem Bilde: eine schöne Projektion. Allerdings sieht auch diese traditionelle Vorstellung im Tier keinen «belebten Apparat», der in der Art eines programmierten Roboters mechanisch ein Verhaltensmuster abspult: Der Mensch ist über das Tier gestellt, er darf es nutzen, auch zur eigenen Ernährung, aber er soll ihm mit Achtung begegnen, ihm kein unnötiges Leid zufügen und – aus christlicher Sicht – im Tier das Mitgeschöpf ehren. Selbst nach dem Bürgerlichen Gesetzbuch gelten Tiere seit 1990 nicht mehr als «Sachen», obwohl die auf Sachen anwendbaren Vorschriften weiter gelten, sofern Tierschutzgesetze nichts anderes vorschreiben.[3]

Auf der zitierten Trauer-Website herrscht allerdings ein gänzlich anderer Ton, oft misanthropisch grundiert: «Nach ein paar Stunden mit Menschen sind meine Batterien leer – Kontakt mit Tieren füllt sie wieder auf.» – «Meine Tiere sind nun mal tatsächlich Familienmitglieder, folglich haben sie auch denselben Status wie menschliche Familienmitglieder.» – «Für mich kommt mein eigenes Tier (… [ein Hund]) an erster Stelle. Er ist meine Familie, er steht für mich, was das ‹Sich kümmern› angeht, auch über mir. Ich liebe ihn mehr, als ich jemals einen Menschen lieben könnte. (…) Allgemein gehen mir Tiere den Menschen vor.» Von einem solchen Standpunkt ist der Weg nicht mehr weit zur Forderung nach ähnlichen oder gleichen Rechten für Mensch und Tier; empfinde der Mensch sich als überlegen, sei das – in radikaler Zuspitzung dieser Haltung – eine Art von «Rassismus», in diesem Fall mitunter «Speziesismus» genannt. Wer solchen Gedanken etwas abgewinnen kann, sieht im Menschen nur noch ein Tier neben anderen, die Unterschiede sind nicht der Rede wert. Ein totes Tier ist folglich nicht verendet, sondern selbstverständlich verstorben.

Doch ganz gleich, welcher Ansicht man grundsätzlich zuneigt – wenn es um das vertraute Haustier geht, kommen Emotionen ins Spiel, und auch den nüchternen Fleischkonsumenten lassen Krankheit und Tod des eigenen Hundes nicht kalt. Was also tun am Ende des Lebens von Bello, Hasso und Mieze? (Nein – diese klassischen Tiernamen verwendet man heute nicht mehr, das zeitgeistbewusste Tier heißt jetzt Charlie, Max, Sam, Lucy oder Stella: Menschennamen eben.) Wirft man den Gefährten vieler Jahre kaltherzig in die Mülltonne?

Abgesehen davon, dass das nicht zulässig wäre: Wer im Eigenheim mit Grünfläche wohnt, stellt sich diese Frage vermutlich gar nicht, ahnt vielleicht nicht einmal, dass hier gesetzliche Regelungen gelten. Man vergräbt das Haustier halt im eigenen Garten, sofern einem diese Vorstellung nicht zuwider ist – bei Katzen und kleinen Hunden kein Problem, bei großen Tieren schon heikler. Und um die Rechtslage anzusprechen: Kleine Haustiere wie Hunde und Katzen darf man auch ganz offiziell auf dem eigenen Grundstück vergraben, sofern dieses nicht in einem Wasserschutzgebiet liegt, ein Mindestabstand zu öffentlichen Flächen eingehalten wird und das Tier mit mindestens einem halben Meter Erde bedeckt ist; nicht gestattet ist allerdings das Vergraben auf fremden oder öffentlichen Flächen, etwa in Parks und Wäldern.

Der vom Gesetz vorgesehene Regelfall im Umgang mit toten Heimtieren führt allerdings zu den Tierkörperbeseitigungsanstalten, die sich zwar vornehmlich um verendete Tiere aus landwirtschaftlichen Betrieben oder um Großtiere kümmern, aber grundsätzlich auch für die «Entsorgung» von Haustieren zuständig sind. Die einzelnen Verarbeitungsschritte sollen hier taktvoll unerwähnt bleiben; nur soviel: Es geht tatsächlich um eine wirtschaftliche Verwertung, die Umwandlung unter anderem in Tiermehl (als Brennstoff) und Tierfett (für die Industrie) – das Haustier wird Kadaver und Rohstoff. Weil nicht alle «Frauchen» und «Herrchen» einen Garten besitzen und die industrielle Verwertung des geliebten Tieres vielen widerstreben dürfte, gibt es inzwischen einen Ausweg, der sich wachsender Beliebtheit erfreut: die Bestattung auf einem eigens eingerichteten Tierfriedhof.

Trauerfall Haustiertod

Den einen gelten sie als Zeichen von Werteverfall und Dekadenz, anderen bieten sie Trost oder schlicht einen Ausweg aus einem Dilemma: speziell für die Beisetzung von Haustieren eingerichtete Friedhöfe – in der Regel in privater

Trägerschaft, denn aus staatlicher Sicht ist mit der Zuständigkeit der Tierkörperverwertungsanlagen eine hygienisch einwandfreie Beseitigung gewährleistet. Der Tierfriedhof stellt also die Ausnahme dar – primär in Anspruch genommen für Hund und Katze, seltener für Kaninchen und andere Kleintiere; hinzu kommen Ausnahmeregelungen für Pferde, Ponys und Esel, die auf Antrag und mit veterinärmedizinischer Zustimmung vom Weg zum Abdecker befreit und kremiert werden können. Keinen Zugang zum Tierfriedhof oder Krematorium erhalten dagegen alle anderen sogenannten Nutztiere inklusive Zoo- und Zirkustiere: Sollte jemand Rind, Schaf oder Schwein als eine Art Gefährten betrachten, kommt er dennoch nicht umhin, das Tier nach dessen Ableben der Tierkörperbeseitigung zu überlassen.

Auch dem eher nüchternen Tierfreund mag die Vorstellung ein Graus sein, den langjährigen Hausgenossen im Fleischbrei der Tierkörperbeseitigung enden zu sehen; das dürfte zumindest teilweise die wachsende Beliebtheit von Tierfriedhöfen seit den 1990er Jahren[4] in Deutschland erklären. Wobei inzwischen durchaus ein weiterer Weg offensteht: Auch die Zahl der Tierkrematorien steigt, und es ist dort in der Regel möglich, Haustiere auch in Gruppen dem Feuer zu übergeben: Eine Urne erhält man dann nicht, die Asche wird an geeigneten Orten ausgestreut, aber der Vorgang des Verbrennens unterscheidet sich nicht wesentlich von der Verbrennung menschlicher Verstorbener – eine womöglich passable Ersatzlösung.

Grab des unbekannten Tieres – oder einer Katze namens «Tiger»?

Aber dennoch: Die Zahl der Tierfriedhöfe nimmt Jahr für Jahr zu und lag Ende 2023 in Deutschland bei rund 190[5] – aus kulturwissenschaftlicher Sicht ein «Abbild einer gestiegenen Wertigkeit und Wahrnehmung des Tiers als zunehmend wichtiger Sozialpartner»[6]. Möglich sind dort die körperliche Beisetzung, aber auch die Urnenbestattung – wobei eine Urne bei einer Einzelkremierung den Eigentümern des Tieres ausgehändigt wird. Ob die Urne später im Boden beigesetzt wird oder einen ehrenvollen Platz in der Wohnung einnehmen darf, liegt im Ermessen der Empfänger – denn für tierische Asche gibt es keinen Friedhofszwang.

Wie auch immer man es drehen und wenden mag – der Trend zum Tierfriedhof deutet wohl tatsächlich auf eine zumindest in Teilen der Gesellschaft veränderte Wahrnehmung von Tieren hin.[7] Schon die professionellen Tipps, etwa auf der Website des Bundesverbands der Tierbestatter[8], unterscheiden sich auf den ersten Blick kaum von den behutsamen Ratschlägen für die Hinterbliebenen eines menschlichen Trauerfalls. Denn als solcher gilt der Tod von Hund und Katze dort: So wird beispielsweise geraten, schon zu Lebzeiten des Tieres eine Bestattungsvorsorge zu vereinbaren und alle Formalitäten zu erledigen, um beim Eintritt des Haustiertodes entlastet zu sein. Und der Industrieverband Heimtierbedarf (IVH) rät: «Im Idealfall wird schon zu Lebzeiten des Tieres geplant, was im Falle des Ablebens passieren soll. (...) Wird eine Bestattungsvorsorge vereinbart, kümmern sich die Bestatter um alle Details und Formalitäten, sobald der Trauerfall eintritt. Wird das Heimtier bei einem Tierarzt eingeschläfert, kann man es beispielsweise selbst mitnehmen oder aber den Bestatter mit der Überführung beauftragen. Auch die Möglichkeiten zu einer Trauerfeier oder Zeremonie können im Rahmen einer Vorsorge abgesprochen werden.» Und tritt der «Sterbefall» ein, stehen ausgebildete Trauerbegleiter und Trauerredner zum seelsorglichen Gespräch bereit und formulieren auf Wunsch individuelle, einfühlsam gestaltete

Ich würde meinen Hund vor *einem mir fremden Kind retten. Auch wenn sich das egoistisch anhört, ist es normal, das zu retten, was man liebt. Dabei wäre es außerdem egal, ob mein Haustier jetzt Hund, Katze oder Hamster ist. Haustier ist Familie.*

Anonymer Kommentar auf einer Website für Tierfreunde

Nachrufe. Einen solchen postet man zum Beispiel auf entsprechenden Gedenkseiten im Internet – und erhält dafür zu Herzen gehende Beileidsbekundungen von Menschen, denen bereits Ähnliches widerfahren ist. Man tröstet mit sentimentalen Zitaten, wünscht einander viel Kraft in der Trauer, und die «Hinterbliebenen» eines Hundes können die todtraurige Katzenliebhaberin ihrer aufrichtigen Anteilnahme versichern. Die auf solchen Seiten öffentlich präsentierte Trauer über den Tod eines Tieres stellt in ihrer Emotionalität viele Nachrufe auf erwachsene oder alte Menschen in den Schatten; vergleichbar ist sie allenfalls jener Trauer, der man auf Gedenk-Websites für verstorbene Kinder begegnet. So verwundert es eigentlich kaum, dass in manchen – eher großstädtischen – Schreibwarenläden bereits Beileidskarten für den Verlust von Hund und Katze erhältlich sind. Und dass einschlägige Websites Ratschläge für den Umgang mit trauernden Tierfreunden bereithalten, mit denen man auch beim Verlust eines Menschen bestehen könnte.[9]

Traditionelle Tierbestattung

Derartige Gleichsetzungen von Mensch und Tier sind es wohl vor allem, die bei etlichen Zweibeinern eine skeptische bis ablehnende Haltung gegenüber Tierfriedhöfen begründen, verbunden mit einem Kopfschütteln über vermeintlich neueste Verirrungen des Zeitgeistes. Wirklich neu sind Tierfriedhöfe allerdings keineswegs: In der angelsächsischen Welt haben sie eine sehr viel längere Tradition[10], und der älteste kontinentaleuropäische Hundefriedhof, Asnières in Paris, wurde immerhin schon 1899 eröffnet. Als eine Art Mode, wenn auch vornehmlich im überschaubaren Kreis des Adels, galten seit dem 18. Jahrhundert Gräber in Landschaftsparks, darunter auch Tiergräber; damals wurden sogar Mustervorlagen für Hunde- und Pferdegräber in Parks entworfen und publiziert.[11] Dahinter kann sich vieles verbergen – eine exzentrische Marotte, Enttäuschung über Menschen, womöglich auch Satire, wenn das Epitaph mit Elementen menschlicher Grabschriften spielt. Aber auch echte Trauer mag eine Rolle spielen und eine Beziehung zu Pferd oder Hund, die einer sentimentalen Tierbindung, wie wir ihr heute oft begegnen, durchaus gleichkommen kann.

Schließlich seien hier noch zwei geradezu klassische Fälle genannt: Da ist zum einen Friedrich der Große (1712–1786), der seine berühmten Windhunde neben der für ihn selbst bestimmten Gruft bei Schloss Sanssouci beerdigen ließ – nachdem sie zunächst in einem Sarg in der Schlossbibliothek aufgebahrt wurden.[12] Nicht weniger prominent ist der Fall des englischen Dichters Lord Byron (1788–1824), der seinem Hund Boatstwain, einem Neufundländer, im Garten seines Anwesens in Newstead Abbey ein prächtiges Grabdenkmal errichtete: ein urnenbekröntes, mit Tafeln besetztes Postament zu Ehren des Hundes, neben dessen sterblichen Überresten Lord Byron selbst seine eigene letzte Ruhestätte zu finden gedachte. Die vorangestellte Grabschrift von John Hobhouse verzeichnet die «Tugenden» des Hundes[13]: «alle Tugenden des Menschen, doch ohne seine Laster». Und Lord Byrons eigenes «Epitaph to a Dog» stellt den Gefährten über den eitlen, betrügerischen Menschen, der zu Unrecht darauf beharrt, der Himmel sei exklusiv für ihn reserviert.[14]

Die entgegengesetzte Annahme aber, daß die Geburt eines Thieres eine Entstehung aus nichts, und dem entsprechend sein Tod seine absolute Vernichtung sei, und Dies noch mit der Zugabe, daß der Mensch, eben so aus nichts geworden, dennoch eine individuelle, endlose Fortdauer und zwar mit Bewußtseyn habe, während der Hund, der Affe, der Elephant durch den Tod vernichtet würden, – ist denn doch wohl etwas, wogegen der gesunde Sinn sich empören und es für absurd erklären muß.

Arthur Schopenhauer
(1788–1860), Philosoph
Aus: «Die Welt als Wille und Vorstellung»

Und genau an dieser Frage entzündeten sich im frühen 20. Jahrhundert die ersten mit der Entstehung von Tierfriedhöfen unweigerlich verbundenen Konflikte. Die Kirchen beharrten auf einer strikten Trennung der Sphären: Auf englischen Friedhöfen galten Spitznamen auf Grabsteinen als verpönt, weil sie an Hundefriedhöfe erinnerten; und wo Tiere bestattet wurden, waren gottesdienstartige Rituale, Kreuze oder an Humangräber gemahnender Grabschmuck lange Zeit tabu – denn eine «unsterbliche Seele» vermochte man dem Tier nicht zu attestieren. Derartige Einschränkungen verlieren allerdings in diesen Tagen erkennbar an Bedeutung.

Tierfriedhöfe von heute

Betritt man einen modernen Tierfriedhof, wirkt der Anblick zunächst vertraut: verstreute Grabstellen, teils als Reihengräber angelegt, nur das Wegenetz fehlt – man begibt sich auf eine Rasenfläche. Die Gräber selbst sind mit Holz eingefasst, von den Ausmaßen naturgemäß deutlich kleiner als für Menschen bestimmte traditionelle Grabstellen. Nimmt man allerdings Urnengräber zum Vergleich, ist der Unterschied marginal. Die Grabgestaltung erinnert ebenfalls sehr an Humangräber: Im Zentrum steht oft ein kleiner Grabstein mit dem Namen des Tieres, in der Regel auch mit Geburts- und Sterbedatum; gelegentlich findet sich darauf ein Kreuz, häufiger ein Porträt des Tieres, nicht selten in fotorealistischer Lasergravur. Hinzu kommt oft noch ein Trostspruch, etwa der Verweis auf die Liebe des Tieres und dessen Fortleben in der Erinnerung der Menschen. Auch Pfotenabdrücke auf Stein finden sich, die Lasergravur erlaubt das in guter Qualität – ob es sich

dabei um ein reines Dekorelement handelt oder ob tatsächlich Pfotenabdrücke des hier ruhenden Tieres genommen wurden, als materielles Abbild in der Art einer Totenmaske, bleibt unklar. Nur in wenigen Fällen stehen die Namen der hinterbliebenen Familienmitglieder auf dem Stein, wie man es von Trauerkarten her kennt. Auch das sonstige Inventar ist deckungsgleich mit der Ausstattung menschlicher Grabstätten: Selten fehlt eine Grableuchte; auf manchen Gräbern stehen Blumensträuße in Vasen, oder es wurden Gestecke niedergelegt, vielleicht am Geburts- oder Todestag. In jüngster Zeit finden sich die in Mode gekommenen kleinen Dekorstücke mit Trostcharakter: Engel vor allem und kleine, oft herzförmige Steine mit Liebesbekundungen und Beschwörungen des Gedenkens oder die üblichen Sinnsprüche oder die klassische Beileidsäußerung, wie man sie von Trauerkarten kennt: «In stillem Gedenken». Unterschiede zwischen Mensch und Tier sind hier zusehends verwischt. Dass man am Grab eines Hundes steht, wird allenfalls durch Grabbeigaben angezeigt: Fressnäpfe, Trinkschalen oder Lieblingsspielzeuge, sogar die zu Lebzeiten des Trägers so geschätzte (?) Hundeleine. Und es gibt eine weitere Gemeinsamkeit: Viele ältere Tiergräber wirken wenig gepflegt, sind von Pflanzen überwuchert – offenbar werden sie nach einiger Zeit kaum oder gar nicht mehr besucht. Doch während die Gräber von Menschen nicht zuletzt die öffentliche Erinnerung wachhalten sollen, kommt Tiergräbern vermutlich in erster Linie eine therapeutische, Trost spendende Funktion zu: Ein vernachlässigtes Grab hat demnach seinen Zweck erfüllt.

Vereinzelt trifft man aber auch auf Gräber, die von hoher Emotionalität zeugen: gleich mehrere rote Rosen, Grableuchten und dazu noch zahlreiche Grablichter und zwei oder drei mit frischen Blumen bestückte Vasen nebeneinander. Dies sind keine «nüchternen» Grabstellen mehr, sie gehören vielmehr zu einer zweiten Kategorie: den überaus gefühlvoll und ansprechend gestalteten kleinen Anlagen, mitunter farblich sorgfältig komponiert, etwa in strahlendem Weiß, mit roten Herzen, leuchtenden Blumen und glitzerndem Schmuck, gelegentlich auch mit kleinen Spielzeug-Windrädern. Solche Gräber, noch dazu in dieser Größe, wirken vertraut: Es ist der Typus des Grabes für ein früh verstorbenes Kind – sehr ernst gemeint aus sicherlich tief empfundenem Schmerz, aber in diesem Kontext für unbeteiligte Besucher womöglich auch ein wenig provokant. Vom traditionellen, schon im 18. Jahrhundert belegten Ansatz, das Tier für seine «Treue» und sonstige Qualitäten und Leistungen zu preisen, ist man hier bereits weit entfernt.[15]

Eine dritte Art von Tiergräbern schlägt den Bogen zu den eingangs erwähnten Trauer-Plattformen im Internet: Die Ruhestätten der Tiere sind hier durch kleine Hunde- und Katzenfiguren mit Engelsflügeln oder durch Steine bezeichnet, die in den Farben des Regenbogens bemalt sind. Sie wirken, ergänzt um Tafeln mit Grabsprüchen, fast wie ein Echo der Aussegnungsworte katholischer Beerdigungen beim Geleit zum Grab[16]: «Kleine Seele ich lass Dich gehn, denn ich weiß, wir werden uns wiedersehn. (...) Dein Leben hat jetzt ein Ende, ich übergebe Dich in mächtigere Hände. Kleine Seele, es tut sehr weh, doch ich hoffe, dass Du gut über den Regenbogen gehst ...» Eine andere Variante bittet: «Kleiner Engel geh ins Licht, schau nicht zurück und weine auch nicht, doch der Himmel, er hat dich gerufen. So geh hinauf die letzten Stufen.» Wenn auch nicht so eindeutig wie in unzähligen Trauer- und Schmerzensbekundungen, Nachrufen und Beileidsschreiben auf den Seiten einschlägiger Internet-Communities, bewegt man sich hier doch auf relativ neuem Terrain: Wir befinden uns auf dem Feld einer synkretistischen Ersatzreligion, die auf einer schlichten Geschichte basiert: Die Seelen

der Tiere begeben sich auf ihrem Weg ins Jenseits über eine sogenannte Regenbogenbrücke, gelangen dort in eine bukolische Landschaft, verbringen ihre Zeit mit fröhlichem Spiel, bis die Seele «ihres» Menschen den Weg dorthin findet und Mensch und Tier im Tode vereint sind. In dieser Vorstellungswelt mischen sich nordische Mythologie, das christliche Bild des Paradieses und der Regenbogen als Zeichen für den Bund Gottes mit den Menschen (Gen 9,12–17) mit esoterisch-schamanischen Vorstellungen von «Seelentieren», die den Menschen auch vom Himmel herab anleiten und behüten, Schutzengeln gleich – was den Figuren der geflügelten Hunde- und Katzenengel einen Hintergrund verleiht. In dieser Sichtweise ist die Schranke zwischen Mensch und Tier gefallen, die Rangordnung gelegentlich umgekehrt: Das «Seelentier» ist Lehrmeister des Menschen. Ob es sich hier tatsächlich um eine Art Ersatzreligion handelt, deren Aussagen man zutiefst vertraut, oder ob diese Bilder eher als tröstende «schöne Geschichte» rezipiert werden, bleibt letztlich unerheblich und unüberprüfbar.

Es sind vor allem diese auch auf Tiergräbern dokumentierten Trostbilder eines lichten, hellen Himmels für Tiere – welch ein Gegensatz zum düsteren Totenreich der griechischen Mythologie! –, die nicht nur von einer veränderten Einstellung zumindest zu bestimmten Tieren zeugen, sondern auch von einem Dilemma des christlichen Glaubens. Denn bei allem in den letzten Jahrzehnten gewachsenen Verständnis innerhalb der christlichen Kirchen für die «Bewahrung der Schöpfung» und die Anliegen des Tierschutzes und trotz aller Aufgeschlossenheit der beiden christlichen Kirchen etwa für Tiersegnungen[17]: Die Vorstellung einer

unsterblichen Tierseele von menschlicher Art ist den Kirchen weiterhin fremd, auch wenn einzelne informelle Äußerungen gelegentlich in eine solche Richtung gedeutet werden.[18]

Umso überraschender wirkte eine Pressemeldung vom Dezember 2023, wonach im schwäbischen Albstadt-Pfeffingen eine Tierbestattungskirche eröffnet worden sei. Sollte die katholische oder die evangelische Kirche urplötzlich ihre ablehnende Haltung aufgegeben oder ein einzelner Pfarrer einen kühnen Vorstoß unternommen haben? Die Wirklichkeit ist freilich deutlich unspektakulärer: Die Kirchen halten an ihrer Ablehnung von Tierbestattungen in liturgischem Rahmen fest. Im schwäbischen Fall hat eine Tierbestatterin einfach die aufgegebene Kirche einer methodistischen Gemeinde erworben und für ihre Trauerfeiern hergerichtet. Keine echte kirchliche Beisetzung also, sondern ein Abschiedsritual im ehemaligen Kirchenraum; sakrale Traditionen liefern hier nur noch das Ambiente.

Dass die Praxis in anderen Ländern vollkommen anders ausfallen kann, notierte der in den USA lehrende Karl S. Guthke schon 2006: So sei der Glaube an die Auferstehung von Haustieren in den USA weit verbreitet; kirchliche Zeremonien an Tiergräbern seien keine Seltenheit, und es werde sogar für das Seelenheil von Tieren gebetet.[19] Unklar bleibt allerdings, auf welche Religionsgemeinschaften im konfessionsreichen Amerika sich diese Aussagen beziehen. Wie dem auch sei – was den Umgang mit toten Haustieren betrifft, scheinen wir uns in einer Zeit des Wandels zu befinden – und die Tierfriedhöfe sind nur die sichtbaren Zeichen einer solchen Entwicklung.

Denkbar wären da nur noch wenige Steigerungen – etwa Gemeinschaftsfriedhöfe für Mensch und Tier. Und tatsächlich gibt es inzwischen eine vorsichtige Öffnung in diese Richtung: die Bestattung von Mensch und Tier im gleichen Grab. Im November 2023 soll es in Deutschland fast 40 Friedhöfe gegeben haben, die Mensch-Tier-Bestattungen tolerieren.[20] Allerdings verfährt man angesichts der Strittigkeit des Themas eher zögerlich; man ist sichtlich bemüht, die

Angehörigen der tierlos Beigesetzten nicht zu provozieren. Gelegentlich scheinen Tiernennungen auf den Grabsteinen möglich zu sein. In der Regel jedoch erfüllt man Tierfreunden verschämt einen Herzenswunsch, ohne in der Öffentlichkeit allzu viel Aufhebens davon zu machen – so etwa gemäß der Friedhofssatzung der Stadt Datteln[21]: In bereits belegten Erdgrabstätten dürfen auf Antrag «kremierte Haustiere als Grabbeigabe eingebracht werden» – Grabbeigaben aber sind naturgemäß Objekte. «Die Einbringung soll außerhalb der Öffnungszeiten des betroffenen Friedhofs erfolgen. Eine Trauerzeremonie findet aus diesem Anlass nicht statt. Hinweise auf die Einbringung dürfen nicht an der Grabstätte angebracht werden.»

Dem trauernden Tierfreund bleibt also nur die geradezu klandestine Wiedervereinigung im eigenen Grab – wenn man von Angeboten wie in Hamburg-Ohlsdorf absieht, wo seit 2020 sogar echte Mensch-Tier-Gemeinschaftsgräber mit gemeinsamer Nennung auf dem Grabstein angelegt werden. Aber Hamburg ist für viele fern – also bleibt am Ende womöglich doch eher die kleine Erinnerungsstätte auf dem Tierfriedhof. Wie der eingangs zitierte Kaninchenbesitzer sich entschieden hat, bleibt unbekannt; als junger Mann wird er vermutlich nicht ernsthaft Vorsorge fürs eigene Mensch-Kaninchen-Grab getroffen haben. Und wer weiß: Vielleicht sind auch Tierfriedhöfe in der heutigen Form nicht mehr als eine vorübergehende Erscheinung – vielleicht erweist sich ja zumindest für Tiere der digitale Raum als eigentlicher Platz des Gedenkens: als Ort inniger Gefühlsäußerungen, wie ein Grab sie niemals ausdrücken könnte. Dann aber ließe sich das Tiergrab der Zukunft durchaus schlichter gestalten: eine Urne im Rasen, darüber eine Steintafel mit dem Namen – ganz wie auf Urnenfeldern für verstorbene Menschen. Der eigentliche Gedenkort fürs Tier wäre dann nicht ein Quadratmeter Wiese, sondern ein Platz im grenzenlosen Trauerkosmos des Internets.

Sitzende Engelfigur in Galvanotechnik vor Granitwand auf dem Friedhof Melaten, Köln

Anmerkungen

Recht und Ordnung auf dem Friedhof

1 Eine 2022 durchgeführte Umfrage des Meinungsforschungsinstituts YouGov im Auftrag der Deutschen Presse-Agentur zu Friedhöfen hat ergeben, dass 30 % der Befragten Besuche dort vermeiden (9 % «generell», 21 % «wenn möglich»). 20 % gehen dagegen gerne auf Friedhöfe (davon 4 % sogar «sehr gern»). 33 % wählten die Antwort «Ich verbinde weder positive noch negative Gefühle mit Besuchen auf Friedhöfen». Vgl. https://www.sueddeutsche.de/leben/gesellschaft-umfrage-80-prozent-wollen-kleine-oder-keine-trauer feier-dpa.urn-newsml-dpa-com-20090101-221027-99-282742. Eine weitere Umfrage von 2023 des Meinungsforschungsinstituts YouGov besagt, dass 48 % der Befragten so gut wie nie Friedhöfe besuchen. Vgl. https://yougov.de/topics/society/survey-results/daily/2023/ 11/05/fa8e7/1

Dagegen besagt eine von der Verbraucherinitiative Bestattungskultur Aeternitas e.V. 2013 initiierte Umfrage des Instituts Emnid, dass über zwei Drittel der Bundesbürger (70 %) mindestens einmal im Jahr zu einem Grabbesuch auf den Friedhof gehen (15 % wöchentlich, 16 % monatlich, 24 % mehrmals im Jahr, 15 % etwa einmal im Jahr), nur 16 % gehen seltener und 13 % nie. Vgl. https://www.aeternitas.de/fuer-fachleute/meinungsforschung/details/trauern-und-gedenken-ist-meist-nicht-an-orte-gebunden

2 Vgl. https://www.destatis.de/DE/Themen/Gesellschaft-Umwelt/Bevoelkerung/Sterbefaelle-Lebenserwartung/Tabellen/lrbev04.html#242408

3 Laut der Statista GmbH betrugen die Umsätze im Bestattungswesen 2022 in Deutschland 2,76 Mrd. Euro; vgl. https://de.statista.com/statistik/daten/studie/1104410/umfrage/entwicklung-des-umsat zes-im-bestattungsgewerbe/; Jörg Sieweck schätzt das Umsatzvolumen des Bestattungsmarktes für das Jahr 2015 mit 5,3 Mrd. Euro deutlich höher ein. Vgl. «Wirtschaftsfaktor Lebensende – Der Milliarden-Markt rund ums Ableben», Reihe Wirtschaft und Management, Bd. 2, 2016

4 Übersicht der Bestattungsgesetze bei Aeternitas e.V.: https://www.aeternitas.de/fuer-betroffene/bestattungsrecht/bestattungsgeset ze-der-bundeslaender

5 Seit dem 13. Mai 2013 dürfen sogenannter Sternenkinder unabhängig von ihrem Gewicht beim Standesamt offiziell als verstorbene Menschen angezeigt werden. Da Totgeburten mit einem Gewicht unter 500 g in einigen Bundesländern nicht als Leichen definiert sind, ist die Bestattungspflicht dort aufgehoben, aber auf Wunsch der Eltern ist eine Beisetzung auf einem Friedhof möglich. Tendenziell sehen die Novellierungen der Bestattungsgesetze vor, das Begräbnis der Kinder, die vor, während oder kurz nach der Geburt gestorben sind, sowie aus Schwangerschaftsabbruch stammende «Leibesfrüchte» verpflichtend einzuführen, wie es beispielsweise in der Reform des Bestattungsgesetzes von Sachsen geplant ist.

Als Beispiel das Bestattungsgesetz des Saarlands: «Eine vor Erreichung der 24. Schwangerschaftswoche tot geborene oder während der Geburt verstorbene Leibesfrucht mit einem Gewicht unter 500 g (Fehlgeburt) ist bei Verlangen mindestens eines Elternteils auf Kosten der Eltern zu bestatten bzw. beizusetzen. Liegt kein Bestattungswunsch eines Elternteils vor, so ist die verstorbene Leibesfrucht, soweit und solange sie nicht als Beweismittel von Bedeutung ist, von der Einrichtung, in der die Geburt erfolgt ist, hygienisch einwandfrei und dem sittlichen Empfinden entsprechend einzuäschern, aufzubewahren und einer Beisetzung zuzuführen. Fehlgeburten und Ungeborene, welche nicht bestattet werden, dürfen ausschließlich wissenschaftlichen Zwecken dienen.»

6 Die Definitionen sind in den unterschiedlichen Gesetzen nicht einheitlich formuliert, verstehen grundsätzlich allerdings unter einer Leiche den Körper eines Menschen mit Anzeichen des sicheren Todes, bei dem der körperliche Zusammenhang noch nicht durch den Verwesungsprozess völlig aufgehoben ist oder ein Körperteil fehlt, ohne das ein Mensch nicht weiterleben könnte (BestattG Saarland). Ebenso gelten auch Skelette als Leichen. Fehlgeburten und Ungeborene aus Schwangerschaftsabbrüchen mit einem niedrigeren Gewicht als 500 g werden tendenziell nicht als menschliche Leichen definiert.

7 Vgl. Norbert Fischer: Vom Gottesacker zum Krematorium – Eine Sozialgeschichte der Friedhöfe in Deutschland seit dem 18. Jahrhundert, Köln u. a 1996, S. 15ff

8 Seit 2003 gilt in NRW nach § 15 Abs. 6 des Bestattungsgesetzes: «Soll die Totenasche auf einem Grundstück außerhalb eines Friedhofs verstreut oder ohne Behältnis vergraben werden, darf die Behörde dies genehmigen und durchführen, wenn der Behörde nachgewiesen ist, dass der Beisetzungsort dauerhaft öffentlich zugänglich ist»; «die Achtung der Totenwürde [ist zu] gewährleisten.»

9 Eine 2022 durchgeführte Umfrage hat ergeben, dass 41 % aller Deutschen diese Regelung für überholt halten. Vgl. https://de.statista.com/statistik/daten/studie/1374572/umfrage/umfrage-friedhofzwang/. In einer von Aeternitas e.V. beauftragten Umfrage

ermittelte das Institut TNS Emnid bereits 2013 einen noch deutlicheren Trend: 65 % der Befragten halten den Friedhofszwang für veraltet (37 % «eher veraltet», 28 % «sehr veraltet»). 33 % akzeptierten ihn als zeitgemäß (21 % «eher zeitgemäß», 12 % «sehr zeitgemäß»). Vgl. https://www.aeternitas.de/fuer-fachleute/meinungsforschung/details/deutliche-mehrheit-lehnt-friedhofszwang-fuer-urnen-ab

In einer weiteren repräsentativen Umfrage von 2022 des Meinungsforschungsinstituts YouGov im Auftrag der Deutschen Presse-Agentur wünschen sich sogar 54 % der Erwachsenen die Genehmigung, Urnen zuhause aufzubewahren. Frauen sind eindeutiger (56 %) für die Aufhebung des Friedhofzwangs als Männer (52 %). Ebenso ist die Rate im Osten Deutschlands (61 %) deutlich höher als im Westen (52 %). Vgl. https://www.spiegel.de/familie/tod-so-wollen-die-deutschen-sterben-a-f3f1e779-f6a3-4d92-85ef-220f9cc56789

10 Siehe das Kapitel «Erde oder Feuer: Die Wahl zwischen Sarg und Urne», S. 101

11 Auch in den BeStattG von Brandenburg und Mecklenburg-Vorpommern ist die Sargpflicht nicht mehr explizit erwähnt. Allerdings ist sie aufgrund anderer Regelungen der jeweiligen Bestattungsgesetze weiterhin ableitbar.

12 Das Landesbestattungsgesetz von Sachsen empfiehlt bei der Aufnahme von andersgläubigen und konfessionslosen Verstorbenen auf nichtkommunalen – außer jüdischen – Friedhöfen den Verzicht auf räumlicher Absonderung. Bereits in den Verträgen des Westfälischen Friedens 1648 werden die konfessionellen Friedhöfe verpflichtet, Andersdenkende aufzunehmen. Vgl. Norbert Fischer: ebd., S. 11

13 SchUM (auch SCHUM) bezeichnet einen Verbund der jüdischen Gemeinden von Mainz, Worms und Speyer im Mittelalter. Seit dem 27. Juli 2021 ist das jüdische Erbe der SchUM eingetragenes UNESCO-Weltkulturerbe.

14 Beispiel aus der Friedhofssatzung der Landeshauptstadt Hannover, 2022:

1.1 Erdreihengrabstätte (individuell gepflegt), 1.2 Erdreihengrabstätte, pflegearmes Rasengrab, 1.3 anonyme Erdreihengrabstätte, 2. Urnenreihengrabstätten, 2.1 Urnenreihengrabstätte (individuell gepflegt), 2.2 Urnenreihengrabstätte, pflegearmes Rasengrab, 2.3 anonyme Urnenreihengrabstätte, 3. Erdwahlgrabstätten, 3.1 Erdwahlgrabstätte (individuell gepflegt), 3.2 Kinder-Erdwahlgrabstätte (individuell gepflegt), 3.3 Erdwahlgrabstätte, pflegearm, Standard, 3.4 Erdwahlgrabstätte, pflegearm, besondere Lage, 4. Urnenwahlgrabstätten, 4.1 Urnenwahlgrabstätte (individuell gepflegt), 4.2 pflegearme Urnenwahlgrabstätte (Gemeinschaftsanlage), 5. Grabstätten für bestimmte Gemeinschaften (Sonderanlagen)

15 Grundlegend für die Erzbistümer sind die im Codex Iuris Canonici (CIC) von 1983 aufgeführten Regelungen zum katholischen Begräbnis. Siehe auch Mustersatzung Friedhofsordnung der Katholischen Kirchengemeinde Erzbistum Köln, Stand 2020, § 24: «Jedes Grabmal soll in sichtbarer und würdiger Weise ein religiöses Zeichen des christlichen Glaubens und den Namen sowie das Geburts- und Sterbedatum des Verstorbenen tragen.»

16 Vgl. Norbert Fischer: ebd., S. 77ff

17 Barbara Happe: «Die Reform der Friedhofs- und Grabmalkunst zu Beginn des 20. Jahrhunderts – die Typisierung als reformästhetisches und soziales Gestaltungskonzept», in: Der bürgerliche Tod. Städtische Bestattungskultur von der Aufklärung bis zum frühen 20. Jahrhundert, hrsg. von Claudia Denk und John Ziesemer (ICOMOS 44), Kolloquiumsband, München 2005, Regensburg 2007, S. 28

18 Norbert Fischer: «100 Jahre Friedhofs- und Grabmalreform: Die Gründung des Reichsausschusses Friedhof und Denkmal 1921 und sein gesellschaftlich-kulturelles Umfeld», in: OHLSDORF – Zeitschrift für Trauerkultur Nr. 154, III, 2021 – August 2021, S. 4

19 Bei einer Umfrage 2022 zur Wahl einer Bestattungsstätte führten 49 % der Befragten die Entfernung zum eigenen Wohnort als entscheidendes Argument an, 38 % nannten das Erscheinungsbild und die Atmosphäre des Friedhofs. Vgl. https://de.statista.com/statistik/daten/studie/1374566/umfrage/aspekte-bei-der-wahl-des-friedhofs/

20 Vgl. Reiner Sörries: Herzliches Beileid – Eine Kulturgeschichte der Trauer, Darmstadt 2012, S. 143

21 Es wird geschätzt, dass von den in Deutschland verwendeten Grabsteinen zwischen 50 % und 80 % aus Indien stammen. Dort arbeiten mindestens 150 000 Kinder unter menschenunwürdigen Umständen in der Steinindustrie. 2001 hat die Bundesregierung gesetzlich beschlossen, dem «ILO – Übereinkommen 182» von 1999 über das Verbot und unverzügliche Maßnahmen zur Beseitigung der schlimmsten Formen der Kinderarbeit zuzustimmen (BGBl. 2001 II S. 1290, 1291).

Zugriff auf alle Internetseiten am 05.07.2024

Gedenken und Erinnern

1 Die Anhäufung von Grabstätten in den Kirchen war zusehends strittig; Versuche, den Zugang zur Kirchenbestattung von Genehmigungen höherer Stellen abhängig zu machen, scheiterten allerdings lange Zeit an örtlichen Konflikten und Zwängen. Vgl. Sebastian Scholz: «Grabmäler von Laien im Spätmittelalter. Zu ihrer Funktion, Bedeutung und kanonistischen Problematik», in: Wider das Vergessen und für das Seelenheil. Memoria und Totengedenken im Mittelalter, hrsg. von Rainer Berndt, Münster 2013, S. 271-285

2 Bei der Analyse von Grabinschriften hilft die Unterscheidung von *retrospektiven* (über das Leben eines Verstorbenen), *prospektiven* (über deren Erwartung künftigen Heils) und *präsentischen* (den gegenwärtigen Zustand des Totseins betreffenden) Elementen; vgl. dazu Reiner Sörries: «Inschriften und Symbole auf Grabzeichen», in: Grabkultur in Deutschland – Geschichte der Grabmäler, hrsg. von der Arbeitsgemeinschaft Friedhof und Denkmal/Museum für Sepulkralkultur, Kassel und Berlin 2009, S. 231-243, insbesondere S. 233

3 The Prose Works of William Wordsworth, hrsg. von W. J. B. Owen und Jane Worthington Smyser, Oxford 1974, Bd. 2; hier zitiert nach: http://oldsite.english.ucsb.edu/faculty/ayliu/unlocked/wordsworth/essays-upon-epitaphs.html (Zugriff: 14.03.2024). Zu bedenken ist dabei, dass *epitaph* im Englischen jeden an einen Verstorbenen erinnernden Text auf einem Grabstein oder an anderer Stelle bezeichnet, nicht aber, wie im Deutschen, die künstlerisch gestalteten Gedenktafeln als solche.

4 Ebd., S. 59f: «the inscription (…) is intended to be permanent, and for universal perusal»

5 Ebd.: «passions should be subdued, the emotions controlled»

6 Ebd., S. 57f: «conveyed to the reader's mind, of the individual, whose death is deplored and whose memory is to be preserved; at least of his character as, after death, it appeared to those who loved him and lament his loss. (…) circumstances of age, occupation, manner of life, prosperity which the deceased had known (…). The reader ought to know who and what the man was whom he is called upon to think of with interest.»

7 Ebd.: «Something midway between what he was on earth walking about with his living frailties, and what he may be presumed to be as a Spirit in heaven.»

8 Vgl. die entsprechenden Einträge und Abbildungen auf Wikipedia: https://de.wikipedia.org/wiki/Sprechende_Grabsteine_(Amrum); https://de.wikipedia.org/wiki/Sprechende_Grabsteine_(F%C3%B6hr), Zugriff: 15.03.2024

9 Gesammelt wurden die Inschriften bis 2009 von Günther Kell; vgl. dazu als summarische Darstellung der Resultate: Helmut Schoenfeld: «Inschriften auf Grabmalen des Ohlsdorfer Friedhofs. Eine Sammlung von besonderem Reiz», in: OHLSDORF – Zeitschrift für Trauerkultur Nr. 108, I – März 2010. Vgl. auch die Hinweise bei Karl S. Guthke: Sprechende Steine – Eine Kulturgeschichte der Grabschrift, Göttingen 2006. Guthke führt aus, dass das Sammeln und Publizieren origineller Grabschriften sich in England seit dem 17. Jahrhundert großer Beliebtheit erfreute, das Sammeln authentischer Grabschriften sei im 20. Jahrhundert zu einer Art Hobby geworden (S. 113); die Verwendung absichtlich witziger Inschriften habe dort eine lange Tradition. Sammlungen von Inschriften auf Grabsteinen erfreuen sich auch in Deutschland einer gewissen Beliebtheit – teils sind es Vorschläge für den Fall, dass ein Grab zu gestalten ist, teils dienen sie, insbesondere die eher kuriosen, vor allem Unterhaltungszwecken: Vgl. Thomas Benkel, Matthias Meitzler: Gestatten Sie, dass ich liegenbleibe. Ungewöhnliche Grabsteine – Eine Reise über die Friedhöfe von heute, Köln 2014

10 Alle Belege bei Helmut Schoenfeld

11 https://www.br.de/radio/bayern2/sendungen/kalenderblatt/0812-ein-blick-sagt-mehr-als-1000-worte-102.html (Zugriff: 08.04.2024)

12 Vgl. Salvina Zander: «Über das Porträt in der Grabmalkultur der Neuzeit», in: OHLSDORF – Zeitschrift für Trauerkultur Nr. 109, II – Mai 2010. In dieser Tradition stehen die – insgesamt freilich eher seltenen – Grabsteine mit einem unverkennbaren Bezug zur beruflichen Tätigkeit des Verstorbenen. Ein prominentes Beispiel, gestaltet vom Bildhauer Ludwig Gies, findet sich auf dem Kölner Friedhof Melaten: ein runder Sockel, der ein Zahnrad trägt, Symbol der Gewerkschaften – als Grabstein für Hans Böckler (1875–1951), den ersten DGB-Vorsitzenden nach dem Zweiten Weltkrieg.

13 Vgl. «Trend aus Südeuropa: Bilder erobern die Friedhöfe», Badische Zeitung, 27.10.2015 (https://www.badische-zeitung.de/trend-aus-suedeuropa-bilder-erobern-die-friedhoefe)

14 Eine Auswahl der Reden findet sich auf: https://gedenkportal.volksbund.de/gedenktage/volkstrauertag. (Zugriff: 25.03.2024)

15 Die beiden christlichen Kirchen sind sich in der Ablehnung der anonymen Beisetzung einig. Allerdings bedeutet das nicht, dass christliche Beisetzungen von jeher einen Grabstein mit Namen erfordert hätten. Die Mehrzahl aller Gräber erhält eine solche Kennzeichnung erst seit dem späten 19. Jahrhundert. Ihr Fehlen – auf mittelalterlichen Kirchhöfen die Norm – bedeutet bis dahin nicht zwangsläufig eine Anonymität im Tod: Das Gedenken und auf katholischer Seite die Fürbitten für die Verstorbenen benötigten zwar die Namen der Personen, nur war der tatsächliche Verbleib des Leichnams lange Zeit von untergeordneter Bedeutung.

16 Umfrage auf https://de.statista.com (Zugriff: 26.03.2024). Allerdings sollte man bedenken, dass die befragte Gruppe wahrscheinlich das Altersspektrum der Gesamtbevölkerung repräsentiert, jüngere Menschen sich aber in der Regel noch keine ernsthaften Gedanken über die eigene Beisetzung machen.

17 Norbert Fischer: Wie wir unter die Erde kommen. Sterben und Tod zwischen Trauer und Technik, Frankfurt am Main 1997, S. 22

Der Friedhof als Ort der Trauer

1 Vgl. Norbert Fischer, Sylvina Zander: «Tod, Trauer und Weiblichkeit in der Grabmalkultur vom späten 18. bis frühen 20. Jahrhundert (Teil I)», in: OHLSDORF – Zeitschrift für Trauerkultur Nr. 85, II, 2004 – Mai 2004; https://www.fof-ohlsdorf.de/thema/2004/85s05_weiblic keit.htm

2 Vgl. Gerlinde Volland: «Trauer in weiblicher Gestalt: Grabplastiken um 1900», in: OHLSDORF – Zeitschrift für Trauerkultur, Nr. 65, II, 1999 – Mai 1999, S. 4; https://www.fof-ohlsdorf.de/kulturgeschichte /1999/65s27_grabplastik.htm

3 Vgl. Norbert Fischer, Sylvina Zander, ebd., Teil I, S. 4

4 Vgl. Norbert Fischer: «Serialisierung der Trauer», in: Friedhof und Grabmal, 5; http: //www.n-fischer.de/tod_trauer_eros_5.html

5 Vgl. Norbert Fischer, Sylvina Zander: «Tod, Trauer und Weiblichkeit in der Grabmalkultur vom späten 18. bis frühen 20. Jahrhundert (Teil II)», in: OHLSDORF – Zeitschrift für Trauerkultur, Nr. 86, III, 2004 – August 2004, S. 15; https://www.fof-ohlsdorf.de/thema/2004/86s20_weiblickeit.htm

6 Vgl. Barbara Happe: «Die Reform der Friedhofs- und Grabmalkultur zu Beginn des 20. Jahrhunderts – die Typisierung als reformästhetisches und soziales Gestaltungskonzept», Regensburg 2007, S. 30. Happe erwähnt, dass Ernst May, Stadtbaurat von Frankfurt und einer der wichtigsten Vertreter des «Neuen Bauens», eine «Entartung des Geschmacks» in Form von «Engels- und Frauengestalten in halber und ganzer Lebensgröße, polierte schwarze Granitungetüme und alle sonstigen sattsam bekannten Greuel ...» kritisierte.

7 Vgl. als Beispiel ein Grab auf dem Kölner Südfriedhof: Das Original des Engels der Trauer, den der amerikanische Bildhauer und Dichter William Wetmore Story (1819–1895) für sich und seine Frau Emelyn 1894 geschaffen hat, schmückt ihr Grab auf dem Cimitero Acattolica in Rom.

8 Auflistung der Rubrik Trauer-Engel in einem Internetshop: «Trauer Engel, Grab Engel, Engel schlafend, Engelsskulpturen,

Trauersprüche, Grabfiguren, Engelfiguren, Engelsfigur als Dekoengel für persönliche Grabdekorationen oder Trauerdekorationen. Engel sitzend, stehend, liegend, betend und tröstend. Beschützende, trauernde Engel, Schutzengel, Engel für Kindergräber, Sternenkinder Engel. Grabschmuck Engel, Gedenkstein Engel und Trauerspruch Engel mit Inschrift.» Vgl. https://trauer-shop.de/trauer-engel/engel-figur-gross/

9 Vgl. Gedichte von Friedrich Rückert in diesem Buch, S. 128 und S. 134

10 Vgl. Hauke Kenzler: «Die räumliche und geistige Trennung der Toten von den Lebenden durch die Reformation», in: Tod und Gedenken in der Landschaft, hrsg. von Thomas Meier, Winfried Schenk, Arbeitskreis für historische Kulturlandschaftsforschung in Mitteleuropa ARKUM e. V., Bonn 2016 = Siedlungsforschung – Archäologie – Geschichte – Geographie 33, S. 188ff

11 Vgl. Hauke Kenzler, ebd., S. 194: Nicht nur Gegenstände, die zur Herrichtung einer Leiche benutzt worden waren wie Waschgefäße aus Keramik, Scheren, Rasiermesser und Kämme finden sich als Grabbeigaben, sondern auch persönliche Gegenstände des Verstorbenen wie Brillen, Schlüssel, Tabakspfeifen, Skatkarten, Kaffeetassen oder Schnapsflasche.

12 Norbert Fischer: Vom Gottesacker zum Krematorium – Eine Sozialgeschichte der Friedhöfe in Deutschland, Köln u. a 1996, S. 37

13 Vgl. Reiner Sörries: Herzliches Beileid – Eine Kulturgeschichte der Trauer, Darmstadt 2012, S. 18f

14 Vgl. auch S. 169ff

15 Vgl. Reiner Sörries, ebd., S. 68f, S. 75f

16 Siehe das Interview mit der Bestatterin Ulrike Bohnet, S. 57

17 Bestattungshaus Kuckelkorn, Köln, https://www.kuckelkorn.de/

18 Vgl. Eric Wrede: «The End – Das Buch vom Tod», München 2018, S. 139f, S. 147

19 Beworben werden diese Veranstaltungen von der After Life GmbH in Berlin, z. B. https://www.ab-unter-die-erde.de/abschiedsparty-fussballer.html

20 Eine Umfrage des Meinungsforschungsinstituts YouGov im Auftrag der Deutschen Presse-Agentur, zitiert nach: «Umfrage zum Sterben – So wollen die Deutschen bestattet werden», in: Spiegel Familie, 27.10.2022, 17.18 Uhr, https://www.spiegel.de/familie/tod-so-wollen-die-deutschen-sterben-a-f3f1e779-f6a3-4d92-85ef-220f9cc56789

21 Vgl. Reiner Sörries, ebd., S. 13

22 Vgl. Elisabeth Kübler-Ross: Interviews mit Sterbenden, Freiburg im Breisgau 2018, Originalausgabe 1969

23 Vgl. Nina Jakoby, Julia Haslinger, Christina Gross: «Trauernormen: historische und gegenwärtige Perspektiven», in: SWS-Rundschau, 53 (3), 2013, S. 253–274, S. 266f, https://nbn-resolving.org/urn:nbn:de:0168-ssoar-453371

24 Ausführlicher wird das Thema auf S. 227ff behandelt.

25 Judith Pape: «Friedhöfe als Orte familialer Fürsorge. Performanz von Geschlecht, Alter und Verwandtschaft in der Sorge für Lebende und Tote», in: Gender – Zeitschrift für Geschlecht, Kultur und Gesellschaft, Jg. 13, Nr. 2-2021: Das gute Leben in der Krise – Geschlechterverhältnisse auf dem Prüfstand

26 Matthias Horx im Interview zum Thema «Friedhof als Trauerort – Trendforscher moderiert den Kongress ‹Heilsame Abschiede›», am 21.08.2019

27 Zitiert nach Gerhard Voß: «‹Im Frieden lege ich mich nieder und schlafe.› Anmerkungen zu den jüdischen Friedhöfen in Esslingen», in: Ausklänge – Mitten im Leben … vom Tod umfangen, 30 Beiträge zu den Esslinger Veranstaltungsreihen TAG DES FRIEDHOFS und AUSKLÄNGE 2006 – 2014, hrsg. von der Stadt Esslingen, 2014, S. 44

28 Vgl. https://www.aeternitas.de/fuer-fachleute/meinungsforschung/details/trauern-und-gedenken-ist-meist-nicht-an-orte-gebunden

29 https://raum-fuer-trauer.de/campus-vivorum. Ideeller Träger der Initiative «Raum für Trauer» ist die Arbeitsgemeinschaft Friedhof und Denkmal e. V.

30 Wenn sich im Nachhinein eine anonyme Beisetzung für Hinterbliebene als zu traumatisch erweist, kann unter Umständen durch ein psychologisches Gutachten eine Umbettung in eine bezeichnete Grabstätte erwirkt werden.

31 Die Geisterräder werden meistens auf Initiative des ADFC aufgestellt.

32 Mehr dazu im Kapitel über die Zukunft der Friedhöfe: «Friedhof for Future», S. 222ff

33 Rezension zum Friedhof Köln-Westhoven vom Nutzer amolitori auf https://www.google.com/

Zugriff auf alle Internetseiten am 05.07.2024

Erde oder Feuer?

1 Mit dem Konzept eines «ewigen Grabes», und zwar für Sarg- wie Urnenbestattungen, umwerben Einrichtungen in Nachbarländern durchaus auch deutsche Interessenten; angeboten wird die «ewige Ruhe» beispielsweise vom Naturfriedhof Eygelshof in den Niederlanden. Vgl. https://www.natuurbegraafplaats-eygelshof.nl/de/. Das «ewige Grab» ist auf jüdischen Friedhöfen in Deutschland natürlich zugesichert; auf eigenen Friedhöfen könnten auch muslimische Gemeinden dieser Anforderung gerecht werden.

2 Karl der Große war durchaus daran interessiert, nichtchristliche Bevölkerungsteile von ihren «heidnischen» Sitten abzubringen und sie so zu assimilieren.

3 Vgl. den Artikel «Feuerbestattung» auf Wikipedia.

4 Norbert Fischer: «Aschengrabmäler und Aschenanlagen der modernen Feuerbestattung im späten 19. und frühen 20. Jahrhundert», in: Grabkultur in Deutschland – Geschichte der Grabmäler, hrsg. von der Arbeitsgemeinschaft Friedhof und Denkmal/Museum für Sepulkralkultur Kassel, Berlin 2009, S. 151-161; Zitat auf S. 151

5 Ebd.

6 Vgl. ebd., S. 152f

7 Nicht unerwähnt bleiben sollte, dass nach 1945 zunächst ein Schatten auf die Praxis der Kremation fiel, denn die verbrecherischen Massenmorde der Nationalsozialisten in den Konzentrations- und Vernichtungslagern wären ohne die Verbrennungsöfen deutscher Ofenbauer nicht möglich gewesen. Die Bezeichnung «Krematorium» war deshalb lange durch die Erinnerung an unvorstellbare Grausamkeiten belastet.

8 Die Verwendung eines Sarges auch für die Kremation ist in allen Bundesländern gesetzlich vorgeschrieben.

9 Vom genauen Gegenteil, einer ungewöhnlichen Form «doppelter Beisetzung», erfuhren die Verfasser: Geschildert wurde ein Ort in Ligurien, in dem Erdbestattungen zwar weiterhin möglich sind, die Gebeine aber wegen des begrenzten Platzes so früh wie möglich wieder exhumiert werden. Anstatt sie dann auf traditionelle Weise in ein Ossuarium zu überführen, werden sie zermahlen und in eine Urne gefüllt, die dann ihren zweiten Platz in einer Urnenwand findet.

10 Vgl. Norbert Fischer: Vom Gottesacker zum Krematorium – Eine Sozialgeschichte der Friedhöfe in Deutschland, Köln u. a. 1996, S. 112

11 Allerdings verlangt das katholische Kirchenrecht eine Trennung von «Friedhof» und dem Raum für die Feier des Gottesdienstes; für solche Abgrenzungen haben Architekten inzwischen viele gute Lösungen gefunden, die sich ansprechend in den jeweiligen Kirchenraum integrieren.

12 Vgl. «Letzte Ruhestätte in der freien Natur», www.swissinfo.ch, 28.11.2008

13 Vgl. Sophia Häglsperger: «Wir haben alles so gemacht, wie sie es wollte», DIE WELT, 16.02.2024, S. 8. Zitiert werden dort Bestatter, die inzwischen auch den Hinterbliebenen die Urnen zur Aufbewahrung in der eigenen Wohnung aushändigen und solche Verstöße gegen die Friedhofspflicht in Kauf nehmen.

14 «Credo in … carnis resurrectionem.»

15 Auf evangelischer Seite wurde von einigen Theologen auch die Theorie eines «Ganztods» ohne Fortexistenz der Seele vertreten; die Auferstehung vollzieht sich in diesem Modell dann als eine Art «Neuschöpfung».

16 Codex Iuris Canonici, Can. 1176, § 3

17 Vgl. die Website der Pressestelle der Evangelischen Landeskirche Württemberg, Glossareintrag «Feuerbestattung»

18 Text auf der Website des Vatikans, https://press.vatican.va/content/salastampa/it/bollettino/pubblico/2016/10/25/0761/01683.html#TED und auf https://www.katholisch.de/artikel/10972-das-sind-die-regeln-zur-feuerbestattung, 25.10.2016

19 Vgl. Markus C. Schulte von Drach: «Von der Angst, lebendig begraben zu werden» in: Süddeutsche Zeitung vom 27.05.2013. Der Autor schildert einen aktuellen Fall aus Simbabwe, aber auch dokumentierte Fälle aus Deutschland aus den Jahren 2002 und 2009; in beiden Fällen war die Leichenschau nicht gründlich genug erfolgt, allerdings wurde die ärztliche Fehldiagnose bereits beim Bestatter entlarvt. Zu einer Beisetzung vor dem Tod kam es nicht.

20 Vgl. dazu von Drach, ebd. und «Was bedeutet es, wenn ein Mensch scheintot ist?» https://www.mymoria.de/magazin/scheintod/

21 Vgl. auch Norbert Fischer: «Wie wir unter die Erde kommen. Sterben und Tod zwischen Trauer und Technik», Frankfurt am Main 1997, S. 91. Fischer weist darauf hin, dass es bei der Einrichtung von Leichenhallen nicht nur um hygienische Aspekte oder die Frage des Scheintods ging, sondern auch darum, für die öffentliche Verwaltung einen Bereich zu reklamieren, der zuvor dem Klerus vorbehalten war.

22 Vgl. u. a. das Interview mit Mark Benecke und Christoph Kuckelkorn: «Im Sarg hast du weder Maden noch Würmer», Kölner Stadt-Anzeiger, 24./25.08.2019; publiziert auf der Website https://home.benecke.com/publications/im-sarg-hast-du-weder-maden-noch-wrmer

23 Walter und Anna Lindemann: Die proletarische Freidenkerbewegung, Leipzig-Lindenau 1926, S. 59, zitiert bei Manfred Isemeyer: «Freireligiöse Feuerbestattung», Forschungsgruppe Weltanschauungen in Deutschland, https://fowid.de/meldung/freireligioese-und-feuerbestattung (2006). Alle Zugriffe auf hier genannte Websites erfolgten am 10.09.2024.

Vereint bis in den Tod – und darüber hinaus

1 Veronika Schöne (Bayerische Staatsbibliothek): «Rückerts Grab», in: Literatur Portal Bayern – das Blaue vom Himmel, https://www.literaturportal-bayern.de/gedenkorte?task=lpbplace.default&id=810

2 Dass Rückert seine Ehefrau links neben sich im Grab bettet, widerspricht der Tradition, nach der sich der Platz der rechtmäßig Angetrauten eben zur Rechten ihres Mannes befindet, sowohl im Bett als auch in der Grabstätte.

3 Vgl. Jasmin Schreiber: «Sternenkinder – Geburt als Abschied», in: Spektrum.de, Magazin vom 05.07.2022, https://www.spektrum.de/magazin/sternenkinder-geburt-als-abschied/2028100?gad_source=1&gclid=Cj0KCQjwn7mwBhCiARIsAGoxjaJc1rR6uMfC10ns0ki0CArkoaZzAlQZexzqcUuKbiq_IrxcW0oRl3MaAn4WEALw_wcB

4 Seit der Gründung der Bundesrepublik sind mehr als 3300 militärische und zivile Angehörige der Bundeswehr im Dienst verstorben, 116 davon bei Auslandseinsätzen. An sie erinnert ein 2009 eingeweihtes Ehrenmal am Rand des Bendlerblocks, dem Berliner Sitz des Bundesministeriums der Verteidigung als Ort des öffentlichen Gedenkens und der Wertschätzung. Zum Ehrenmal gehört neben dem symbolträchtig angelegten Raum der Stille seit 2014 auch das Buch des Gedenkens – eine Zusammenstellung von 20 Bronzeplatten mit den eingravierten Namen aller Verstorbenen ohne Dienstgrad. Vgl. «Gedenken – Todesfälle in der Bundeswehr», in: Bundeswehr.de, Redaktion der Bundeswehr, Christiane Tiemann (Chefredakteurin), https://www.bundeswehr.de/de/ueber-die-bundeswehr/gedenken-tote-bundeswehr/todesfaelle-bundeswehr

5 Neben den etwa 30 000 meist in Massengräbern beerdigten sowjetischen Kriegsgefangenen setzte man 232 Soldaten verschiedener Nationen in Einzelgräbern bei, die zwischen 1940 und 1945 in den beiden Lagern verstorben waren. Vgl. Der Volksbund Deutsche Kriegsgräberfürsorge e. V.: «Kriegsgräberstätten – Orte der Erinnerung, des Gedenkens und des Lernens: Osterheide-Oerbke, Sowjetischer Kriegsgefangenenfriedhof», https://kriegsgraeberstaetten.volksbund.de/friedhof/osterheide-oerbke-sowjetischer-kriegsgefangenenfriedhof

6 Vgl. Barbara Leisner: «Das Gemeinschaftsgrabmal», in: Grabkultur in Deutschland – Geschichte der Grabmäler, hrsg. von der Arbeitsgemeinschaft Friedhof und Denkmal e. V., Kassel/Museum für Sepulkralkultur, Kassel, Berlin 2009, S. 259

7 Vgl. Reiner Sörries: Herzliches Beileid – Eine Kulturgeschichte der Trauer, Darmstadt 2012, S. 117ff

8 Vgl. Barbara Leisner: «‹Was von ungetaufter Christen-Kinder Seligkeit zu halten seye› – Kindergräber der Reformationszeit», in:

OHLSDORF – Zeitschrift für Trauerkultur Nr. 136, I, 2017 – Februar 2017, https://www.fof-ohlsdorf.de/136s08_leisner

9 Vgl. Reiner Sörries: Religionen – Rituale und Sitten zum Tod, hrsg. vom Museum für Sepulkralkultur, Kassel/Prof. Dr. Reiner Sörries, Kassel 2014, S. 123f

10 Reiner Sörries: ebd., S. 20

11 Friedhofssatzung der Stadt Köln vom 16.12.2022, § 22

12 Vgl. «Positiv leben & lieben», AIDS-Seelsorge des Ev.-luth. Kirchenkreisverbandes Hamburg (KKVHH), MEMENTO e.V., https://aids-seelsorge.de/memento-e-v/

13 Gestaltet, finanziert und betreut wird das Areal von dem im Jahr 2000 gegründeten Verein Garten der Frauen e.V., http://www.garten-der-frauen.de/

14 Vgl. Barbara Leisner: «Das Gemeinschaftsgrabmal», S. 247ff

15 Vgl. Barbara Leisner: «Das Gemeinschaftsgrab – Tradition und Wandel einer Bestattungsart», in: OHLSDORF – Zeitschrift für Trauerkultur Nr. 69, II, 2000 – Mai 2000, https://www.fof- Ohlsdorf.de/thema/2000/69s05_tradition.htm

16 Totenladen: «Die auch materiell als Kästen existierenden Laden, die diesen Solidarvereinen ihren Namen gaben, enthielten neben dem Barvermögen auch die Sammelbüchse(n), die zur Aufbahrung nötigen weißen und schwarzen Laken, bei wohlhabenderen Korporationen auch die zum Schmuck des Sarges dienenden silbernen Sargschilder. Eine norddeutsche Besonderheit dürften die sogenannten Bricken sein, runde, aus Holz gedrechselte oder aus Zinn gefertigte Marken, mit denen ein Bote umhergesandt wurde, um durch Überbringung dieser Zeichen bestimmte Mitglieder aufzufordern, sich als Sargträger bereitzuhalten. An der Beerdigung teilzunehmen war für alle Mitglieder eine Ehrenpflicht, wurde doch der Rang des Verstorbenen nicht zuletzt an der Länge des Trauerzuges gemessen.» Zitiert aus: https://de.wikipedia.org/wiki/Sterbe kasse

17 Spezielle Bezeichnung von Themengärten der Gesellschaft deutscher Friedhofsgärtner mbH, Berlin, https://www.memoriam-garten.de/

18 Vgl. Verein zur Pflege der Friedhofs- und Bestattungskultur in Karlsruhe, https://www.friedhof-karlsruhe.de/friedhoefe/grabarten/landschaftsgraeberfeld/

19 Düsseldorfer Urnengemeinschaft der Friedhofsgärtner Düsseldorf eG, https://www.ug-duesseldorf.de/

20 Seit dem 01.01.2023 ist es zum Beispiel in Datteln auf Anregung der Bevölkerung möglich, kremierte Haustiere als Grabbeigaben in Wahlgräbern zu bestatten.

21 2004 wurde das erste Kolumbarium in einer Kirche in der alt-katholischen Pfarrkirche Erscheinung Christi in Krefeld eingerichtet.

Zugriff auf alle Internetseiten am 23.07.2024

Friedhöfe und der Trost des Glaubens

1 Lutherbibel 2017, zitiert nach: www.bibleserver.com/LUT/Offenbarung21 (Zugriff: 13.09.2024)

2 In seiner Studie Über die Einsamkeit des Sterbenden in unseren Tagen (Frankfurt am Main 1982) spricht Norbert Elias angesichts christlicher Deutungen des Todes beispielsweise von «kollektiven Unsterblichkeitsphantasien» (S. 57) und attestiert Erwachsenen in heutigen Industriegesellschaften «magisch erlebende Schichten» (S. 61).

3 Vgl. Bundeszentrale für politische Bildung: Kirche nach Bundesländern; 10.08.2020; https://www.bpb.de/kurz-knapp/zahlen-und-fakten/soziale-situation-in-deutschland/61562/kirche-nach-bundeslaendern/ (Zugriff: 13.09.2024)

4 Religionsmonitor 2023 der Bertelsmann Stiftung, zitiert von *Zeit online*, 31.05.2023

5 https://de.wikipedia.org/wiki/Religionen_in_Deutschland (Zugriff: 04.05.2024)

6 Pressemitteilung auf der Website von Aeternitas.de vom 25.08.2022 (Zugriff: 03.05.2024)

7 Vgl. Herbert Vorgrimler: Neues Theologisches Wörterbuch, Freiburg im Breisgau 2000; Artikel «Auferstehung der Toten», S. 69

8 Vgl. Vorgrimler, S. 71

9 Katechismus der Katholischen Kirche, München u. a. 1993, 988

10 Ebd.

11 Ebd., 1024

12 Vgl. Vorgrimler, S. 296: «In der heutigen Theologie werden die sinnenhaften Höllenstrafen nicht mehr thematisiert.»

13 Katechismus, 1033

14 Vgl. Arnold Angenendt: «Die liturgische *Memoria*: Hilfe für das Fortleben im Jenseits», in: Wider das Vergessen und für das Seelenheil – Memoria und Totengedenken im Mittelalter, hrsg. von Rainer Berndt, Münster 2013, S. 199-226. «Im Zuge der Bußquantifizierung wurde auch das Meßopfer als Sühnemittel von exakt bemessener Wirkung aufgefaßt: Jedes einzelne Meßopfer verschaffte einem einzelnen Sünder (…) ein bestimmtes Maß an Sühne und minderte entsprechend die Bußzeit.» (S. 204)

15 Offb 21,1-7

16 Angenendt, S. 224f

17 Katechismus, 1032

18 Katechismus, 1688

19 Vgl. Vorgrimler, S. 71 und 567

20 Offb 22,13

21 Die folgenden Ausführungen im Wesentlichen nach: Religionen – Rituale und Sitten zum Tod, hrsg. von der Arbeitsgemeinschaft Friedhof und Denkmal/Museum für Sepulkralkultur, Kassel 2014

22 Diese Sammelbezeichnung wird in der protestantischen Theologie, nicht aber auf katholischer Seite verwendet.

23 Vgl. Barbara Becker-Jákli: Der Jüdische Friedhof Köln-Bocklemünd – Geschichte, Architektur und Biografien, hrsg. vom NS-Dokumentationszentrum der Stadt Köln, Köln 2016, S. 27

24 Vgl. das Kapitel «Recht und Ordnung auf dem Friedhof», S.17f

25 Beispielsweise trägt der 1847 angelegte Friedhof der freireligiösen Gemeinde Berlins in der Pappelallee über dem Tor die Inschrift in der Art eines Mottos: «Schafft hier das Leben gut und schön, kein Jenseits ist, kein Auferstehn.» Zitiert bei Reiner Sörries: Herzliches Beileid. Eine Kulturgeschichte der Trauer, Darmstadt 2012, S. 113

Friedhof for Future

1 Vgl. Kuratorium immaterielles Erbe Friedhofskultur e. V., https://kulturerbe-friedhof.de/

2 Vgl. Dominik Groß: «Der Tote als ‹Weiter-Lebender› – Postmoderne Formen der Transmortalität», in: Ausklänge – Mitten im Leben vom Tod umfangen, hrsg. von der Stadt Esslingen, nach 2024, S. 56ff

3 Neuerdings werden teilweise von Organspendern Bestattungskosten für nicht zu anatomischen oder medizinischen Zwecken verwendete Körperteile erhoben.

4 Vgl. Interview mit dem Landschaftsarchitekten Martin Venne, S. 189ff

5 Vgl. https://www.aeternitas.de/verein/alle-news/news-details/deutschlands-friedhoefe-muessen-schrumpfen-1

6 Zum Beispiel Friedhofssatzung § 6.2. der Stadt Münster vom 16.12.2023: «Kinder unter sechs Jahren dürfen die Friedhöfe nur in Begleitung und unter Verantwortung Erwachsener betreten.» Oder Friedhofssatzung § 5.2. der Stadt Koblenz vom 21.12.2001: «Kinder unter 14 Jahren dürfen den Friedhof nur in Begleitung und unter der Aufsicht Erwachsener betreten.»

7 Vgl. Craig Koslofsky: «Von der Schande zur Ehre: Nächtliche Begräbnisse im lutherischen Deutschland (1650–1700)», in: Historische Anthropologie, Bd. 5, Heft 3, Köln 1997, S. 350–369

8 Die damalige Kölner Stadtkonservatorin Hiltrud Kier hat das Konzept der Patenschaften initiiert, nachdem etwa 2800 Grabstätten auf ihre Denkmalwürdigkeit geprüft worden waren. Siehe Interview mit Marion Grams-Thieme in diesem Buch, S. 161ff

9 Vgl. Norbert Fischer: Vom Gottesacker zum Krematorium – Eine Sozialgeschichte der Friedhöfe in Deutschland, Köln u. a 1996, S. 411

10 Wilhelm Cordes im Friedhofsführer des Ohlsdorfer Friedhofs, Hamburg, o.J. (1897), zitiert nach Norbert Fischer, ebd., S. 46

11 Vgl. Norbert Fischer, ebd. S. 52f

12 Christian Cay Lorenz Hirschfeld: Theorie der Gartenkunst, Leipzig 1779–1785, zitiert nach Sascha Winter: «Grabmalkultur und Grabmalkunst um 1800», in: Grabkultur in Deutschland – Geschichte der Grabmäler, hrsg. von der Arbeitsgemeinschaft Friedhof und Denkmal/Museum für Sepulkralkultur Kassel, 2009, S. 42

13 Vgl. Kuratorium immaterielles Erbe Friedhofskultur e. V., https://kulturerbe-friedhof.de/immaterielles-erbe/

14 Norbert Fischer: «Der Wandel der Friedhöfe», Vortrag am 16.11.2006 Bünde/Westerenger, http://www.n-fischer.de/tod_6.html und https://de.wikipedia.org/wiki/Assistenzfriedhof

15 Homepage Rahlstedter Friedhof, Trägerschaft Ev.-Luth. Kirchengemeindeverband Rahlstedt, Friedhofsverwalter Matthias Habel, https://www.rahlstedterfriedhof.de/ueber-uns/umweltmanagement/

16 Seit 2014 hat zum Beispiel die Kölner Friedhofsverwaltung ökologische und stadtklimatische Aspekte in ihre Friedhofssatzung aufgenommen.

17 Vgl. https://gruene-linie.net/

18 Vgl. https://www.kirche-hamburg.de/nachrichten/details/erster-klimaneutraler-friedhof-deutschlands.html

19 Hochrechnungen des Bundesumweltamtes ermittelten 2022 anhand des Gasverbrauchs von vier Krematorien einen mittleren CO_2-Ausstoß in Höhe von 67 kg pro Einzelkremation. Vgl. Christiane Weishaupt: «Klimafreundlich auf die letzte Reise», 12.05.2022, https://www.natursteinonline.de/portal/news/klimafreundlich-auf-die-letzte-reise. Andere Quellen weichen mit 100 kg bis 250 kg von diesem Wert deutlich nach oben ab. Der Sterbereport 2022 nennt als Höhe des Gesamtausstoßes aller 160 Krematorien 48 374 t, vgl. Sterbereport 2022 – Brand eins, Auftraggeber Ahorn Gruppe, Hamburg 2022, S. 58.

20 Vgl. Lisa Westhäußer: «Klimaneutral: Krematorium in Traunstein will Vorreiter sein», Beitrag in BR24 am 29.11.2023, https://www.br.de/

nachrichten/bayern/klimaneutral-krematorium-in-traunstein-will-vorreiter-sein,TwzxGLZ

21 Vgl. https://www.meine-erde.de/reerdigung

22 Diese Bestattungsmethode benötigt für das Schwenken des Behälters und für seine Luftversorgung während der 40 Tage etwa 25 bis 30 kWh Strom, eine Einäscherung hingegen über 40 kWh Strom plus circa 170 kWh Gas. Bei einer weiteren Legalisierung gäbe es die Möglichkeit, die Kokon-Behältnisse für die Transformation in umgewidmeten Trauerhallen, leerstehenden Kapellen oder auch Wirtschaftsräumen auf Friedhöfen aufzustellen.

23 Die evangelisch-lutherische Nordkirche (die Landeskirche in den Bundesländern Schleswig-Holstein, Hamburg und Mecklenburg-Vorpommern) genehmigte bereits die Reerdierung als neue Bestattungsmöglichkeit, bei der die traditionellen Abläufe wie Totenversorgung, Abschiedsfeier und Beisetzung nahezu unverändert stattfinden können.

24 Vgl. http://www.onlinefriedhof.net/eternal-flame

25 Vgl. https://www.myyov.com/

26 Der Soziolge Matthias Meitzler beschäftigt sich mit dieser Problematik an der Universität Tübingen im Rahmen seines Schwerpunktes Gesellschaft, Kultur und technischer Wandel.

27 Max Meitzler, zitiert aus: «Experte sieht neue Trauerkultur durch Künstliche Intelligenz – Weiterleben als KI-Simulation?», in: Domradio, Beitrag im Domradio am 11.05.2024, https://www.domradio.de/artikel/experte-sieht-neue-trauerkultur-durch-kuenstliche-intelligenz

28 Norbert Fischer: «Das digitale Zeitalter kennt auch digitale Orte von Tod und Trauer – die Gedenkstätten des World Wide Web», in: OHLSDORF – Zeitschrift für Trauerkultur Nr. 76, I, 2002. Darin zitiert: Martin Venne: «Anonym Bestatten – Digital Gedenken», in: Friedhof und Denkmal, 44. Jg., Heft 1/1999, S. 17-24, hier S. 21

29 «Herausforderungen evangelischer Bestattungskultur – ein Diskussionspapier», 2004, https://www.ekd.de/bestattungskultur/bestattungskultur.html

30 Reiner Sörries: Stirbt der Friedhof? Über das Dahinsiechen traditioneller Begräbniskultur, Frankfurt am Main 2016

31 Vgl. Reiner Sörries, ebd., S. 99-101

Zugriff auf alle Internetseiten am 02.08.2024

Friedhöfe für Tiere

1 Lord Byrons sämtliche Werke in drei Bänden. Übersetzt von Adolf Seubert, Bd. 3, Leipzig, zitiert nach www.projekt-gutenberg.org. (Zugriff: 04.01.2024)

2 Nachruf auf www.regenbogenwiese.net (Zugriff am 03.12.2023)

3 Vgl. BGB § 90 a

4 Vgl. Ulrike Neurath: «Tiergräber als Gradmesser der Mensch-Tier-Beziehung», in: OHLSDORF – Zeitschrift für Trauerkultur Nr. 140, I, Februar 2018 (www.fof-ohlsdorf.de; Zugriff: 04.01.2024)

5 https://www.ivh-online.de/presse-medien/archiv/mitteilung-des-ivh-pressedienstes/news/detail/News/die-letzte-reise-wenn-das-heimtier-stirbt.html: Website des Industrieverbands Heimtierbedarf e.V., Beitrag vom 18.10.2023 (Zugriff: 18.12.2023)

6 Neurath, ebd.

7 2022 hielten 46 % der deutschen Haushalte mindestens ein Haustier, wobei Katzen am häufigsten vertreten waren. Auch 190 – in der Regel ja eher kleine – Tierfriedhöfe können also nur einen nahezu nicht messbaren Anteil der toten Heimtiere aufgenommen haben. Wie groß die empirische Basis dieses veränderten Bewusstseins also tatsächlich ist, bleibt damit schwer einzuschätzen; die Belegung der Tierfriedhöfe allein ist jedenfalls statistisch gesehen irrelevant (Angaben auf: https://de.statista.com; Zugriff: 03.01.2023).

8 https://www.tierbestatter-bundesverband.de/ratgeber-ecke/vorsorge (Zugriff: 18.12.2023)

9 https://www.rosengarten-tierbestattung.de/magazin/: «Zunächst ist es wichtig, dass Sie trauernden Katzenbesitzern Ihr Beileid direkt bekunden. Eine Nachricht wie ‹Es tut mir so leid für dich, dass deine Katze gestorben ist› ist angemessen. Vermeiden Sie jedoch Floskeln (...), wenn jemand um den Verlust eines geliebten Haustieres trauert. (...) Fragen Sie auch nach, ob Sie in dieser schweren Zeit etwas für die trauernde Person tun können – vielleicht beim Aufräumen helfen, zur Beerdigung erscheinen oder einfach nur zum Reden da sein.»

10 Vgl. Karl S. Guthke: Sprechende Steine – Eine Kulturgeschichte der Grabschrift, Göttingen 2006, S. 252f

11 Sascha Winter: «‹Könnt' man mit Tieren Freundschaft haben, so läge hier mein Freund›: Grab- und Denkmäler für Tiere in Gärten und Parks des 18. Jahrhunderts», in: Traverse – Zeitschrift für Geschichte = Revue d'histoire, Bd. 15, Heft 3, 2008, S. 33 und 35. Guthke spitzt zu: «Kein herrschaftlicher Park im achtzehnten Jahrhundert ohne Hunde- oder Pferdegrab.» (ebd., S. 260)

12 Vgl. Winter, S. 36.

13 «… Beauty without Vanity, / Strength without Insolence, / Courage without Ferocity, / And all the Virtues of Man without his Vices»; zitiert nach Guthke, ebd., S. 381

14 «And claims himself a sole exclusive heaven.» Siehe auch das diesem Kapitel vorangestellte Motto

15 Für diesen althergebrachten Ansatz stehen vielfach zitierte Verse, die auch am Eingang des Handorfer Tierfriedhofs einen Stein zieren: «Daß mir der Hund das Liebste ist, sagst du, oh Mensch, sei Sünde / Der Hund bleibt dir im Sturme treu, der Mensch nicht mal im Winde.» (Verfasser unbekannt, gelegentlich irrtümlich Franz von Assisi zugeschrieben.)

16 «Zum Paradies mögen Engel dich geleiten, die heiligen Märtyrer dich begrüßen und dich führen in die heilige Stadt Jerusalem. Die Chöre der Engel mögen dich empfangen, und durch Christus, der für dich gestorben, soll ewiges Leben dich erfreuen.» (Zitiert nach: Gotteslob – Katholisches Gebet- und Gesangbuch. Ausgabe für die Diözese Münster, Münster 2013, Lied Nr. 515.) Im populären Wunschbild vom Himmel der Tiere überqueren die Haustiere – Wildtiere scheinen unerwünscht – die Brücke zunächst allein, werden am Ziel aber von weiteren Haustieren empfangen und eingewiesen, vorzugsweise von bereits hier heimischen Tieren des gleichen Besitzers; sobald dieser einstige Besitzer sich nähert, laufen «seine» Tiere ihm entgegen und geleiten ihn sicher über die Regenbogenbrücke, übernehmen also die Funktion der christlichen Engel.

17 Tiersegnungs-Gottesdienste sind der evangelischen Kirche nicht fremd (ein Beispiel gibt die Lutherkirche in Köln); auch die katholische Liturgie kennt Tiersegnungen, vor allem im Rahmen von Wortgottesdiensten – wobei Nutztiere, etwa auf Bauernhöfen, ebenso gesegnet werden können wie Haustiere. Die katholische Segensformel spricht vom Tier als «Helfer und Gefährten», der dem Menschen «Nutzen und Freude» bereitet (https://bistummainz.de/pressemedien/pressestelle/a-faq/Tiersegnungen/) – ein Ausdruck des Respekts, aber nicht im Sinne einer Gleichrangigkeit.

18 So soll Papst Johannes Paul II. anlässlich einer Generalaudienz von Tieren als «unseren kleinsten Brüdern» gesprochen und auf den gemeinsamen Schöpfergott verwiesen haben. Den Anhängern der «Regenbogenbrücke» dürfte das nicht genügen, ebenso wenig wie die Bemühungen des in Münster ansässigen Instituts für Theologische Zoologie e.V., das sich um eine generelle Aufwertung der Tiere innerhalb der christlichen Glaubenspraxis bemüht.

19 Vgl. Guthke, S. 256

20 Laut www.aeternitas.de (Zugriff: 05.12.2023)

21 Vgl. Friedhofssatzung der Stadt Datteln, § 15. Ähnliche Regelungen hat beispielsweise das Erzbistum Köln getroffen, versehen mit der Präzisierung, dass die Asche des Tieres nur unmittelbar nach der

Bestattung des Menschen hinzugefügt werden darf, eine nachträgliche Einbringung ins Grab wird nicht zugelassen (§ 12, Abs. 5). Da es nahezu ausgeschlossen scheint und auch rechtswidrig wäre, ein geliebtes Tier nur zum Zwecke der gemeinsamen Beisetzung zu töten, dürfte die Zahl solcher Gemeinschaftsgräber überschaubar bleiben. Aber natürlich kann man die Asche bereits vorher kremierter Tiere bis zum gemeinsamen Begräbnis zuhause aufbewahren.

Dank und Nachweise

Herzlich danken wir all jenen, mit denen wir seit dem Sommer 2023 in beruflichem wie privatem Rahmen immer wieder über Friedhöfe und Trauerkultur gesprochen haben. Auch wenn hier einzelne Nachweise kaum möglich sind und diesen Rahmen sprengen würden, erinnern wir uns gern an die zahlreichen Anregungen, von denen viele auf die ein oder andere Weise Eingang in dieses Buch gefunden haben.

Ein besonderer Dank gebührt den Interviewten, deren Beiträge zusätzliche Perspektiven aus der Praxis hineingebracht haben – eine wertvolle Ergänzung.

Zu danken haben wir außerdem für Genehmigungen zum Abdruck von Texten:

Seite 62: Mascha Kaléko, «Memento», aus: Verse für Zeitgenossen, dtv, München 2017, Seite 12; mit freundlicher Genehmigung von dtv Verlagsgesellschaft mbH & Co. KG.

Seite 197: Stefan Pölt für die Erlaubnis zum Abdruck seines Vierzeilers «Grabinschrift».

Von Gudrun Schmidt-Esters stammen die Beiträge «Recht und Ordnung auf dem Friedhof», «Der Friedhof als Ort der Trauer», «Vereint bis in den Tod – und darüber hinaus» sowie «Friedhof for Future»; von Thomas Pago «Gedenken und Erinnern», «Erde oder Feuer?», «Friedhöfe und der Trost des Glaubens» und «Friedhöfe für Tiere». Das Interview mit Dr. Stefan Rau hat Thomas Pago geführt, alle übrigen Interviews Gudrun Schmidt-Esters.

Alle in diesem Buch und auf dem Cover veröffentlichten Fotografien stammen von Gudrun Schmidt-Esters, mit folgenden Ausnahmen:

Die Bilder auf den Seiten 83, 107, 168, 182, 238, 242, 244 und 245 hat Thomas Pago fotografiert.

Ein besonderer Dank geht an Enno Jäkel, Köln, für das Foto auf Seite 21 und an Walter Pois, Wien, für die Abbildungen auf den Seite 206 und 207.

Außerdem sind wir folgenden Institutionen und Personen für die freundlicherweise erteilte Genehmigung zum Abdruck von Fotos zu Dank verpflichtet:

Stadt Köln, Amt für Landschaftspflege und Grünflächen;

Pastor Tom Brok, Evangelisch-Lutherische Kirchengemeinde Oldenburg (Seite 105 und 229);

Pfarrer Frank Deuring, Pfarreiengemeinschaft Füssen (Seite 31);

Jüdische Kultusgemeinde Mainz-Rheinhessen (Seite 182);

Bestattungshaus Pütz-Roth, Bestattungen und Trauerbegleitung, Bergisch Gladbach (Seite 108);

Hilarius Schwarz, Steinwerkstatt, Köln-Worringen (Seite 9);

Petra und Jörg-Peter Walk, Steinbildhauerei Anno Walk, Köln (Seite 166).

Einen ganz besonders herzlichen Dank allen Unterstützerinnen und Unterstützern!

Gudrun Schmidt-Esters
Thomas Pago

Notiz

Der Verlag orientiert sich am üblichen Gebrauch des Deutschen mit seinen genderneutralen Maskulina. Dabei legt er Wert auf die Feststellung, dass die sogenannten generischen, geschlechtsneutralen Formen auf eine abstrakte Ebene zielen, auf der das biologische Geschlecht einer Person schlichtweg irrelevant ist. In diesen Kontexten ist von Männern ebensowenig die Rede wie von Frauen – Frauen sind also keinesfalls bloß «mitgemeint». Wo das Geschlecht aber eine Rolle spielt, werden selbstverständlich die entsprechenden Formen verwendet; Diskriminierungen sind nicht erwünscht. Grundsätzlich verwendet der Verlag deshalb keine gegenderten Formen; wenn Gesprächspartner allerdings Wert darauf legten, hat der Verlag dieser Bitte gern entsprochen.

Ende

Eingangstor Neuer Friedhof, Bernried